普通高等院校公共基础课程系列教材

# 管理学原理与实践

方 明 张南红 主 编
叶 舜 张 红 王 博 曾 婧 刘 玲 副主编

清华大学出版社
北 京

## 内容简介

本书以管理的职能为线索进行设计，介绍了经典的管理理论，融合了现代的管理思想，展示了精彩的管理实践。本书既重视管理理论知识的介绍，又关注学生实践能力的培养，还希望对使用者的职业素质提升有一定的帮助。编者努力尝试以浅显易懂的方式来阐释管理理论，这种努力体现在案例选用、概念解释、实务训练、思考与练习题的设计等各个细节中，旨在使初学者产生学习管理学的兴趣并能从中受益。

本书可作为应用型人才培养中管理学课程的教材，也可供对管理学有兴趣的读者学习参考。



**图书在版编目（CIP）数据**

管理学原理与实践/方明，张南红主编. —北京：清华大学出版社，2019
（普通高等院校公共基础课程系列教材）
ISBN 978-7-302-53652-9

Ⅰ. ①管…　Ⅱ. ①方…②张…　Ⅲ. ①管理学—高等学校—教材　Ⅳ. ①C93

中国版本图书馆 CIP 数据核字（2019）第 179683 号

**责任编辑**：吴梦佳
**封面设计**：傅瑞学
**责任校对**：袁　芳
**责任印制**：丛怀宇

**出版发行**：清华大学出版社
**网　　址**：http://www.tup.com.cn，http://www.wqbook.com
**地　　址**：北京清华大学学研大厦 A 座　　**邮　　编**：100084
**社 总 机**：010-62770175　　**邮　　购**：010-62786544
**投稿与读者服务**：010-62776969，c-service@tup.tsinghua.edu.cn
**质量反馈**：010-62772015，zhiliang@tup.tsinghua.edu.cn
**印 装 者**：三河市宏图印务有限公司
**经　　销**：全国新华书店
**开　　本**：185mm×260mm　　**印　　张**：16　　**字　　数**：353 千字
**版　　次**：2019 年 9 月第 1 版　　**印　　次**：2019 年 9 月第 1 次印刷
**定　　价**：45.00 元

产品编号：085270-01

# FOREWORD 前言

戴维·B. 赫尔茨曾经说过:“管理是由心智所驱使的唯一无处不在的人类活动。”管理可谓无处不在,无时不在,学好管理,对任何专业的学生都大有裨益。管理学经过百年发展,已经积累了众多的管理理论和方法,如何将管理工作中普遍适用的原理和方法介绍清楚,并为管理实践提供有力的指导成为一个重要的命题。本书的编写是在对应用型人才培养体系的创新和实践进行了深入研究,特别是在应用型人才应具备的素质、能力和知识结构进行系统研究的基础上进行的,使之更好地适应普通本科院校学生对管理学知识的要求。

企业在招聘时,计划能力、沟通能力、协调能力及创新能力常常作为企业对应聘者进行重点考察的素质。在日常生活、学习与工作中,怎样锻炼这些能力,使之符合企业的用人需要,这是我们在管理学教学中反复思考的问题。现有的教材中更多地考虑理论体系的严谨性,实践性环节的介绍不够充分,不太适合应用型人才的培养目标。为此,本书突出应用型人才培养中对学生管理技能的培养,注重在实践中学、在实践中练。

本书的体系结构以管理的职能为线索进行设计,既介绍了经典的管理理论,又融合了现代的管理思想,也展示了精彩的管理实践。本书包括管理和管理学概述、管理理论的形成与发展、管理决策、计划、组织设计、领导、激励、沟通、控制和管理创新共 10 章内容。

本书由方明负责总体框架的设计及写作的组织和总纂工作,张南红负责日常协调。该书编写人员的具体分工是:方明编写前言、第一章、第二章;王博编写第三章;张南红编写第四章;曾婧编写第五章;刘玲编写第六章、第十章;叶舜编写第七章、第八章;张红编写第九章。

本书的特色如下。

(1) 适用性。本书的读者对象主要是以应用型人才为培养目标的大学生。编写过程中编者特别注意一方面力求内容上有一定的深度和广度,另一方面强调文字表述上的浅显平实。

(2) 应用性。除了学习原理、夯实基础之外,更强调学以致用,将所学的理论运用于实践。本书提出了学习的技能目标,特别设计了“实务训练”板块,能够有效地锻炼和提高学生的管理实践能力。

(3) 先进性。编者注意学习、借鉴近 10 年的学科研究最新成果,这些成果体现在教材中,与时俱进。

(4) 思想性。本书提出了学习的素质目标，案例导入选用国内杰出企业的人和事，希望学生通过学习，增强社会责任意识，成为有担当的职场人。

本书在编写过程中参考了国内外大量的研究成果，谨对这些文章和著作的作者表示衷心的感谢。由于编者知识水平和掌握的资料有限，本书中论述的观点和内容难免有不足之处，还望读者不吝赐教，以便在再版时作出必要的修正。

该书是集体工作的结晶，是编者多年从事管理学教学和科研工作的总结。在本书的编写过程中，编者得到了清华大学出版社的大力支持，在此一并表示诚挚的感谢！

编　者

2019年6月

CONTENTS 目录

# 第一章 管理和管理学概述

在人类历史上，还很少有什么事比管理的出现和发展更为迅猛，对人类具有更为重大和更为激烈的影响。

——彼得·德鲁克

## 教学目标

学完本章后，你应该能够：

(1) 掌握管理的基本内涵，了解不同学者对管理的不同定义。

(2) 明确管理的职能。

(3) 区分谁是管理者。

(4) 明确不同层次管理者的基本职责和技能。

(5) 了解管理学的研究内容和研究方法。

## 技能目标

明确管理者的角色及其应具备的基本技能，熟知管理的职能并尝试在实践中加以运用。

## 素质目标

掌握基本的概念技能、正常的人际技能和扎实的技术技能。

## 案例导入

### 格力的管理模式

近年来，格力通过对领导、战略、顾客与市场、资源管理、过程管理、测量分析与改进六个方面的创新实践，取得了卓越的经营结果，并在企业内部建立了一套完善的评价机制，促使企业进入良性的循环管理，通过持续改善来进一步深化和提升企业管理水平，引导企业从优秀走向卓越，并取得了可持续发展。

正如格力董事长董明珠所说："企业经营模式的好坏，应该由市场来说话，市场的业绩决定一切。”

从一个年产不到2万台窗机的小企业，发展到目前集研发、生产、销售和服务于一体的国际化家电企业，这与格力电器坚持的“精品战略”是分不开的。“精品”是企业利润的增长点，同时也是企业打造百年企业的需要。因此，格力电器提出了“打造精品企业，制造精品产品，创立精品品牌”的精品战略。格力电器从源头开始，用严格的管理体系和科学的方法对产品质量实行全过程控制。公司坚持“绝不拿消费者做试验品”，设立独一无二的筛选分厂，在获得世界名牌称号的基础上进而提出“八严方针”，“精品”不忘人性化设计，把解决用户烦恼、设计开发并生产出用户爱不释手的产品作为公司的首要目标。

董明珠说：“这几年格力的成功在营销上体现出来的最主要特点是管理成功。”格力电器在实施卓越绩效管理的实践过程中，总结出了适合自己、同样也适合中国企业特色的卓越绩效管理经验，形成了具有自己本色的“格力电器卓越管理模式”，创造性地以诚信共赢为基础构建营销渠道，开创了独树一帜的格力营销模式——区域性销售公司模式，被经济界、理论界誉为“21世纪经济领域的全新革命”。如今，格力电器销售网点已经超过30000个，全球格力专卖店超过10000家，专业售后服务网点超过5000家，专业售后服务人员近50000人，专卖店的灵活经营和专业服务已成为格力开拓市场的重要力量，全年销售额的50%以上是由它创造的。格力电器由此成为家电行业内唯一一家不依赖大卖场而销售稳步增长的企业。

在公司内部，格力电器实施“以人为本”的人力资源管理体系。为了在公司内营造良好的技术创新氛围，奖励创新人才，公司设立了科技进步奖、创新奖、合理化建议奖等多样化的创新激励体系，同时通过开展科技创新活动，设立先进个人、创新标兵、金牌员工等荣誉来激发创新、鼓励创新。“能者上、庸者下”的干部竞聘机制激励了员工的成长；公司建立自上而下和自下而上的立体式改进模式，如自上而下的六西格玛管理法、精益生产、质量整改，自下而上的5S、合理化建议、QC小组、TPM改进等。

同时，也通过为员工提供有竞争力的薪资和福利，花巨资建造生活示范区——康乐园，评选先进、发掘每个发光的“金子”等方式给予员工人文关怀，营造家的温馨，让每一个员工都有归属感。

卓越管理的实施，为格力电器建立起“实、信、廉、新、礼”的核心价值观，“忠诚、友善、勤奋、进取”的企业精神，养成“少说空话、多干实事”的工作态度，形成了外拓内敛的求实文化。同时又紧密结合中国改革开放的实际情况，围绕当代“以人为本”构建和谐社会和向全球化发展的潮流，竖立具有“格力”特色的企业文化。独特的企业文化，支撑格力电器始终如一地坚持追求卓越、勇于创新，不断促进社会进步，为社会创造最大财富。

广东企业管理现代化创新成果一等奖的获得证明格力电器的成功不仅得益于掌握了核心科技，具备核心竞争力，也得益于引进科学系统的管理模式，全面、系统、科学的管理成为格力电器持续进步和取得卓越经营绩效的保证，指引格力电器从优秀走向卓越。

（资料来源：http://www.sohu.com/a/139996956_208161.）

**思考题：**

1. 结合案例说明管理的重要性体现在哪些方面。
2. 格力取得的经营绩效与它实施的管理有何关系？并说明原因。

# 第一节　管理概述

## 一、管理的概念

管理是人类基本的社会活动之一，也是人类特有的一种社会现象。管理学大师彼得·德鲁克(Peter F. Drucker)曾经说过："在人类历史上，还很少有什么事比管理的出现和发展更为迅猛，对人类具有更为重大和更为激烈的影响。"他还说："在当今世界，管理者的素质、能力决定企业的成败存亡，管理者及其管理活动应放在公司运营的核心地位。"可以说，管理已经成为支撑现代社会存在和发展的重要力量，特别在建设中国特色社会主义阶段，在大力提倡践行社会主义核心价值观的背景下，如何有效管理成为时代命题。然而，什么是"管理"呢？

自 20 世纪初管理学作为一门新兴学科形成发展以来，专家学者们对管理的定义做了大量的研究，提出了众多管理的定义。但由于考虑问题角度的差异，导致人们对内涵的解释众说纷纭，管理的定义仍未得到统一。

### （一）不同学者对管理的定义

管理理论最早出现在西方，一般将管理理论发展的进程划分为古典管理理论、行为科学管理理论、现代管理理论三个阶段。随着社会经济的进步，生产社会化的程度日益提高，先后出现了古典学派、行为学派、社会系统学派、决策理论学派、经验主义学派、权变理论学派和管理科学学派等。各学派的代表人物对管理的定义有不尽相同的诠释，具有代表性的有以下几类。

科学管理之父费雷德里克·温斯洛·泰勒(Frederick Winslow Taylor)认为，管理就是确切地知道你要别人去干什么，并设法使他们用最好、最节约的方法去完成它。

现代管理理论创始人亨利·法约尔(Henri Fayol)认为，管理就是实行计划、组织、指挥、协调和控制。

决策理论学派代表人赫伯特·西蒙(Herbert A. Simon)认为，决策贯穿管理的全过程，管理就是决策。决策行为是管理的核心，组织是作为决策者个人所组成的系统，要对决策的过程、决策的准则、程序化的决策和非程序化的决策、组织机构的建立同决策过程的联系等作出分析。

现代管理学之父彼得·德鲁克认为，管理是一种工作，它有自己的技巧、工具和方法；管理是一种器官，是赋予组织以生命的、能动的器官；管理是一门科学，一种系统化的并到处使用的知识；同时，管理也是一种文化。

管理科学学派代表人埃尔伍德·斯潘塞·伯法(Elwood Spencer Buffa)认为，管理就是利用数学模式和程序来表示计划、组织、控制、决策等合乎逻辑的程序，求出最优的解答，以达到企业的目标。

### （二）本书对管理的定义

为了准确概括管理的定义，首先要了解管理的内涵和本质。

（1）管理的载体是组织。管理是在特定组织中发生、发展，直至结束。组织既包括国家机关、政治党派、社会团体、企事业单位，还包括宗教组织等。

（2）管理的目的是实现既定目标。一般而言，集体的目标单凭个人的力量是无法实现的，只能建立组织，通过群体实现。同时目标是管理活动追求的结果和起点，也是管理工作成效的考核标准和依据。

（3）管理的职能活动包括信息、决策、计划、组织、领导、控制和创新。通过职能活动可以把管理过程划分为几个相对独立的部分，有助于实际的管理工作。

（4）管理的对象是一切可调用的资源。如原材料、人力、资本、土地、厂房、设备、顾客、信息等均属于可调用的资源。当然，在这些资源中，人员是最重要的，因此管理要以人为中心。

（5）管理的本质是合理分配和协调各种资源的过程或活动。管理是为了实现组织目标而有意识、有目的地对资源进行分配、协调的一系列相互关联、连续进行的活动或过程。

（6）管理追求有效率和有效果。效率是指输入与输出，或投入与产出之间的比例关系。追求效率是手段，资源利用的最少浪费是目标。管理就是要使资源成本最小化、效率最大化。效率涉及做事的方式，即以最佳的方式做事，也叫“正确地做事”。

效果是指实现组织目标的程度，也就是实际工作与组织目标之间的距离，它强调结果。管理必须使活动实现组织预定的目标，即追求活动的效果。管理者实现了组织的目标，就说他是有效果的。反之，就是没有效果的。效果通常指的是“做正确的事”。

做任何事情，都必须把“效果”放在首位，在“效果”优先的情况下，才能去谈“效率”，否则将会犯“主次矛盾不分”的错误。只有先有效果，明确目标，然后尽量最大化地提高效率才是正确的做事方法！效率(do things right)，重点在于过程的管理，在于选择合适的路径以最短的时间接近目标；效果(do right things)，重点在于事情本身，在于对目标的关注。

综合前人观点，我们认为管理的概念可以这样表述：管理是在社会组织中，在一定的环境条件下，管理者通过实施计划、组织、领导和控制等职能，以人为中心协调各种资源，以便有效率和有效果地实现组织目标的过程。

## 二、管理的特征

为了更好地理解管理，就要了解其区别于其他活动的特征。一般而言，管理具有组织性、科学性、艺术性、人本性和创新性等特征。

### （一）组织性

管理的载体是组织。组织是由两个或两个以上的人组成的、为一定目标而进行协作活动的集体。管理活动在人类社会生活中广泛存在，管理总是存在于一定组织之中，对于任何一个组织，资源的有效配置决定了该组织的成败。不同具体形式的组织所能支配的内部资源也不尽相同，但一般而言，组织的内部资源都涉及人、财、物，它们是具有普遍意义的管理对象。对任何性质、任何类型的组织，都要保证组织中各种资源要素的合理配置，从而实现组织目标，这就需要在组织中实施管理。管理就是在组织中，由一个或若干人通过行使各种管理职能，使组织中以人为主体的各种要素得以合理配置，从而达到实现组织目标而进行的活动。

### （二）科学性

管理的科学性是指管理作为一项活动过程，存在着其自身运动发展的客观规律，人们通过各种社会实践和科学研究，不断总结经验，提出问题，验证推理，从中抽象总结出一系列反映管理活动过程中客观规律的管理理论和一般方法。人们利用这些理论和方法来指导社会实践，又以管理活动的结果来评价管理过程中所使用的理论和方法是否正确，使管理的科学理论和方法在实践中得到不断的验证和丰富。要成为优秀的管理者，就必须系统地学习管理知识和训练，否则就只能停留在感性认识的阶段，不能触类旁通和融会贯通。

### （三）艺术性

管理的艺术性是指在掌握一定理论和方法的基础上，灵活运用这些知识和技能、技巧与诀窍。在管理活动中，管理者既要用到管理知识，又不能完全依赖管理知识，必须发挥创造性，根据不同情况采取不同的方法。管理的艺术性强调的是管理人员必须在管理实践中发挥积极性、主动性和创造性，因地制宜地将管理知识与具体的管理活动相结合，从而行之有效地进行管理。管理不仅要制定具有普遍意义的科学原则，运用能解决规律性问题的科学方法，还要有随机应变的能力和灵活多样的艺术。如果不考虑具体情景，生搬硬套管理理论和原则，就不会有管理的最佳效果。

### （四）人本性

管理的人本性是指在管理过程中以人为中心，把理解人、尊重人、调动人的积极性放在首位，把人视为管理的重要对象和组织最重要的资源。管理的主体是人，而管理主体在管理中处于主导地位。从管理者和被管理者的关系来看，管理者的管理能力直接影响组织管理的水平，与此同时，如果被管理者的素质过低，无法如实接受和理解管理者发出的各种管理信息，也不能保证管理的实施有效；从管理过程中人与物的关系来看，物的要素的数量和质量很大程度上受人的要素的影响，因为物的要素再先进，如果没有人来使用和管理，就无从发挥作用；从人与科学技术的关系来看，科学技术的成果是人类智慧的结晶，如果离开人的实践与思维活动，就不会有科学技术。所以说，管理的核心是处理各种人际关系。在管理过程中，只有注重人本性，把人这一要素作为根本，才能协调好其他要素，实现高水平的管理。

### （五）创新性

管理的创新性是指管理本身是一种不断变革、不断创新的社会活动，管理的变革可以推动社会和经济的发展，在一定条件下，管理还可以创造新的生产力。当前，社会经济快速发展，管理只有采用特定的方式和方法才能达到组织目标，这就决定了管理方式和方法不能墨守成规、一成不变，应该探寻成效更好、适应能力更强的管理方式和方法。因此，一名优秀的管理者应该不断根据具体环境、实际条件的变化情况，灵活地选择或创造更为科学的管理方式和方法。

## 三、管理的性质

管理最基本的意义是在社会化生产过程中指挥和监督，它既与生产力相联系，又与生产关系相联系，所以管理具有二重性。而管理活动的过程既要遵循管理客观规律的科学性，又要体现管理实践中灵活创新的艺术性，所以管理具有科学性和艺术性。

### （一）管理的二重性

管理的根本属性在于管理具有二重性。马克思在《资本论》中指出，凡直接生产过程具有社会结合过程的形态，而不是表现为独立生产者的孤立劳动的地方，都必然会产生监督劳动和指挥劳动，不过它具有二重性。管理的二重性就是，管理既有同生产力、社会化大生产相联系的自然属性，又有同生产关系、社会制度相联系的社会属性。

1. 管理的自然属性

管理的自然属性也称为管理的生产力属性，它是由一定的生产力状况决定的。任何社会，只要有共同劳动，就需要管理；凡是共同劳动就必然要分工协作。这种由共同劳动、分工协作而产生的管理职能，体现了不同社会制度下管理的共同性，就是自然属性。

2. 管理的社会属性

管理的社会属性也称为管理的生产关系属性，它是指管理与生产关系、社会制度相联系，反映一定生产关系的性质和要求，表现为维护和发展生产关系的特殊职能，体现了不同社会制度下管理的个性。

在管理的过程中。管理的自然属性和社会属性有机地统一在一起。

### （二）管理的科学性和艺术性

1. 管理的科学性

科学是人们关于自然、社会和思维的知识体系。科学的实质在于揭示事物的本质和规律。管理活动本身是有规律可循的，既有规律必具科学性。持科学观点的管理学者们提出了以下证据：现代管理建立在科学的基础之上（如泰勒的工序和时间研究）；管理有一些经典的原则、方法和工具（如统一指挥原则等）；管理知识可以通过书本学习、传授；可以用计算机、数理等方法进行研究；管理是理性弧，是有规律（原理—原则—方法）可循的。

2. 管理的艺术性

所谓艺术，就是用高度的形象来反映现实。管理的艺术性主要是指管理者在管理活动中要凭技艺（技巧、才能）来处理管理问题。持艺术观点的管理学者们提出了以下证据：管理凭借直感、创造力和经验；管理是技巧的运用，没有在任何条件下都能实现的准则；管理是一种意识，对人本身的素质有一定的要求。

3. 管理既是科学，也是艺术

管理经过一百多年的探索、研究、总结和发展，已经形成了比较系统的管理理论，它们反映了管理工作中的客观规律，所提出的管理原理、原则、方法等使我们能够对具体的管理问题进行具体的分析，并获得科学的结论，这就是管理的科学性。但是，与自然科学相比，管理学是一门不十分精确的学科。管理学所提供的管理手段与方法十分有限，面对复杂、多变的环境，管理者在管理实践中必须运用各种管理技巧、经验来解决具体的管理问题，这就是管理的艺术性。可见，管理既是一门科学，又是一门艺术。有效的管理者，多半是既懂得管理的理论和方法，又具有高超的管理艺术。

## 第二节　管理的职能

所谓管理职能，是管理过程中各项行为内容的概括，是人们对管理工作应有的一般过程和基本内容所作的理论概括。

即使人类对管理职能的研究已有近百年的历史，但关于管理的职能的划分，各国学者的观点也不尽相同。早在20世纪初，法国著名管理学家亨利·法约尔出版的《工业管理与一般管理》一书中就提出了企业经营的6项职能中含有管理职能，但管理职能只是作为社会组织的手段和工具，其他职能涉及原料和机器。他把管理划分为5项职能：计划、组织、指挥、控制和协调。法约尔重点强调计划职能的重要性；他认为组织职能是为实现组织的既定目标提供一切所需条件的过程；指挥职能是管理者对下属给予指导的过程；控制职能是为了实现计划而对实际工作进行控制和调整的过程；协调职能是为实现组织目标而协调人的行为和利益关系及一切工作的过程。20世纪30年代后，由于出现了人际关系学说，管理从重视技术因素转向重视人的因素，因而有人提出把人事、激励、沟通等作为管理职能。西蒙等人创立了决策理论后，有人为了强调决策的重要性，又把决策从计划职能中分离出来，列为一项管理职能。20世纪50年代，美国的孔茨(Koontz)和奥唐内尔(O'Donnell)在教科书中将管理的职能划分为计划、组织、人员配备、指导和控制，这一划分得到了很多学者的认同，大部分现行的教科书仍按这套体系编写。

本书综合专家学者们的观点，结合前文对管理下的定义，将管理职能划分为计划职能、组织职能、领导职能、控制职能和创新职能。

### 一、计划职能

计划是指制定目标并确定为达成这些目标所必需的行动。计划是管理的首要职能，一个组织要想达到预定的目标，首先要有科学的计划。组织中所有层次的管理者都必须为组织制订科学的工作计划，才能有效地实施管理。其内容主要如下。

(1) 预测。预测是计划的准备阶段，是由已知推断未知，由过去和现在推断未来。

(2) 对策。对策是计划的核心问题，是从备选的几个目标或者方案中进行择优的活动。要想制订出科学的计划，就必须对计划目标和实施办法等要素进行科学合理的决策。

(3) 战略规划。战略规划是为实现组织的目标，在分析外在的机遇与挑战、内在的优势与劣势的基础上来制定的，其内容涉及市场范围、竞争优势、成长方向等内容的总体性行动计划。

(4) 计划编制。计划编制要求在计划过程中，首先需要管理人员确定该计划所需要的资源;其次进行人员配备;再次分析计划工作的前提条件;最后确定标准,作为衡量计划完成程度的工具。

## 二、组织职能

管理的组织职能是管理者为实现组织目标而建立有效的有机系统的过程,它既是管理活动的根本职能,也是其他一切管理活动的保证和依托。组织职能通过组织结构的设计和人员的配备表现出来,其内容包括设计和建立组织机构,合理分配职权和明确职责,选拔与配备各岗位的人员,进行组织的协调与变革。为完成好这些工作,就要求按照目标来设置机构、明确岗位、配备人员、规定权限、赋予职责,建立一个统一的组织系统,同时要求按计划和进程组织人、财、物,并进行合理匹配,以保证管理取得效益。

## 三、领导职能

管理的领导职能是管理者通过指挥、激励下属,积极开展沟通,从而使组织目标得到有效实现的活动过程。领导职能通过领导者和被领导者的关系表现出来,其内容包括选择正确的领导方式,运用权威,实施指挥;激励下属,充分调动其积极性;积极而有效地开展沟通等。由于领导职能的重心是做人的工作,因此各个层级的管理者都需要实施领导职能,并学会在管理过程中科学、艺术地运用领导职能。

## 四、控制职能

管理的控制职能就是监视管理的各项活动,以保证按计划进行,并不断纠正重要偏差的过程。控制职能通过对偏差的识别和纠正表现出来,它既是为实现组织目标而必须实施的职能,也是管理活动取得成效的保障。管理者要根据计划检查其执行情况如何,并及时发现各种随机或突然因素的影响给计划实施带来的偏差,及时了解和分析原因,找出问题的症结,并及时采取措施进行调整。

## 五、创新职能

随着科学技术的发展,经济活动的繁荣,市场需求的变化,劳动关系的复杂化,管理者每天都会遇到新挑战、新难题。不创新就没有办法适应社会经济的发展,难以担负管理者的使命。管理的创新职能就是在动态环境中不断调整组织系统活动的内容和目标,以适应环境变化的要求。

# 第三节　管　理　者

## 一、管理者的定义

### (一)管理者的含义

随着管理实践的快速发展,现代社会的各种组织和工作正持续发生变革,团队建设、结构扁平化、参与管理、自主管理等管理技术和方法蓬勃发展，组织中管理者的作用日益凸显。

传统观点认为，管理者就是对其他人的工作负有责任的人，或是指一个组织中主要从事指挥其他人工作的人，这一观点以正式职位和权力为基础来区分管理者和被管理者，具体表现为管理者有下属，而被管理者则没有。管理学家德鲁克在《管理：任务、责任和实践》一书中指出，在一个组织中，谁是负有管理责任的人，最首要的标志并不是谁有权力命令别人。他认为管理者的核心标志是责任，即对组织作出贡献的责任，这样可以将专业人员列入管理者的范畴之内。同时德鲁克也指出这些专业人员是指作出决策能够影响组织成果的少数成员，并非所有的专业人员都是管理者。用现代管理标准来衡量，管理者既指拥有正式管理职位并能进行指挥的人，又指通过影响决策等管理工作对组织作出贡献的人。

因此，我们定义管理者是组织中作决策、分配资源、指导别人的行为、监督别人的活动并对目标负有责任的人。

### （二）管理者的类型

众所周知，每个管理者的管理精力和能力都是有限的，当处于规模比较庞大的组织中时，进行组织内分工、划分相应的管理层次就显得十分必要。通过划分组织内的管理层次，既能使高层次的管理者通过委派工作给下级管理者来保证工作的有效性，又能使自己管理的下属保持合理的工作量，保证组织目标的实现。

奥利弗·威廉姆森（Oliver Williamson）曾提出最优科层理论，即可以根据在组织中承担的责任和权力的不同将管理者分为决策层、中间层、操作层。与之相对应的管理主体为高层管理者、中层管理者与基层管理者，如图 1.1 所示。

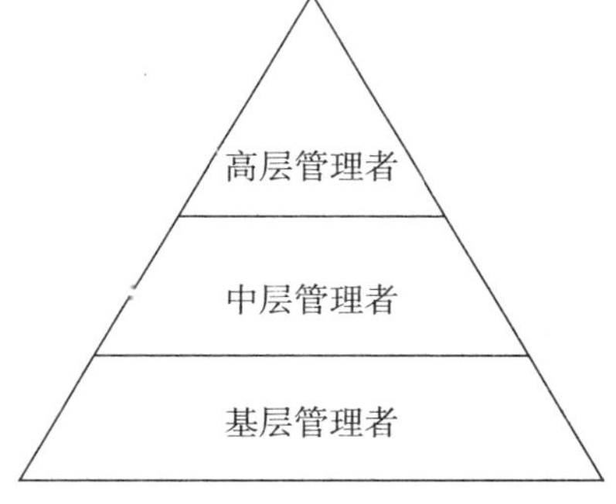

**图 1.1　组织中管理者的分类**

1. *高层管理者*

高层管理者是指对整个组织的管理负有全面责任的管理者。高层管理者的主要职责是制定组织的总目标、总战略，并计划未来的发展方向。常见的有首席执行官（CEO）、首席财务官（CFO）、首席营运官（COO）、首席知识官（CKO）、首席培训官（CLO）等职位。在我国，厂长、公司董事长、学校校长、医院院长等都属于高层管理者。他们确定组织的发展目标，作出关系组织兴衰存亡的重大决策。作为组织的代言人，他们还要负责协调与其他组织的关系，并对组织所造成的社会影响负责。高层管理者把握宏观局势，综合分析能力、与人沟通交流能力尤为重要，要求有较高的综合素质。

2. *中层管理者*

中层管理者是指处于高层和基层管理者之间的位于中间层次的管理者。中层管理者的主要职责是贯彻执行高层管理者所制定的重大决策，制订具有可操作性的实施计划，监督和协调基层管理者的工作。如工厂生产主管、公司部门经理、学校人事处长、医院外科主任等都属于中层管理者。中层管理者的组织协调能力要强，要具有较强的管理日常事务的能力。

3. 基层管理者

基层管理者又称一线管理者，主要负责直接指挥和督导实际作业人员的工作。如工厂生产线的小组长、公司的科长、学校人事科长等都属于基层管理者。他们的主要任务是执行上级的指示、计划，分配具体的工作任务，协调下属活动，反映下属要求。他们工作的好坏直接关系到计划的落实情况和目标的实现程度。基层管理者的专业技术能力要求较高，统筹全局的能力要求较低。

上述三个不同层次的管理人员，其工作职责和要求存在很大的差别。基层管理者所负责的主要是具体的战术性工作，中层管理者所负责的主要是较具体的衔接性工作，而高层管理者所负责的主要是抽象的战略性工作。

## 二、管理者角色

管理者角色是指特定的管理行为类型。亨利·明茨伯格(Henry Mintzberg)的研究发现，管理者扮演着多种角色。在大量观察的基础上，明茨伯格将管理者在计划、组织、领导和控制的过程中需要履行的特定职责简化为10种角色，如表1.1所示，并且将这10种角色归为三大类：人际关系角色、信息传递角色和决策制定角色。管理者往往同时扮演上述几种角色。

表1.1 管理者的角色

| 角色 | | 描述 | 特征活动 |
|---|---|---|---|
| 人际关系角色 | 1. 挂名首脑 | 象征性首脑；必须履行许多法律性或社会性的例行义务 | 迎接来访者；签署法律文件 |
| | 2. 领导者 | 负责激励下属；负责人员分配；培训及有关的职责 | 实际上从事所有的有下级参与的活动 |
| | 3. 联络者 | 维护自行发展起来的外部关系和消息来源，从中得到帮助和信息 | 发感谢信；从事外部委员会的工作；从事其他有外部人员参与的活动 |
| 信息传递角色 | 4. 监听者 | 寻求获取各种内部和外部信息，以便透彻地理解组织与环境 | 阅读期刊和报告；与有关人员保持私人接触 |
| | 5. 传播者 | 将从外部人员和下属那里获取的信息传递给组织的其他成员 | 举行信息交流会；用打电话的方式传递信息 |
| | 6. 发言人 | 向外界发布组织的计划、政策、行动、结果等 | 召开董事会；向媒体发表信息 |
| 决策制定角色 | 7. 企业家 | 寻求组织和环境中的机会，制订“改进方案”以发起改革 | 组织战略制定和检查会议，以开发新项目 |
| | 8. 混乱驾驭者 | 当组织面临重大的、意外的混乱时，负责采取纠正行动 | 组织应对混乱和危机的战略制定和检查会议 |
| | 9. 资源分配者 | 负责分配组织的各种资源并制定和批准所有有关的组织决策 | 调度、授权、开发预算活动、安排下级的工作 |
| | 10. 谈判者 | 作为组织的代表参加重要的谈判 | 参加与工会的合同谈判 |

资料来源：Mintzberg H. The Nature of Managerial Work[M]. New York：Harper & Row，1973.

### （一）人际关系角色

为了达到管理目标，实现和组织成员协作互动，为员工提供导向并对工作进行监督管理，管理者需要扮演人际关系角色。具体分为下列三种。

1. 挂名首脑角色

挂名首脑是管理者所在组织的象征，作为组织的代表，管理者将行使一些具有礼仪性质的职责，如代表组织出席会议，参加社会活动或宴请重要客户等。此时，管理者扮演着代表人的角色。

2. 领导者角色

为了鼓励员工发挥绩效，管理者还要扮演领导者的角色。领导者的角色要求管理者必须充分履行其领导职责，协调组织目标与个人目标，有计划地培训、指导下级、激发员工的潜能得到最大限度的发挥。

3. 联络者角色

管理者在管理活动中要经常对组织内外个人和群体的行为进行联系与协调，此时管理者发挥的是联络者角色。管理者不仅要在组织内部协调不同部门之间的活动，还要维护组织的外部关系网络，与供应商、消费者、政府等保持良好的关系，为组织争取更多地有利于组织目标实现的资源。

### （二）信息传递角色

管理职能的性质决定了管理者必须既是本单位的信息传递中心，又是外单位的信息传递渠道，这就是管理者要扮演的信息传递角色。信息传递角色要求管理者必须确保和其一起工作的人能够得到足够的信息。具体而言，要发挥以下三种信息传递角色。

1. 监听者角色

管理者要发挥监听者角色，对组织内外环境的变化进行关注，并对各种信息进行分析，从而有效地组织、控制人力资源和其他资源。

2. 传播者角色

管理者要发挥传播者角色，把监听获得的有用信息分配给有关的组织成员，当然，在一些特定情况下，由于特殊目的，管理者也隐藏一些特定的信息。

3. 发言人角色

管理者要发挥发言人角色，运用信息提升组织的形象，使组织内部和外部的人都能对组织有积极的反应。

### （三）决策制定角色

明茨伯格确定的第三类管理者角色是决策制定角色，在决策制定角色中，管理者处理信息并得出相关结论。管理者负责作出决策，并分配资源以保证决策方案的实施。管理者的决策制定角色与管理者所从事的战略规划、资源应用等工作密切相关。

1. 企业家角色

作为企业家，管理者必须决定将从事何种项目或计划，以及怎样利用资源提高组织绩效。管理者对所发现的机会进行投资以利用这种机会，如开发新产品、发明新工艺、提供新服务等。

2. 混乱驾驭者角色

任何组织在运行过程中都会遇到问题和冲突,这就要求管理者要善于解决问题和冲突,采取积极措施,及时有效地处理可能会影响组织运营的突发事件,从而化解危机。

3. 资源分配者角色

作为资源分配者,管理者决定组织资源用于哪些项目。资源分配集中体现了管理者职位的权限,要求管理者对资金、时间、信息、事件、材料、设备、人力资源等进行合理的分配,从而提高组织的整体绩效。

4. 谈判者角色

为便于与组织内外部各种人员在资源分配方面达成共识,同时为本组织争取利益,管理者必然要发挥谈判者的角色。管理者通过和员工、客户、供应商及其他组织进行谈判来达到上述目的。

## 三、管理者的技能

管理者只有真正具备了管理所需的相应技能,才能有效地开展管理工作,达到组织的目标。根据罗伯特·卡茨(Robert L. Katz)的研究,管理人员应具备技术技能、人际技能和概念技能。

### (一) 技术技能

技术技能(technical skill)是指使用某一专业领域内有关的工作程序、技术和知识完成组织任务的能力。对于管理者而言,需要了解并初步掌握与其管理的专业领域相关的基本技能,才能对他所管辖的业务范围内的各项管理工作进行指导。技术技能对各层次管理的重要性可以用图 1.2 来表示。一般而言,技术技能对于高层管理者较不重要,对于中层管理者较重要,对于基层管理者最重要。

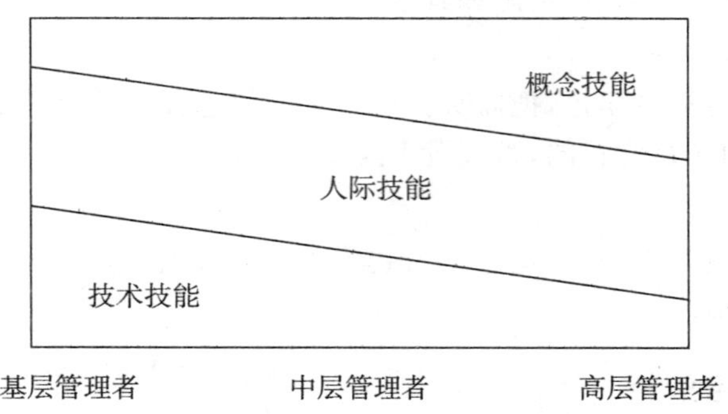


图 1.2 不同层级管理者对三种管理技能的不同要求

### (二) 人际技能

人际技能(human skill)是与处理人事关系有关的技能,是指成功地与别人打交道并与别人沟通的能力。这种能力既包括领导能力,也包括处理各种关系的能力。如管理者要通过领导力领导下属,同时要能有效地与上级领导进行沟通,团结其他部门的同事进行紧密的合作。如图 1.2 所示，人际关系对于各层次管理者的重要性大体相同，因为不管是高层管理者、中层管理者，还是基层管理者，都要通过人际技能才能实现上下左右的协调平衡，通力合作，最终完成组织目标。

### （三）概念技能

概念技能(conceptual skill)是指产生新想法并加以处理，以及将关系抽象化的思维能力。概念技能的内容较广泛，既包括发现事物的关联性、找出关键影响因素的能力，还包括权衡不同方案优劣和内在风险、确定和协调各方面关系的能力等。要具备概念技能，管理者首先要把组织看成一个有机的整体，预测其决策将会对其他人和其他部门产生何种影响；其次是要有创新思维，能够从凌乱的现象中判断事实的本质，并进行加工和概括等。

不同层次的管理者对管理技能的需要具有差异性。对于高层管理者，最重要的是概念技能，对于基层管理者，最重要的是技术技能。由于管理者的工作对象是人，因此人际技能对各个层次的管理者来说都是重要的。

卡茨有关管理人员技能的理论，不仅确立了管理者应具备的能力类型，而且指出了在管理者地位变化的过程中技能要求的变化，也告诉了管理者在管理工作的生涯中，应如何科学地转换自我的能力结构，以适应工作和自我发展的需要。

## 四、管理者的素质

管理者的素质是指管理者在先天素质的基础上，经过后天学习，锻炼形成，并在管理活动中发挥作用的内在要素。管理者素质是管理者实施科学管理必须要具备的基本条件，是管理者履行各项管理职能的基础，具体可分为以下几种。

### （一）品格素质

管理者的品格素质是指管理者的基本道德素质。作为管理者，仅有好的谋略和技术无法起到激励员工、带领员工出色地完成组织任务的作用。只有具备优秀品格的管理者，上级领导才能信任，同级同事才愿意合作，下属员工才愿意追随，因此，管理者应该注意修炼自身品德，不断提高个人修养。

### （二）能力素质

管理者的能力素质是指管理者把管理知识和业务知识应用于实践，解决实际问题的能力。具体可以归纳为以下能力。

(1) 决策能力。管理者除了要具备制订备选行动方案的能力外，更要具备从多个备选方案中选择最优方案的决策能力。在组织内部出现不同意见时，管理者要果敢、智慧地进行决策，促进组织目标的实现。

(2) 组织能力。管理者必须具备优秀的组织能力，能够对资源进行合理的分配，组织和选派能够胜任工作的人员完成相应的组织目标。

(3) 分析能力。管理者只有具备良好的分析能力，才能对所搜集到的信息进行准确的分析，找出问题的实质和起因，做好相应的管理工作。

(4) 协调能力。管理者在管理中时常要发挥承上启下、平行协调的作用。因此，只有具备优秀的协调能力，才能协调内部关系，处理日常问题，处理突发情况和危机。

(5) 表达能力。管理者必须具备一定的表达能力，能将组织任务和要求等运用合适的方式准确地传达给他人，能在对外推介和对内协调中准确地表达组织或个人的意见。

### (三) 知识素质

管理者应当具有扎实的知识素质。知识素质包括基础知识和完善的知识结构。基础知识是指对社会、对世界的基本认识方面的知识，涵盖自然科学知识和人文社科知识；知识结构是指个人拥有的各项知识的组成情况。

管理者应当具备较为均衡、丰富的知识面。一个好的管理者，不仅要懂得管理学的一般原理和方法，而且要熟悉本行业的特殊规律和方法；不仅要具备基本的人、财、物及信息管理的能力，而且要不断学习现代管理的技术。如今的社会知识可谓日新月异，组织发展中也将面临不断变换的新环境，这就要求管理者除了要拥有丰富的知识外，还要具备持续学习、不断更新知识的能力，这也是具备知识素质的重要方面。

### (四) 身体素质

身体素质是指身体的健康状况，包括生理素质和心理素质。良好的身体素质，可以让管理者精力充沛、思维敏捷、具备强大的抗压能力。管理者要保持良好的身体素质，除了要注意营养饮食、养成良好的锻炼习惯外，还要注意劳逸结合、合理安排休息时间。此外，管理者还要注意心理素质的培养，只有养成良好的心理素质，才能胸襟宽广、敢于决断，在面对突发情况和危机时仍能冷静客观地处理问题。

# 第四节　管　理　学

## 一、管理学的研究内容

管理学的研究对象是管理活动的基本规律、基本关系和一般方法，其研究内容十分广泛，涉及人类活动的各个方面，当今管理学界研究的主要内容有以下几点。

(1) 管理的概念体系、原理和原则的研究。界定学科的各个基本概念的内涵和外延，建立完整的概念体系属于学科发展的基础工作。对管理学而言，提炼和归纳具有普遍适用意义的原理和原则，对指导管理实践具有极为重要的作用。

(2) 管理思想和理论的研究。在研究已积累和创立的管理经验、思想和理论的基础上，结合现实的管理实践和问题总结新的管理经验，提炼出新的管理思想，创新管理理论，是管理学最核心的研究内容。

(3) 管理方法的研究。管理方法的研究涉及管理的各个领域，科学的管理方法对指导管理实践有着重大意义。恰当的管理方法一旦运用于管理实践，将能迅速提高管理的科学性和有效性，促进管理目标的实现。

(4) 管理技术的研究。管理技术的更新与运用有利于取得管理成效，发明和创造新的技术能够提高管理的效率和成效。

(5) 管理绩效的诊断与评价的研究。管理的目的是实现组织目标，绩效是管理实现组织目标的程度。绩效的诊断与评价可以准确衡量绩效、总结历史经验、发现新的问题、提出应对措施，对组织目标的实现尤为关键。

## 二、管理学的学科性质

管理学是一门系统地研究管理活动基本关系、基本规律和一般方法的科学。具体而言，管理的基本关系包括管理与管理对象的关系，管理的隶属关系、协作关系，人、财、物、信息和技术之间的关系；管理活动的基本规律包括管理信息运动规律、人的行为规律、物流规律等；管理的一般方法包括人们在管理活动中所采取的管理方式、程序和手段的总和。在管理中正确处理好管理的基本关系，掌握管理活动的基本规律，运用管理的一般方法将有利于管理的科学性和有效性，有利于实现组织的目标。

管理学科是一门介乎于社会科学与自然科学之间的边缘科学，这就决定了它具有以下特点。

（1）综合性。管理学是一门交叉学科，要综合利用经济学、数学、心理学、工程技术学等学科的成果，才能发挥出自己的作用。同时，由于管理学需要从社会生活的各个领域和方面，以及各种不同类型组织的管理活动中概括和抽象出对各门具体管理学科都有普遍指导意义的管理思想、原理和方法，这就使它的研究对象呈现多样性和复杂性。这些都决定了管理学具有综合性的特点。因此，广博的知识面、优良的综合素质和能力成为管理者有效地从事管理工作的重要条件。

（2）实践性。管理学是一门实用学科，它的理论、原则和方法是从实践经验中归纳、总结、升华出来的，同时这些理论、原则和方法只有运用于实践才能产生更大的经济效益和社会效益，因此，必须把管理的理论和实践有机结合起来，才能充分发挥管理学的作用。目前，国外的管理理论和思想已经较为成熟，但生搬硬套国外理论和思想无法完全解决中国企业和单位管理中遇到的问题，只有博采众长，在借鉴、学习国外和我国前人的管理思想与理论的基础上，结合中国的国情，才能总结出适合中国企业和单位管理的理论与经验。

（3）一般性。管理学研究的是管理的基本关系、基本规律和方法，研究所有管理活动中的共性原理，是一种基础理论学科。与人力资源管理、行政管理、公共事业管理等其他管理学科不同，管理学是各门具体、专门的管理学科的共同基础，其他管理学科需要以管理学的原理作为专业基础进行学习研究，所以管理学具有一般性的特点。

## 三、管理学的研究方法

为了更好地掌握管理学，就要运用适当的方法进行研究。根据管理学的研究对象和特点，我们认为主要的研究方法有以下几种。

### （一）比较研究法

比较研究法是通过对不同国家在不同社会制度、环境、历史条件下产生的管理理论、技术和方法及其应用效果进行横向比较研究的方法。进行管理学研究时，不仅要有纵向的历史考察，还要进行横向的比较研究。当代世界各国都十分重视管理和管理学的研究，各自形成了有特色的管理科学，通过对不同国家或地区，以及不同部门或组织的管理进行比较分析，研究不同社会政治制度、不同经济体制、不同组织变化条件下的管理思想、理论、方法与管理效果，探索管理的共同规律和可移植性，对理论欠缺、方法和手段还比较落后的我国管理更具有现实意义，可以使之达到洋为中用的目的。我们既要吸收发达国家管理中科学性的东西，又要避免盲目照搬或全盘否定，既要从我国国情出发加以取舍和改造，有分析、有选择地学习和吸收西方管理的理论与实践经验，又做到兼收并蓄，丰富我国管理学的内容，建立具有中国特色的管理科学体系。

### （二）历史研究法

历史研究法是对前人的管理实践、管理思想和管理理论予以总结概括，从中找出带有规律性的东西，实现古为今用的方法。通过利用古今中外的管理理论与实践的历史文献，全面考察管理的起源、历史演变、管理思想和理论，发掘管理规律和管理学的发展趋势，寻求普遍适用的管理原则、原理、方式和方法。任何管理现象都不是孤立的，都有其产生的历史背景及形成、发展的演变过程，只有把某一管理思想或管理理论放在一定的历史条件下，从其产生和发展的过程中去考察，才能掌握它的来龙去脉，了解其实质所在。

### （三）实验研究法

实验研究法是指有目的地在设定的环境下认真观察研究对象的行为特征，并有计划地变动试验条件，反复考察管理对象的行为特征，从而揭示出管理的规律、原则和艺术的方法。实验是管理研究者为检验某种管理理论或假设，在一定控制条件下进行的相关操作或从事探索性的活动。实验研究法通过对实验资料进行分析、综合和归纳，寻求普遍适用的管理原理和方法。在管理学发展史上，泰勒的科学管理原理、霍桑实验都是运用实验法进行管理学研究获得重大发现的。

### （四）案例研究法

案例研究法是指通过对有代表性的案例进行剖析，从中发现可供借鉴的经验、方法和原则，或将自己置身于模拟的管理情景中，运用所学的管理原理、原则和方法指导管理实践，提高管理技能和水平。例如，经验主义流派的代表人物德鲁克等人提出的目标管理思想，就来自大量的案例分析。案例研究法的优点是能够体现理论联系实际的原则，使抽象的一般管理原理建立在大量的实际案例分析的基础之上，是当代管理科学比较发达的国家在管理学教学中广为推行的学习研究方法。

### （五）非介入性研究法

非介入性研究可以使管理学研究者无须身处实地来研究管理活动，而且不会在研究过程中影响研究对象。非介入性研究包含内容分析、话语分析和符号分析三种类型。内容分析是对管理学媒介所承载的文本信息进行系统分析，发现和预测管理变化趋势的一种研究方法；话语分析是对使用中的语言进行分析，揭示管理者如何才能更好地沟通的方法；符号分析是针对符号性资料进行分析，并从中发现管理意义的方法。非介入性研究依赖于现有的文献资料、成文文件及历史记录，因此，其缺点在于局限于记录下来的内容，而且存在效度和信度问题，但是它具有经济、安全和能够研究较长阶段内发生的事件等优势，因此在管理学研究中广为使用。

# 本章小结

(1) 管理是在社会组织中,在一定的环境条件下,管理者通过实施计划、组织、领导和控制等职能,以人为中心协调各种资源,以便有效率和有效果地实现组织目标的过程。

(2) 管理具有组织性、科学性、艺术性、人本性和创新性 5 个特性。

(3) 管理职能包括计划、组织、领导、控制和创新。

(4) 管理者主要分为高层管理者、中层管理者和基层管理者。

(5) 管理者的工作可以概括为 10 种角色。

(6) 作为一名管理者,应该具备的管理技能包括技术技能、人际技能和概念技能,不同层次的管理者对三种技能的要求不同。

(7) 管理学是一门系统地研究管理活动基本关系、基本规律和一般方法的科学。

(8) 管理学的研究方法主要包括比较研究法、历史研究法、实验研究法、案例研究法和非介入性研究法。

# 实务训练

## 一、示范案例

### 为新学年制定社会实践目标并且希望目标可视化

新的学年到来了,为了提高自己的社会实践能力,可以给自己制定新学年的社会实践目标,目标的数量要适宜,如制定 3 项左右。以寒暑假社会实践为例,可以列出自己通过假期的实践想要达到的目标、任务及完成时间,并根据上述计划把每天要完成的任务、每月完成的任务进行列示,并将关键时间点用醒目标识标注出来,挂在自己的床头或书桌前,以便每天都能提醒自己,按照计划完成社会实践目标。

## 二、习作案例

为社会实践以外的计划制定目标并且使目标可视化。

# 思考与练习题

## 一、单项选择题

1. 将管理划分为计划等五项管理职能的学者是(　　)。

A. 费雷德里克・温斯洛・泰勒　　B. 彼得・德鲁克

C. 赫伯特・西蒙　　D. 亨利・法约尔

2. 管理学应属于(　　)。

A. 自然科学
B. 社会科学
C. 经济学
D. 介乎于社会科学与自然科学之间的边缘科学

3. 在管理过程中以人为中心，把理解人、尊重人、调动人的积极性放在首位，这是强调管理的（　　）。

A. 组织性　　B. 艺术性　　C. 有效性　　D. 人本性

## 二、多项选择题

1. 管理学是一门交叉学科，要综合利用（　　）等学科的成果，才能发挥出自己的作用。

A. 经济学　　B. 数学　　C. 心理学　　D. 工程技术学

2. 管理者在管理过程中承担的职能是（　　）。

A. 计划　　B. 组织　　C. 人员配备
D. 指导和领导　　E. 控制

3. 管理学的研究方法有（　　）。

A. 比较研究法　　B. 历史研究法　　C. 实验研究法
D. 案例研究法　　E. 非介入性研究法

## 三、判断题

1. 管理学只具有科学性，不具有艺术性。（　　）
2. 对于高层管理者而言，最重要的技能是人际技能。（　　）
3. 企业的财务处处长是工厂的基层管理者。（　　）
4. 管理的目的是实现既定目标。（　　）
5. 组织是管理的载体。（　　）

**推荐阅读：**

著名管理学家彼得·德鲁克编著的《德鲁克管理思想精要》。

# 第二章 管理理论的形成与发展

一个人不管如何努力，永远也赶不上时代的步伐，更何况是在知识爆炸的时代。只有组织起数十人、数百人、数千人一同奋斗，你站在这上面，才摸得到时代的脚。

——任正非

## 教学目标

学完本章后，你应该能够：

(1) 了解中国古代的主要管理思想与西方早期管理思想的代表人物和主要观点。

(2) 掌握古典管理理论、行为科学理论、现代管理理论的主要代表人物及其理论要点。

(3) 了解知识管理、学习型组织、企业再造等现代管理理论的最新思潮。

## 技能目标

提高管理能力，唯一的方法是实践。学会在做中学，在学习中、在活动中、在你遇到的每一个问题中思考，寻找解决方案，锻炼管理能力。

## 素质目标

养成阅读、思考、实践的认知模式，践行"实践是检验真理的唯一标准"。

## 案例导入

### 华为的核心文化铸就了今天的华为

华为这两年的快速发展是有目共睹的，除了通信业务的蓬勃发展外，手机业务更是突飞猛进。根据相关机构数据，2019 年第一季度，华为全球出货量达到了 5900 万台，超越苹果同期 3700 万台的出货量，位列全球第二大手机厂商。是什么造就了今天的华为？

"以客户为中心，以奋斗者为本"是华为最核心的文化，这句话浓缩了华为成立 30 多年来的管理理念，华为的核心文化铸就了今天的华为！

对于什么是"以客户为中心，以奋斗者为本"，任正非有详细的解读。

1. 坚持以为客户服务好作为我们一切工作的指导方针！

由于生存压力，华为在工作中自觉不自觉地建立了以客户为中心的价值观，应客户的需求开发一些产品，如接入服务器、商业网、校园网，因为那时客户需要一些独特的业务来提升他们的竞争力。虽然后来走了一点弯路，但最后始终回到了正确的方向。

2. 为什么是以奋斗者为本？

我们奋斗的目的，主观上是为自己，客观上是为国家、为人民。但主、客观的统一确实是通过为客户服务来实现的。

3. 什么叫奋斗？

为客户创造价值的任何微小活动，以及在劳动的准备过程中，为充实提高自己而做的努力，均叫奋斗。否则，再苦再累也不叫奋斗。

企业的目的十分明确，是使自己具有竞争力，能赢得客户的信任，在市场上能存活下来。

在互联网时代，技术进步比较容易，而管理进步比较难。难就难在管理的变革触及的都是人的利益。因此企业间的竞争，说穿了是管理竞争。

如果我们不能持续不断地实现管理进步，就必定要走向衰亡。

（资料来源：https://tech.sina.com.cn/t/2019-05-27/doc-ihvhiews4894565.shtml.）

**思考题：**结合案例说明为什么管理进步比技术进步难。

管理活动源远流长，从历史上看，管理与人类社会几乎同时产生。而有了管理实践后，人们必然对这种实践活动及经验进行研究、总结和探索，于是便产生了管理思想。管理思想涵盖国家管理、军事管理、工程管理、人事管理、经济管理等诸多方面。但管理实践乃至管理思想的出现，并不意味着管理科学的产生。事实上，管理科学是经历了一段漫长的历史发展过程后，直到 19 世纪末 20 世纪初才逐渐形成的，以后又随着管理实践的不断发展和社会生产力的不断提高，得以不断丰富和完善。

## 第一节　中西方早期管理思想

管理思想经过多年的发展已经形成系统的知识体系，一切管理活动都会接受管理思想的指导，管理思想是在管理实践中不断总结经验产生的。

### 一、中国古代的管理思想

中国作为四大文明古国之一，是一个具有五千年文明史的国家，中国古代管理思想主要体现在先秦到汉代的诸子百家思想中，如儒家、道家、法家等。我国古代各族人民以自己的智慧和辛勤劳动创造了许多令现代人叹为观止的著名的管理实践和极为丰富的管理思想，如由李冰父子主持修建的集分洪、灌溉、排沙诸功能于一体的都江堰水利工程；秦大将蒙恬“役 40 万众”建造的万里长城；隋唐人工挖建的京杭大运河等，这些伟大工程，无不凝聚了我们祖先的管理才能和光彩夺目的管理思想。在浩瀚的古史卷中，也蕴含着十分丰富的管理思想，如《论语》《易经》《老子》《孙子兵法》《资治通鉴》《史记》《西游记》《菜根谭》等经典著作，至今仍备受世界各国管理界的推崇。下面列举的仅仅是我国早期管理思想中的一部分。

### （一）战略管理思想

战略管理思想在《孙子兵法》中体现得尤为深刻。“运筹帷幄之中，决胜千里之外”（《史记·高祖本纪》）这句古代名言充分说明我们的祖先为了在竞争和对抗活动中获胜，十分重视运筹思想与战略决策方法的应用。“田忌赛马”的故事是孙膑运用运筹思想的生动反映。诸葛亮也是一位具有非凡决策能力的思想家和军事家，他的《隆中对》就是一个高瞻远瞩、善于审时度势的决策典范。而孙武创作的《孙子兵法》不仅是我国军事文化遗产中的瑰宝，而且对现代战略管理具有多方面的启迪作用。

1. 系统论思想

《孙子兵法》开篇就提出了“经五事，校七计”的系统思想。战争的胜败取决于各个方面的因素和情况，但关键的是“经五事”，即“道、天、地、将、法”五个方面的因素：人和；天时；地利；具备智、信、仁、勇、严的将者；强调编制与制度规范。同时还要“校七计”，即要比较哪一方统治者更清明；哪一方将帅更有才能；哪一方拥有更好的天时地利；哪一方法令能够贯彻执行；哪一方武器装备精良；哪一方士兵训练有素；哪一方更能做到赏罚分明。通过这七个方面的观察与比较，就可以预测战争的胜败。

《孙子兵法》提出的“经五事、校七计”的系统论思想，对现代组织的战略管理有着极强的指导意义，为现代管理提出了战略上的基本思路：必须指明组织的发展目标与发展方向，建设组织文化，以此来凝聚人心；抓住组织发展的有利时机；摆正组织在激烈竞争中所处的位置；高度重视人才并培养组织的人才；引进先进的技术设备；注重对员工的培训；建立健全组织内部的各项规章制度，依法进行规范管理等。

2. 对策论思想

《孙子兵法》强调要有预见性，要进行正确的决策和计划：筹划周密、营谋充分，条件充足就能取胜；筹划疏漏、条件不足就会失败，更何况不作筹划、毫无准备呢？这对现代管理强调计划管理、战略管理、事前控制有十分重要的启迪意义。

3. 信息论思想

《孙子兵法》中虽然没有“信息”这样的术语，但其对信息的重视对我们现代管理也有深刻的启示。如“知己知彼，百战不殆；不知彼而知己，一胜一负；不知彼，不知己，每战必殆”。

### （二）经营理财思想

1. 重视预测

在《货殖列传》一书中，司马迁记述了春秋末年范蠡、白圭等人的市场预测思想。他们认为“六岁穰，六岁旱，十二岁一大饥”，主张要“乐观时变”“旱则资舟，水则资车”“人弃我取，人取我与”“欲长钱，取下谷”的待乏原则。

2. 专业化分工

古人根据自己从事手工业生产的经验，认为专业化分工协作有利于提高人们的工作效率。战国时期的墨子就提出了劳动分工的思想,主张"各事其能"。孟子也认为劳动分工是非常重要的,"且一人之身,而百工之所为备,如必自为而后用之,是率天下而路也"(《孟子·滕文公上》),一个人什么事都自己去做,就会疲惫不堪,而以自己之有余以换不足,则大家都受益。

3. 理财之道

古代理财思想中最著名的莫过于陶朱公的理财十二则和十二戒。陶朱公,据说就是春秋末期越国的名臣范蠡,他在帮助越王勾践灭亡吴国之后弃官出走,先到齐国经商,后又到了卫国的定陶定居,化名陶朱公。陶朱公经商有方,屡获巨利,他把自己的经营之术称为"计然之策"。其中有理财的十二则和十二戒。理财的十二则:能识人,能用人,能知机,能倡率,能整顿,能敏捷,能接纳,能安业,能辩论,能办货,能收账,能还账。理财的十二戒:莫悭吝,莫浮华,莫畏烦,莫优柔,莫狂躁,莫固执,莫贪赊,莫懒收,莫痴货,莫昧时,莫争趋,莫怕蓄。

### (三)人才选拔思想

在用人方面,我国古代早就注意到要"选贤任能""任人唯贤""唯才是举",要"用人所长",为了充分发挥人才的作用,要"疑人不用,用人不疑"。唐太宗说"致安之本,惟在得人""能安天下者,惟在用得贤才"。在选才方面,战国时期的墨子对当时王公大臣重用骨肉之亲而不问德行"任人唯亲"的做法非常不满,主张用人应当是"尚贤"。他指出,国家在用人时应"不辨贫富、贵贱、远迩、亲疏,贤者举而尚之,不肖者抑而废之"。而在采用贤哲时,要先"听其言,迹其行,察其所能而慎予官"。庄子在选人方面还提出了九条原则,"故君子远使之而观其忠,近使之而观其敬,烦使之而观其能,卒然问焉而观其知,急与之期而观其信,委之以财而观其仁,告之以危而观其节,醉之以酒而观其则,杂之以处而观其色"。管子在《管子·形势解》中指出:"明主之官物也,任其所长,不任其所短。故事无不成,而功无不立。乱主不知物之各有所长所短也,而责必备。"宋代政治家欧阳修指出:"任人之道,要在不疑。宁可艰于择人,不可轻任而不信。"意为宁可择人时多费一些精力,看准了再用,也不可轻易任用却不信任,不敢放手让其施展才干。

### (四)中国古代管理思想的特点

中国古代光彩夺目的管理实践和管理思想还可列举很多,通观中国古代管理实践和管理思想,有下列特点。

1. 源发历史长

中国古代管理实践和管理思想可追溯到公元前几千年的春秋战国时代。

2. 涵盖内容广

中国古代管理思想涉及政治、经济、军事、文化、工程等各个领域。

3. 适用层次多

中国古代管理思想微观可应用于家庭、家族的日常事务管理,宏观可作为"治国平天下"的文韬武略。

4. 辐射影响大

中国古代管理思想广泛流传海内外,特别是日本、韩国及东南亚地区。

5. 思想凝练精

《孙子兵法》的格言早就被日本、美国等发达国家应用于企业管理，被一些企业家奉若神明，视为“商界竞争必胜之武器”。

但是，中国古代的管理思想比较零散，缺乏系统的整理、总结和提高，没有形成系统的管理理论。特别是到了近代以后，中国经济、政治、社会、科技、文化与西方国家的差距不断扩大。

## 二、西方早期的管理思想

国外有记载的管理实践和管理思想可以追溯到六千多年前，一些文明古国（如古埃及、古巴比伦、古罗马等）在组织大型工程的修建、指挥军队作战、教会组织的管理和治国施政中都体现出了大量高深的管理实践和管理思想。

古埃及人在公元前5000年左右开始建造的金字塔，是世界上最伟大的管理实践之一。其中最大的胡夫金字塔，高146米，底边各长230米，共耗用上万斤重的大石块230多万块，动用了10万人力，费时20年得以建成。现代著名管理学家彼得·德鲁克认为，那些负责修建埃及金字塔的人是历史上最优秀的管理者。

18世纪中叶，西方国家相继发生了产业革命。产业革命大大推动了生产技术的进步，使人力资源与自然资源的大规模结合成为可能，以手工技术为基础的资本主义工场手工业开始过渡到以机器大生产为特征的资本主义工厂制度。这就带来一系列迫切需要解决的新问题，如工人的组织、分工、协作、配合问题，工人与机器、机器与机器间的协调运转问题，劳资纠纷问题，劳动力的招募、训练与激励问题，劳动纪律的维持问题等。在这种形势下，一些管理先驱者从不同角度对管理进行了理论研究，这其中对以后管理理论的形成有较大影响的代表人物有亚当·斯密、罗伯特·欧文、查尔斯·巴贝奇等。

### （一）亚当·斯密的劳动分工与“经济人”思想

英国古典政治经济学家亚当·斯密在1776年发表的代表作《国民财富的性质和原因的研究》中，最早对劳动分工进行了研究。他以工人制造大头针为例，详细阐述了劳动分工可以极大地提高劳动生产率：如果一名工人没有受过专门的训练，恐怕一天也难以制造出一枚针来，但如果把制针分为若干专门的工作程序，平均每人“一日也能成针十二磅”（大约48000枚）。他还进一步阐述了劳动分工能提高劳动生产率的原因：①劳动分工可以使劳动者专门从事一种单纯的操作，从而提高工人技术的熟练程度；②劳动分工可以减少由于变换工作而损失的时间；③劳动分工使劳动简化，可以使人们把注意力集中到一种特定的对象上，有利于发现比较方便的工作方法和改进机器与工具。

亚当·斯密还提出了“经济人”的观点，认为人们在经济活动中追求的是个人利益，社会利益是由于个人利益之间的相互牵制而产生的。亚当·斯密的分工理论和“经济人”观点，对后来西方管理理论的形成有巨大而深远的影响。

### （二）罗伯特·欧文的人事管理思想

英国空想社会主义代表人物之一罗伯特·欧文，从18岁创办他的第一家工厂开始，就一直致力于工厂管理的研究。他最早注意到了工厂中人力资源的重要性，并对人力资源的利用提出了独特的见解。在欧文以前,工厂的老板大多把工人看作呆板的机器和工具,而欧文把他们看作有感情的人。他认为工厂要获利,就必须注意对人的关心,在人际关系方面取得和谐一致。他在给他的工厂总管的信中写道:"你们对无生命的机器给予良好的保养,能够产生有利的结果,那么要是对构造奇妙的有生命的机器——人给予同样关心的话,那还有什么不能指望的呢?"他在自己管理的工厂中进行了一系列改革,如禁止招收童工,送他们去学校读书;着手改善工人的生产条件和生活条件;缩短劳动时间;禁止对工人进行惩罚;工人对任何人有抱怨,都可向他直接诉说等。所有这些使他赢得了工人的信任,他的棉纺厂的事业也蒸蒸日上。由于欧文对人力资源的重视和开拓性研究,后人把他称为人事管理的先驱。

### (三)查尔斯·巴贝奇的科学管理思想

查尔斯·巴贝奇是英国有名的数学家和机械专家,他在科学管理方面做了许多开创性工作,他曾花几年的时间到英国、法国等国的工厂调查与研究管理问题。他在1832年出版的代表作《论机器和制造业的经济》一书中,对专业分工、科学工作方法、机器与设备的有效使用、成本的记录与核算等问题进行了深入论述。此外,他还发展了亚当·斯密的劳动分工思想,第一次指出脑力劳动和体力劳动一样,也可以进行劳动分工。他还对劳动报酬问题进行研究,提出固定工资加利润分享制度,即应该根据工人的效率和工厂的利润而按比例付给工人奖金,以谋求劳资双方的调和。巴贝奇主张通过科学研究来提高机器工具、材料、工人的工作效率,这已展示出了科学管理的萌芽,因此后人把巴贝奇称为科学管理的先驱。

当然,这个阶段的管理理论尚处于萌芽时期,企业的管理者一般就是企业的所有者,他们大权独揽,完全凭个人的能力和经验来制定企业的大政方针并实施管理。各类人员主要采取师傅带徒弟和自己摸索的经验来操作,没有统一的操作规程,没有统一的管理方法。研究的管理问题也着重在企业内部,管理内容主要局限于生产管理、成本管理、工资管理等方面,还没有形成系统化的管理理论。

## 第二节 古典管理理论

管理理论比较系统的建立是在19世纪末20世纪初。伴随第二次科技革命,电力、内燃机等新技术在企业中广泛应用,大大促进了资本主义生产的发展,推动了资本的积累和集中,企业的生产规模不断扩大,生产技术更加复杂,生产的专业化、社会化程度日益提高。随着自由竞争的加剧,资本主义发展为垄断资本主义,企业主为了获得高额垄断利润,往往采取提高工人劳动强度、延长工人工作时间、降低工人工资等办法,导致劳资双方矛盾不断扩大。此时,单凭企业主的个人经验和传统管理方式已行不通,客观上要求科学的管理代替传统的经验管理。

基于上述形势的客观需要,出现了以泰勒、法约尔等为代表的着眼于寻找科学组织生产、提高劳动生产率的古典管理理论。

## 一、泰勒的科学管理理论

弗雷德里克·温斯洛·泰勒(1856—1915 年)出生于美国费城一个富有的律师家庭，中学毕业后考上哈佛大学，攻读法律系，但不幸因眼病终止了学习。1878 年，泰勒进入费城的米德维尔钢铁公司当学徒，由于工作突出，先后当了领班、车间工长、总机械师、总绘图师、总工程师。1901 年以后，他把大部分时间用在写作和演讲上。他的代表著作有《计件工资制》(1895 年)、《车间管理》(1903 年)和《科学管理原理》(1911 年)等。泰勒在这些书中提出的管理理论奠定了科学管理的理论基础，标志着管理科学的正式形成，泰勒也因此被西方管理学界称为"科学管理之父"。

### (一) 科学管理理论的主要内容

1. 工作定额管理

泰勒认为，提高工人劳动生产率的潜力非常大。为了发掘工人劳动生产率的潜力，就必须制定出科学的操作方法和有科学依据的"合理的日工作量"。为此，必须进行"时间—动作"的研究。其方法是挑选合适且技术熟练的工人，把他们的每一个动作、每一道工序及所使用的时间记录下来，然后进行分析研究，消除其中多余的不合理的部分，得出最有效的操作方法作为标准。

2. 标准化管理

泰勒认为，企业要用标准操作方法训练工人，使工人掌握标准化的操作方法。同时，企业要使用标准化的工具、机器和材料，并且使作业环境也标准化。

3. 挑选和训练"第一流的工人"

泰勒指出，为了提高劳动生产率，必须挑选和训练第一流的工人。第一流的工人是指他的能力最适合做这种工作而且他又愿意干这项工作的人，并不是指体力超过常人的"超人"。泰勒认为，健全的人事管理的基本原则是：要根据工人的能力把他们分配到相应的工作岗位上并进行培训，教会他们科学的工作方法，使他们成为第一流的工人，激励他们尽最大的力量工作。

4. 有差别的计件工资制

泰勒认为，计时工资不能体现劳动的数量，计件工资虽能体现劳动的数量，但工人又担心劳动效率提高后，雇主会降低工资率。针对这种情况，泰勒提出了一种新的报酬制度——有差别的计件工资制：通过制定合理的工作定额，实行有差别的计件工资制来鼓励工人完成或超额完成工作定额。即完成工作定额的以正常工资率付酬，未达到工作定额的以低工资率付酬，超过工作定额的则以高工资率付酬。

5. 计划职能和执行职能相分离

泰勒认为，管理和劳动应该分离，并且把管理工作称为计划职能，把工人的劳动称为执行职能。计划由管理当局负责，并设立专门的计划部门来承担，工人就是服从管理当局的命令，从事执行的职能，并且根据执行的情况领取工资。

6. 实行职能工长制

泰勒主张实行职能管理，即把管理工作进行细分，使每一位管理者只承担一两种管理职能。泰勒将原来由一个工长负责的工作细分为八个职能工长负责，其中四个在计划部门分别负责纪律、工时成本、工作程序、指令卡四项职能；另外四个在车间分别负责工作分配、速度、检验、维修四项职能。每个职能工长在其职能范围内可以直接向工人发布命令。实践证明，这种多头领导的职能工长制容易引起混乱，因而没有得到推广。但是，泰勒的职能管理思想对以后职能部门的建立和管理专业化提供了思路。

7. 例外原则

泰勒认为，规模较大的企业组织及其管理需要运用例外原则，即企业的高层管理人员为了减轻处理纷繁事务的负担，把例行的一般日常事务授权给下级管理人员去处理，自己只保留对例外事项(或者重大事项)的决策权和监督权。这种以例外原则为依据的管理控制原理，以后发展成为管理上的分权化原则和实行事业部制的管理体制。

### (二) 科学管理理论的主要观点

1. 科学管理的目的是提高劳动生产率

泰勒认为，提高工作效率是雇主和工人双赢的基础，它可以使高工资和低成本统一起来，提高劳动生产率是泰勒创立科学管理理论的基本出发点，是泰勒确定科学管理的原理、方法的基础。

2. 提高工作效率的重要手段是用科学的管理方法代替旧的经验管理

泰勒认为，管理是一门科学，在管理实践中，建立各种明确的规定、条例、标准，使一切科学化、制度化，是提高管理效能的关键。

3. 实施科学管理的核心问题，要求劳资双方来一场“精神革命”

泰勒认为，雇主和工人两方都必须来一次“精神革命”，认识到提高效率对双方都是有利的。双方应把原来的相互对立变为互相协作，共同为提高劳动生产率而努力。

泰勒的上述理论，在今天看来也许是平常的，但在 19 世纪末 20 世纪初，却使企业管理掀起了一场声势浩大的革命，开创了科学管理的新阶段。从此，企业管理从只凭经验管理走上了科学管理的道路。列宁对此的评价是：泰勒制也同资本主义其他一切进步的东西一样，有两个方面：一方面是资产阶级剥削的最巧妙的残酷手段；另一方面是一系列的最丰富的科学成就。

这一时期，对科学管理作出贡献的还有另一些人，如吉尔布雷斯夫妇创立的动作研究；甘特发明的用于制订生产作业计划和控制计划执行的“甘特图”；福特(H. Ford)创立的汽车工业的流水线生产，促进了生产组织工作的进一步标准化，并为生产自动化创造了条件等。

科学管理以工厂内部的生产管理为重点，以提高生产效率为中心，主要研究和解决生产组织方法的科学化和生产程序的标准化问题，没有超出车间管理的范围。

## 二、法约尔的一般管理理论

亨利·法约尔(1841—1925 年)，法国人，被称为“经营管理之父”。法约尔 19 岁从圣艾蒂安国立高等矿业学院毕业后进入一家大型采矿冶金公司担任工程师，很快显露出他的管理才能，28 岁担任公司总经理。他与泰勒不同，泰勒从企业底层开始研究管理问题，着重研究生产过程中的工作管理，而法约尔位居高层，是从企业上层开始研究管理问题，着重研究企业的经营管理问题。1916年出版的代表作《工业管理和一般管理》是法约尔一生的管理经验和管理思想的总结。法约尔被公认为第一位概括和阐述一般管理理论的管理学家，他的管理理论主要体现在以下三个方面。

### （一）明确区分经营和管理

法约尔认为，企业的全部经营活动可以归结为六项基本活动：技术活动、商业活动、安全活动、财务活动、会计活动和管理活动。可见，管理只是六项基本活动中的一项。在经营的六项基本活动中，管理活动处于核心地位，不但企业本身需要管理，其他五项活动也需要管理。

### （二）指出管理的五个职能

法约尔认为，管理包括计划、组织、指挥、协调和控制五个职能或要素。计划是对未来的预测和对未来的行动安排，是管理的首要职能；组织是指建立企业的物质结构和社会结构，并通过其对人力、物力、财力等资源进行合理配置；指挥是让已经组建的组织发挥作用；协调是指企业人员团结一致，使企业中的所有活动和努力得到统一与和谐；控制是保证企业中进行的一切活动符合所制订的计划和所下达的命令，保证计划得以实现。

### （三）首次提出管理的14条原则

1. 分工

通过专业化分工使人们的工作更有效率。

2. 职权与职责

职权是管理者命令下级的权力和要求服从的威望。但是，责任与权力是相对应的，凡是行使职权的地方，就应当承担相应的责任。

3. 纪律

用统一、良好的纪律来规范人们的行为可以提高组织的有效性，人们必须遵守和尊重组织的规则，违反规则的行为应受到惩罚。

4. 统一指挥

每一个下属应当只接收来自一位上级的命令。

5. 统一领导

围绕同一目标的所有活动，只能有一位管理者和一个计划，多头领导将造成管理的混乱。

6. 个人利益服从整体利益

任何个人或小群体的利益，不应当置于组织的整体利益之上。当两者不一致时，主管人员必须想方设法使它们一致起来。

7. 个人报酬

报酬与支付方式要公平合理，对工作成绩和工作效率优良者给予奖励，但奖励应有一个限度，尽可能使职工和公司双方都满意。

8. 集权与分权

集权与分权反映的是下属参与决策的程度。集权与分权可以不同程度地存在，管理者的任务在于根据组织的情况找到两者的平衡点。

9. 等级链

从组织管理的最高层到最低层之间应建立关系明确的职权等级系列，这是组织内部权力等级的顺序和信息传递的途径。但当组织的等级太多时，会影响信息的传递速度，此时同一层级的人员在有关上级同意的情况下可以通过“跳板”（法约尔桥）进行信息的横向交流，以便及时沟通信息、快速解决问题。

10. 秩序

秩序包括“人”的秩序和“物”的秩序，就是要求每个人和每一物品都处在恰当的位置上。

11. 公平

管理者应当公平善意地对待下属。

12. 人员的稳定

人员的高流动率会导致组织的低效率，为此，管理者应当制订周密的人事计划，当发生人员流动时，要保证有合适的人接替空缺的职务。

13. 首创精神

首创精神是指人们在工作中的主动性和积极性。当组织允许人们发起和实施他们的计划时，将会调动他们的极大热情。

14. 团体精神

企业应该提倡团结精神，在组织中建立起和谐、团结、协作的氛围。

法约尔强调，这些原则不是死板的概念，而是灵活的，是可以适应于一切需要的，关键是要懂得如何根据不同的情况灵活运用。

法约尔的一般管理理论对管理科学的形成与发展作出了重要贡献，主要体现在以下三个方面。

一是提出了管理的普遍性。法约尔不再把管理局限于某一个特定的范围内，即不仅把管理看成某一类组织的活动，而是认为所有的组织都需要实行管理。同时，他把管理活动从经营中单独列出来，作为一个独立的功能和研究项目。这种对管理普遍性的认识和实践，在当时是一项重大的贡献。

二是提出了更具一般性的管理理论。由于泰勒是以工厂管理这一具体对象为出发点的，因此，泰勒的科学管理理论非常富有实践性，但缺乏一般的理论性。与泰勒的科学管理理论相比较，法约尔的管理理论是概括性的，所涉及的是带普遍性的管理理论问题，其形式和对象均是在极其普遍的条件下得出的有关管理的一般理论，所以更具理论性和一般性。

三是为管理过程学派奠定了理论基础。法约尔的主张和术语在现代的管理文献中使用得很普遍。这说明一般管理理论对现代管理理论有重要的影响。他所开创的一般管理理论，为管理过程学派奠定了理论基础。

## 三、韦伯的理想的行政组织体系理论

德国社会学家马克斯·韦伯(1864—1920 年)的研究主要集中在组织理论方面,被后人称为"组织理论之父"。他的代表作是 1921 年出版的《社会组织和经济组织》。他的主要贡献是提出了理想的行政组织体系理论,也称官僚行政组织理论。这一理论的核心是:组织活动要通过职务或职位而不是通过个人或世袭地位来管理。他所讲的"理想的",不是指最合乎需要,而是指现代社会最有效和最合理的组织形式。

韦伯的理想的行政组织体系理论具有以下特点。

### (一)明确的分工

每个职位的权力和义务都应有明确的规定,人员按职业专业化进行分工。

### (二)形成自上而下的等级体系

一个组织应遵循等级原则,上一级部门应控制和管理下一级部门,直到每一个成员都被控制为止,形成一个自上而下的指挥链或等级体系。

### (三)人员的任用

人员的任用应通过正式选拔,要完全按照职务的要求,通过考试和教育训练来实行。

### (四)职业管理人员

组织中的管理人员是专业的公职人员,而不是该组织的所有者。这些管理人员有固定的薪水和明文规定的升迁考核制度。

### (五)正式的规则和纪律

管理人员必须严格遵守组织中规定的规则和纪律,明确办事的程序。

### (六)非人格化

组织中成员之间的关系以理性准则为指导,只受职位关系而不受个人情感的影响。这种公正不倚的态度,不仅适用于组织内部,而且适用于组织与外界的关系。

韦伯认为,这种体现劳动分工原理的、有着明确定义的等级和详细的规则与制度,以及非个人关系的组织模型最符合理性的原则,是组织达到目标、提高劳动生产率的最有效的形式,并在精确性、稳定性、纪律性及可靠性等方面均优于其他组织。这种组织模式能够消除管理者的主观判断,即使是人事变动也不会影响组织的正常运行。同时,这种组织模式对人没有偏见,无论是上级还是下属,顾客还是员工,都应当一视同仁地遵守规则,使领导的权威更多地来源于位置而不是个人。这样,组织可以更加公正有效地运作。所以它适用于所有的大型组织,如教会、国家机构、军队、政党、经济企业和各种团体。

## 四、古典管理理论评析

### (一)古典管理理论的特点

*1. 以提高生产效率为主要目标*

泰勒等人从事的一系列企业管理科学研究,都是以提高生产效率为主要目标的。

2. 以科学求实的态度进行调查研究

科学管理这一名称本身就蕴含了泰勒等人对企业管理问题研究的科学求实精神。为了提高劳动生产率,泰勒等人运用科学方法对生产方法的改进作了长时间的、大量的调查研究。例如,泰勒进行了著名的“铁块搬运试验”“金属切削试验”,吉尔布雷斯对砌砖工人的动作与效率的关系进行了大量的调查研究。

3. 强调以物质利益为中心,重视个人积极性的发挥

泰勒认为,生产效率的提高主要取决于工人个人积极性的发挥,而物质利益则是刺激工人个人积极性发挥的唯一有效的手段。

4. 强调规章制度的作用

泰勒等人在企业管理实践中,通过大量调查研究总结出一套科学管理的方法,如职能分工、劳动定额、操作规程、作业标准化、计件工资等,并主张把科学管理的措施形成企业规章制度,以约束工人在生产经营活动中的行为,并区别表现的好坏,给予一定的奖罚;强调组织中上下级的关系必须遵从规章制度,把规章制度作为企业组织重要的管理工具。可见,在企业管理工作中,应当重视规章制度对职工行为的约束功能和导向功能。

### (二) 古典管理理论的贡献与局限性

1. 古典管理理论的贡献

古典管理理论学家们建立了管理研究和实践的科学基础。他们把提高组织效率作为研究的目标,把科学的方法运用到管理活动和管理过程中,使管理学成为一个独立的研究领域,使管理活动能够在科学的基础上进行,从而使管理者能够管理大型的、复杂的组织。

2. 古典管理理论的局限性

(1) 对组织中人的因素的研究不够,一般只是把人看作“经济人”。

(2) 主要强调对组织内部有效运行问题的研究,而忽略了或较少地分析有关外部环境对组织的影响问题。

(3) 对解决管理实践中的协调问题及为贯彻各种管理职能提供服务方面较少涉及。

# 第三节 行为科学理论

## 一、行为科学

行为科学是研究人的行为或人类集合体的行为,在心理学、人类学、社会学、经济学、政治学和语言学等的边缘领域协作的一门科学。其研究内容涉及思考过程、交往、消费者行为、经营行为、社会的和文化的变革、国际关系政策的拟定等广泛的课题。

按照管理百科全书的定义:行为科学是运用自然科学的实验和观察方法,研究自然和社会环境中人的行为及低级动物行为的科学,已经确认的学科包括心理学、社会学、社

会人类学和其他学科类似的观点与方法。按照这一定义，行为科学的应用范围几乎涉及人类活动的一切领域，形成了众多的分支学科，如组织管理行为学、医疗行为学、犯罪行为学、政治行为学、行政行为学等。

行为科学广泛应用于企业管理，研究如何激发人的工作积极性、提高劳动生产率、改善并协调人与人之间的关系、缓和劳资矛盾。很多心理学家、社会心理学家、社会学家围绕这些问题进行研究，这些人被统称为行为科学家，如马斯洛等。行为科学不同于心理学中的行为主义派别，行为主义拒绝意识或把意识等同于行为，行为科学虽然标榜研究人的行为规律，但它结合人的主观世界来研究行为规律，广泛接受传统心理学上用来描述人们主观世界的观念，如需要动机、性格、爱好、心理机制等。

## 二、行为科学的发展历史

行为科学作为一种管理理论，开始于 20 世纪 20 年代末 30 年代初的霍桑实验，而真正发展却是在 20 世纪 50 年代。它正式被命名为行为科学，是在 1949 年美国芝加哥的一次跨学科的科学会议上。

20 世纪 30 年代以前，很多管理学派对管理方法的研究都是以“事”为中心，忽视了对人的研究。行为科学研究起源于 20 世纪 50 年代的美国，行为科学的英文原名有单复数之分，以复数表示的行为科学为广义的行为科学，是一个学科群。现在管理学中所讲的行为科学专指狭义的行为科学，即指应用心理学、社会学、人类学及其他相关学科的成果，是研究管理过程中的行为和人与人之间关系规律的一门科学。

行为科学的产生是生产力和社会矛盾发展到一定阶段的必然结果，也是管理思想发展的必然结果。行为科学的产生既有政治背景，也有经济背景和文化背景。在泰勒的科学管理理论建立以后，社会经济、政治、文化的发展变化导致了行为科学的兴起。

行为科学的前期研究以人际关系学说（或人群关系学说）为主要内容，从 20 世纪 30 年代梅奥的霍桑实验开始，到 1949 年在美国芝加哥跨学科的科学会议上第一次提出行为科学的概念为止。1953 年，在美国福特基金会召开的各大学科学家参加的会议上，该项研究正式定名为行为科学，这视为行为科学研究时期。

今天的行为科学之所以成为根深叶茂的学科大树，在很大程度上得益于梅奥及其霍桑实验对人性的探索。其实，在霍桑实验之前就有一些管理学家对人的心理和人的行为进行了一些研究，并建立起工业心理学，对管理学的发展起着相当大的推动作用，只不过在当时没有成为古典管理理论的主流。

(1) 美国的管理学家福莱特。她的主要著作有《新国家》《动态的管理》《自由和协作》等。其有关利益结合、形势规律的论述与泰勒的精神革命、职能管理是一致的；关于协作、相互影响等论述与人际关系学说创始人梅奥等人的论点相似。可以说，她把这两个时期联系了起来，成为两者之间的过渡。

(2) 原籍德国的美国心理学家、工业心理学的创始人之一芒斯特伯格。芒斯特伯格先后发表了《心理学和工业效率》《一般心理学和应用心理学》《企业心理学》等著作，是最先提出心理学能应用于工业以提高劳动生产率的心理学家，并最早确定工业心理学的范围和方法。

(3) 比利时心理学家、工业心理学的首创人之一索利尔。他的代表作是《应用心理学：研究工作中人的因素的技术的导论》。他还发表150余篇论文，许多是讨论工业中人的因素的。索利尔是工业心理学在比利时的先驱者之一，对发展和传播工业心理学作出了较大贡献。

行为科学已与管理科学并列成为现代管理学发展的两大支柱，成为举足轻重的一大管理学派。从20世纪60年代末开始，各种理论渗透合流，人们把企业逐渐看成一个技术—社会—心理的多元系统。

### (一) 霍桑实验

霍桑实验是心理学史上最有名的实验之一，是在美国芝加哥西部电器公司所属的霍桑工厂进行的一系列心理学研究，由哈佛大学的心理学教授梅奥主持。

霍桑工厂是一个制造电话交换机的工厂，具有较完善的娱乐设施、医疗制度和养老金制度，但工人们仍愤愤不平，生产成绩很不理想。为找出原因，美国国家研究委员会组织研究小组开展实验研究。

1. 实验过程

(1) 照明实验。照明实验从1924年11月开始，至1927年4月。

当时关于生产效率的理论中占统治地位的是劳动医学的观点，认为也许影响工人生产效率的是疲劳和单调感等，于是当时的实验假设便是“提高照明度有助于减少疲劳，使生产效率提高”。经过两年多的实验发现：当实验组照明度增大时，实验组和控制组都增产；当实验组照明度减弱时，两组依然都增产，甚至实验组的照明度减至0.06烛光时，其产量也无明显下降，直至照明减至如月光一般，实在看不清时，产量才急剧降下来。研究人员面对此结果感到茫然，失去了信心。

从1927年起，以梅奥教授为首的一批哈佛大学心理学工作者将实验工作接管下来，继续进行。

(2) 福利实验(继电器装配室实验)。福利实验从1927年4月开始，至1929年6月。

福利实验的实验目的总的来说是研究福利待遇的变换与生产效率的关系。经过两年多的实验发现，不管福利待遇如何改变(包括工资支付办法的改变、优惠措施的增减、休息时间的增减等)，都不影响产量的持续提高，甚至工人自己对生产效率提高的原因也说不清楚。

进一步的分析发现，导致生产效率提高的主要原因如下：①参加实验的光荣感。实验开始时有6名参加实验的女工曾被召进部长办公室谈话，她们认为这是莫大的荣誉。这说明被重视的自豪感对人的积极性有明显的促进作用。②成员间良好的相互关系。

(3) 访谈实验。研究者在工厂中开始了访谈计划。此计划的最初想法是要工人就管理当局的规划和政策、工头的态度和工作条件等问题提出意见，但这种规定好的访谈计划在进行过程中却得到意想不到的效果。工人想就访谈提纲以外的事情进行交谈，工人认为重要的事情并不是公司或调查者认为意义重大的那些事。访谈者了解到这一点，及时作出了相应的调整，访谈不规定内容，并且每次访谈的平均时间从30分钟延长到

1～1.5小时，多听少说，详细记录工人的不满和意见。访谈计划持续了两年多，工人生产的产量大幅提高。

工人们长期以来对工厂的各项管理制度和方法存在许多不满，无处发泄，访谈计划的实行刚好为他们提供了发泄的机会。工人们发泄过后心情舒畅，士气提高，使生产产量得到提高。

(4) 群体实验(接线板接线工作室实验)。在这个实验中，研究人员选择了14名男工人在单独的房间里从事绕线、焊接和检验工作，并且对他们实行特殊的计件工资制度。

研究人员原来设想，实行这套奖励办法会使工人更加努力地工作，以便得到更多的报酬。但结果是，产量只保持在中等水平，每个工人的日产量平均都差不多，而且工人并不如实地报告产量。深入调查发现，这个班组为了维护他们的群体利益，自发地形成了一些规范。他们约定，谁也不能干得太多而突出自己，谁也不能干得太少而影响全组的产量，并且约定不准向管理当局告密，如有人违反这些规定，轻则挖苦谩骂，重则拳打脚踢。进一步调查发现，工人们之所以维持中等水平的产量，是担心产量提高后，管理当局会改变现行的奖励制度，或裁减人员，使部分工人失业，或者会使干得慢的伙伴受到惩罚。

这一实验表明，为了维护班组内部的团结，工人会放弃物质利益的引诱。由此，研究人员提出"非正式群体"的概念，认为在正式的组织中存在着自发形成的非正式群体，这种群体有自己的特殊的行为规范，这些规范对人的行为起着调节和控制作用。同时，这种非正式群体加强了组织内部的协作关系。

2. 实验结论

(1) 改变工作条件和劳动效率没有直接关系。

(2) 提高生产效率的决定因素是员工情绪，而不是工作条件。

(3) 关心员工的情感和员工的不满情绪，有助于提高劳动生产率。

3. 人际关系学说及主要论点

通过霍桑实验，梅奥等人提出了人际关系学说，其主要论点如下。

(1) 职工是"社会人"。古典管理理论把人看作"经济人"，他们只是为了追求高工资和良好的物质条件而工作。因此，对职工只能用绝对的、集中的权力来管理。梅奥等人提出了与"经济人"观点不同的"社会人"观点。其要点是：人重要的是同别人合作；个人是为保护其集团的地位而行动的；人的思想行为更多的是由感情来引导。工作条件和工资报酬并不是影响劳动生产率的唯一原因。对职工的新的激励重点必须放在社会、心理方面，以使他们之间更好地合作并提高劳动生产率。

(2) 正式组织中存在着"非正式组织"。所谓正式组织，就是为了有效地实现企业的目标，规定组织各成员之间相互关系和职责范围的一定组织管理体系，其中包括组织机构、方针政策、规划、章程等。但人是社会的动物，在组织内共同工作的过程中，人们必然发现相互之间的关系，形成非正式团体。在这个团体里，人们形成了共同的感情，进而构成一个体系，这就是非正式组织。

非正式组织对人起着两种作用。一种是它保护工人免受内部成员忽视所造成的损失，如生产得过多或过少。另一种是它保护工人免受外部管理人员的干涉所造成的损失,如降低工资率或提高产量标准。至于非正式组织形成的原因,并不完全取决于经济发展情况,而是同更大的社会组织有联系。不能把这种在正式组织中形成的非正式组织看成一种坏事,而必须看到它是必然的现象。它同正式组织相互依存,并对生产率的提高有很大影响。

(3) 新的领导能力在于提高职工的满足度和士气。金钱或经济刺激对促进工人提高劳动生产率只起第二位的作用,起重要作用的是工人的情绪和态度,即士气。而士气又同工人的满足度有关,这个满足度在很大程度上是由社会地位决定的。所谓职工的满足度,主要是指为获取安全的感觉和归属的感觉等社会需求的满足度。工人的满足度越高,士气越高,劳动生产率也就越高。工人的满足度取决于两个因素:一是个人情况,即工人由于自身的个人经历、家庭生活和社会生活所形成的个人态度;二是工作环境,即工人相互之间或工人与上级之间的人际关系。

所谓新的领导能力,是指能够区分事实和感情,能够在生产效率和职工们的感情之间取得平衡的能力。这种新的领导能力可以弥补古典管理理论的不足,解决劳资之间乃至工业社会的种种矛盾,从而提高劳动生产率。新的领导能力既然能够通过提高职工的满足度来提高职工的士气,最后达到提高劳动生产率的目的,那么管理者就要转变管理方式,重视"人的因素",采用以"人"为中心的管理方式,代替古典管理理论以"物"为中心的管理方式。

### (二) X理论和Y理论

麦格雷戈在他所著的《企业的人性方面》一书中,提出了有名的X理论和Y理论的人性假定。

1. X理论

麦格雷戈认为,每一位管理人员对职工的管理都基于一种对人性看法的哲学,或者都有一套假定。他把传统管理对人的观点和管理方法叫作"X理论"。其要点如下。

(1) 一般人的天性都是好逸恶劳的,只要可能,就会设法逃避工作。

(2) 人几乎没有什么进取心,不愿承担责任,而宁愿被别人领导。

(3) 人天生就反对变革,把安全看得高于一切。

(4) 要使人们真正想干活,那就必须采用严格的控制、威胁,并且需要经常不断地施加压力。

2. Y理论

Y理论是建立在对人性和人的行为动机更为恰当的认识基础上的新理论。其要点如下。

(1) 人并不是天生就厌恶工作,工作对人们来讲,正如娱乐和休息一样自然。

(2) 控制和威胁并不是促使人们为实现组织目标而努力的唯一办法,人对自己所参与的目标能实现自我指挥和自我控制。

(3) 对目标作出贡献是与获得成就的报酬直接相关的,这些报酬中最重要的是自尊和自我实现需要的满足,它们能促使人们为实现组织目标而努力。

Y理论给管理人员提供了一种对于人的乐观主义的看法,这种乐观主义的看法对争取职工协作和热情支持是必需的。有人指出，Y 理论有些过于理想化了。所谓自我指导和自我控制，并非人人都能做到。人固然不能说生来就是懒惰而不愿负责任的，但是，在实际生活中也的确有些人是这样的，而且坚决不愿改变。对于这些人，采用 Y 理论进行管理，难免会失败。

此外，由美国著名犹太裔人本主义心理学家亚伯拉罕・马斯洛（Abraham Maslow）提出的需求层次理论，美国心理学家弗里德里克・赫茨伯格于 1959 年提出的双因素理论，是研究组织激励时应用最广泛的理论。

马斯洛认为，人都潜藏着五种不同层次的需求，但在不同的时期表现出来的各种需求的迫切程度是不同的。人的最迫切的需求才是激励人行动的主要原因和动力。

赫茨伯格认为，使职工感到满意的都是属于工作本身或工作内容方面的；使职工感到不满的，都是属于工作环境或工作关系方面的。他把前者叫作激励因素，把后者叫作保健因素。

保健因素的满足对职工产生的效果类似于卫生保健对身体健康所起的作用，它不能直接提高健康水平，但有预防疾病的效果；激励因素是那些能带来积极态度、满意和激励作用的因素，这是那些能满足个人自我实现需求的因素，包括成就、赏识、挑战性的工作、增加的工作责任、成长和发展的机会等。

马斯洛需求层次理论和赫茨伯格双因素理论的具体内容参见本书激励理论相关章节。

## 三、行为科学的基本内容

行为科学的基本内容如下。

### （一）个体行为研究

个体行为是行为科学分析研究企业组织中人们行为的基本单元。在个体行为这个层次中，行为科学主要是用心理学的理论和方法研究两大类问题：一类是影响个体行为的各种心理因素；另一类是关于个性的人性假说。

### （二）动机与激励理论

社会心理学家和行为科学家认为，人的行为都是由动机引起的，而动机是由于人们本身内在的需要而产生的，能满足人的需求活动，本身就是一种奖励。

### （三）群体行为研究

群体行为在组织行为学中是一个重要的问题，它主要探讨群体是一种非正式组织、群体的特征、群体的内聚力等。

### （四）组织行为

行为科学家认为，一个人一生的大部分时间是在组织环境中度过的。人们在组织中的行为称为组织行为，它建立在个体行为和群体行为的基础上。通过研究人的本性和需要，行为动机及在生产组织中人与人之间的关系的研究，总结出人类在生产中行为的规律。

# 第四节　现代管理理论

西方现代管理理论的形成标志着西方管理理论进入了第三个发展阶段。它是在第二次世界大战后，随着社会生产力的发展及社会学、系统科学、电子计算机技术在管理领域中日益广泛的应用而逐渐形成的。人们通常所说的西方现代管理理论不是一种管理理论，而是对各种不同管理学派理论的统称。

## 一、主要管理学派理论介绍

### （一）管理过程学派

管理过程学派认为管理是一个过程，是在有组织的集体中让别人和自己一起去实现既定的目标。该学派最初的代表人物就是法约尔。管理人员在管理活动中执行着计划、组织、领导、控制等若干职能。管理是一个循环的过程，从计划到控制，再从控制到计划，表明了过程的连续性。控制职能确保组织达到其计划的目标。

### （二）社会系统学派

社会系统学派认为，人的相互关系就是一个社会系统，它是人们在意见、力量、愿望及思想等方面的一种合作关系。管理人员的作用就是要围绕着物质的、生物的和社会的因素去适应总的合作系统。

社会系统学派最早的代表人物是美国的切斯特·巴纳德。巴纳德的主要贡献如下。

（1）提出了社会的各种组织都是一个协作系统的观点。他认为，组织的产生是人们协作愿望的结果。人们个人办不到的许多事，协作就可办到。

（2）分析了正式组织存在的三种要素，即成员协作的意愿、组织的共同目标及组织内的信息交流。

（3）提出了权威接受理论。过去的学者是从上到下解释权威的，认为权威都建立在等级系列活组织地位基础上。而巴纳德则是从下到上解释权威，认为权威的存在必须以下级的接受为前提。至于怎样才能接受，需具备一定的条件。

（4）对经理的职能进行了新的概括。经理应主要作为一个信息交流系统的联系中心，并致力于实现协作而努力工作。

### （三）决策理论学派

决策理论学派的主要代表人物是美国的赫伯特·西蒙。决策理论的主要论点如下。

（1）强调了决策的重要性。该理论认为，管理的全过程就是一个完整的决策过程，即决策贯穿于管理的全过程，管理就是决策。

（2）分析了决策过程中的组织影响。上级不是代替下级决策，而是向下级提供决策前提，包括价值前提和事实前提，使之贯彻组织意图。价值前提是对行动进行判断的标准，而事实前提是对能够观察的环境及环境作用方式的说明。

（3）提出了决策应遵循的准则。主张用“令人满意的准则”去代替传统的“最优化原则”。

(4) 分析了决策的条件。管理者决策时，必须利用并凭借组织的作用，尽量创造条件，以解决知识的不全面性、价值体系的不稳定性及竞争中环境的变化性问题。

(5) 归纳了决策的类型和过程。把决策分成程序化决策和非程序化决策两类：程序化决策是指反复出现和例行的决策；非程序化决策是指那种从未出现过的，或者其确切的性质和结构还不很清楚或相当复杂的决策。

### （四）系统管理理论学派

系统管理理论学派强调管理的系统观点，要求管理人员树立全局观念、协作观念和动态适应观念，既不能局限于特定领域的专门职能，也不能忽视各自在系统中的地位和作用。

系统管理学派的代表人物是理查德·约翰逊、卡斯特和罗森茨韦克。

### （五）经验主义学派

经验主义学派的主要代表人物是德鲁克。通过案例研究，向一些大企业的经理提供在相同情况下管理的经验和方法。其基本观点是，否认管理理论的普遍价值，主张从“实例研究”“比较研究”中导出通用规范，由经验研究来分析管理。他们特别重视关于某个公司的组织结构、管理职能和程序等方面的研究。

### （六）管理科学学派

管理科学学派也被称为管理数理学派或管理计量学派。这一学派的主要代表人物是美国的伯法等人。他们认为，管理就是用数学模型及其符号来表示计划、组织、控制、决策等合乎逻辑的程序，求出最优解，以达到企业目标。因此，他们认为管理科学就是制定用于管理决策的数学和统计模型，并将这些模型通过电子计算机应用于管理实践中。

### （七）权变理论学派

权变理论是一种较新的管理思想。权变的意思，通俗地讲，就是权宜应变。该学说认为，在企业管理中，由于企业内外部环境复杂多变，因此管理者必须根据企业环境的变化而随机应变，没有什么一成不变、普遍适用的最佳管理理论和方法。要求管理者根据组织的实际情况来选择最好的管理方式。

## 二、现代管理理论的主要特点

与传统科学管理理论相比，现代管理理论已发生了很大变化，主要表现出以下几个特点。

### （一）现代管理的中心由物向人转变，管理方式由刚向柔发展

在传统管理中，大生产以机器为中心，工人只是机器系统的配件，因此人被异化为物，管理的中心是物。但是，随着社会的发展和生产力水平的提高，个人因素如创造性、个性、才能等，在生产活动中越来越显示出重要的作用。这就促使管理部门日益重视人的因素，管理工作的中心也从物转向人。在管理方式上，现代管理则更强调用柔的方法，

注重强调职工参与管理、民主管理、人力资源开发和职工激励。例如，实行民主化管理、扩大工作范围和内容、弹性工作时间、提案制度、目标管理、培育企业文化，重视非正式组织，重视员工的培训和继续教育，用情感手段和办法去做"人"的工作，协调人际关系，想方设法激发职工的工作积极性。

### （二）现代管理理论十分强调系统、权变、创新等管理观点

现代管理理论认为，管理的对象是一个系统，因此必须运用系统思想和系统分析方法来指导管理实践活动，解决和处理管理的实际问题。而且管理所处的环境系统是十分复杂和多变的，因此已经没有一套固定的管理模式能适应各种组织的发展，每个组织必须根据自己的特点，根据现代管理的基本法则来创造性地形成自己的管理特色，这就要求管理者必须具有权变和创新的思想，不断丰富管理实践，不断推动管理理论、方法和手段的发展。

### （三）现代管理的组织形式呈现多样化、扁平化的发展趋势

现代管理的组织形式多样化，并且随着社会经济的发展，正进行着不断的变革和完善。在组织形式方面，一些新的组织形式不断推出，如事业部制、矩阵制、立体三维制、柔性化经营管理特征的"虚拟组织"，以及与资产重组和一体化相适应的控股、参股等管理组织模式等；在组织结构方面，借助信息技术，组织的层次逐渐减少，从金字塔形组织结构逐步向扁平化、柔性化的组织结构转变，柔性化的组织结构的有形界限逐渐模糊，有利于借用外力和整合外部资源；在组织成员的配备上，组织中各类人员的比例发生了明显的变化，管理者和业务专家的比例大大提高，他们对组织的影响力也越来越强。

### （四）现代管理的目标由传统的单纯追求利润转向追求企业、员工、顾客、社会各方利益的共同满足

被誉为"经营之神"的日本松下电器公司董事长松下幸之助曾说，如果要扩大自己的公司，仅想赚钱是不够的，着眼点要放在更高的地方，要与社会共同发展，或对社会有所裨益。只有如此，才会产生梦想与希望的力量。实践证明，从长远看，企业发展与履行社会职责是一致的。仅仅谋求最大利润的管理目标已经过时，与社会共同发展、重视员工和顾客的利益，越来越成为企业经营的强有力信念。

### （五）现代管理十分重视对组织环境的研究，以提高管理者的工作成效

组织不是一个封闭的系统，它必然要与周围各种环境发生相互作用。管理者的工作成效通常取决于他们对周围环境的了解、认识和掌握程度，取决于他们是否能够正确、及时地作出反应。现代管理理论，特别是权变管理理论，十分强调环境对管理决策和管理行为的重要性，并对影响管理的环境因素进行了探讨。

### （六）现代管理广泛运用现代自然科学新成果和现代化管理工具

现代管理广泛运用运筹学、数学、统计学及电子计算机等现代科学技术和工具，提高管理工作的效率和经济效益。例如，运用概率论、线性规划、排队论、对策论、网络技术、预测技术、价值工程等，将经营管理中的复杂问题编制成数学模型，通过计算求解、定量

分析，作为制订各种可行的较为满意方案的依据。运用电子计算机进行工资管理、成本核算、存储控制、订货管理、编制生产计划等。而且，信息技术的发展进一步促使管理方法和手段得到完善，并得到更加深入的应用。例如，20 世纪 70 年代后出现的管理信息系统（MIS）、人工智能技术、分布式数据库技术、虚拟技术、办公自动化系统（OAS）、专家系统（ES）、决策支持系统（DSS）、经理信息系统（EIS）、计算机集成制造系统（CIMS）等管理手段得到不断发展和完善，并在管理各个领域中得到更加广泛和深入的应用。

## 第五节　管理思想的新发展

现代管理理论的基本目标是要在不断急剧变化的社会中保持组织充满活力，使其能够持续地低消耗、高产出，完成组织的使命，履行其社会责任，因而要求管理理论能够不断发展和完善。自 20 世纪 90 年代以来，经济全球化、信息化和知识化迅猛发展，使现代组织所面临的经营环境日益复杂多变，竞争越来越激烈。众多管理者不断探索，提出了许多新的管理观念、原则和方法。

### 一、知识管理

20 世纪 90 年代，美国经济高速发展，引发了对知识推动经济增长作用的新认识。利用知识资本获得真正的竞争优势正在成为一种全新的管理理念。因此，对知识的管理变得日益重要。

知识管理是使信息转化为可被人们掌握的知识，并以此来提高特定组织的应变能力和创新能力的一种新型管理形式。知识管理重在培养集体的创造力，并推动组织的创新。而创新是知识经济的核心内容，是企业活力之源。技术创新、制度创新、管理创新、观念创新及各种创新的相互结合、相互推动，将成为企业经济增长的引擎。

从国内外知识管理的实践来看，知识管理项目可分为以下四类。

(1) 内部知识的交流和共享，这是知识管理最普遍的应用。

(2) 企业的外部知识管理，这主要包括供应商、用户和竞争对手等利益相关者的动态报告，专家、顾客意见的采集，员工情报报告系统，行业领先者的最佳实践调查等。

(3) 个人与企业的知识生产。

(4) 管理企业的知识资产，这也是知识管理的重要方面，它主要包括市场资产（来自客户关系的知识资产）、知识产权资产（纳入法律保护的知识资产）、人力资产（知识资产的主要载体）和基础结构资产（组织的潜在价值）等方面。

### 二、学习型组织

彼得·圣吉（Peter M. Senge）于 1990 年出版了名为《第五项修炼——学习型组织的艺术与实务》的著作，这本著作一经出版立即引起了轰动。彼得·圣吉用全新的视野来考察人类群体危机最根本的症结所在，认为人们片面和局部的思考方式及由此所产生的行动，造成了目前切割而破碎的世界，为此需要突破线性思考的方式，排除个人及群体的学习障碍，重新就管理的价值观念、管理的方式方法进行革新。

彼得·圣吉提出了学习型组织的五项修炼，认为这五项修炼是学习型组织的技能。

(1) 第一项修炼：自我超越。自我超越的修炼是指学习不断深入，并加深个人的真正愿望，集中精力，培养耐心，并客观地观察现实。它是学习型组织的精神基础。自我超越需要不断认识自己，认识外界的变化，不断地赋予自己新的奋斗目标，并由此超越过去、超越自己，迎接未来。

(2) 第二项修炼：改善心智模式。心智模式是指根深蒂固于每个人或组织之中的思想方式和行为模式，它影响人或组织如何了解这个世界，以及如何采取行动的许多假设、成见，甚或是图像、印象。个人与组织往往不了解自己的心智模式，故无法认识和把握自己的一些行为。第二项修炼就是要把镜子转向自己，先改善自己的心智模式。

(3) 第三项修炼：建立共同愿景。如果有任何一项理念能够一直在组织中鼓舞人心、凝聚一群人，那么这个组织就有了一个共同的愿景，就能够长久不衰。如宝丽来公司的“立即摄影”，福特汽车公司的“提供大众公共运输”、苹果计算机公司的“提供大众强大的计算能力”等，都是为组织确立共同努力的愿景。

(4) 第四项修炼：团体学习。团体学习的有效性不仅在于团体整体会产生出色的成果，而且其个别成员学习的速度也比其他人的学习速度快。团体学习的修炼是“深度会谈”。“深度会谈”是一个团体的所有成员提出心中的假设，从而实现真正一起思考的能力。“深度会谈”的修炼也包括学习找出有碍学习的互动模式。

(5) 第五项修炼：系统思考。组织是一个系统，受到各种细微且息息相关的行动的牵连而彼此影响着，这种影响往往要经年累月才完全展现出来。我们作为群体的一部分，置身其中而想要看清整体的变化，非常困难。因此第五项修炼，是要让人与组织形成系统观察、系统思考的能力，并以此来观察世界，从而决定我们正确的行动。

## 三、企业再造

从 20 世纪 80 年代初到 90 年代，一方面，西方发达国家(包括日本)的经济发展经过短暂复苏后又纷纷跌进衰退和滞胀的泥潭，国际竞争已达白热化程度。另一方面，企业规模越来越大，组织结构臃肿，生产经营过程复杂，最终导致“大企业病”的产生并日益严重。1993 年，美国的迈克尔·汉默(Michael Hammer)和詹姆斯·钱辟(James Champy)为了改变这种状况，提出了“企业再造”理论，并于 1994 年出版了《企业再造》一书，该书一经出版便引起管理学界和企业界的高度重视，迅速流传开来。企业再造是指“重新思考根本，彻底翻新作业流程，以便在现今衡量表现的关键上，如成本、品质、服务和速度等，获得戏剧化的改善”。

企业再造理论认为，由英国经济学家亚当·斯密在其著作《国富论》(*The Wealth of Nations*)中创立的劳动分工论是建立在大量生产基础上的，而现在是“后工商业”时代，市场需求多变，企业不能再以量求胜，而是以质、以品种求胜，按劳动分工论组建起来的公司无法发挥高度的弹性和灵活性及市场应变能力，因为社会大生产的发展，使劳动分工越来越精细、协作越来越紧密，相应地企业的行政管理结构和生产经营组织结构也越来越复杂，这样，管理及生产经营成本不断上升，管理效率不断下降，企业应付市场挑战的能力越来越呆滞。所以，要求彻底抛弃亚当·斯密的劳动分工论，面对市场需要，在拥有科技力量的状况下，重新组织工作流程和组织机构。在重组中，强调将过去分割开的工作按工作流程的内在规律，并在良好的企业文化基础上重新整合和恢复起来，通过水平和垂直压缩，合并工作、扁平组织、简化流程、提高效率、节约开支，从而达到企业减肥和增强竞争能力的作用。

## 四、虚拟组织

虚拟组织是指两个以上的独立的实体，为迅速向市场提供产品和服务，在一定时间内结成的动态联盟。它不具有法人资格，也没有固定的组织层次和内部命令系统，而是一种开放式的组织结构。因此，可以在拥有充分信息的条件下，从众多的组织中通过竞争招标或自由选择等方式精选出合作伙伴，迅速形成各专业领域中的独特优势，实现对外部资源的整合利用，从而以强大的结构成本优势和机动性完成单个企业难以承担的市场功能，如产品开发、生产和销售。

虚拟组织中的成员可以遍布世界各地，彼此也许并不存在产权上的联系，不同于一般的跨国公司，虚拟组织相互之间的合作关系是动态的，完全突破了以内部组织制度为基础的传统的管理方法。虚拟组织的特征表现在以下几个方面。

(1) 虚拟组织具有较强的适应性，在内部组织结构与规章制度方面具有灵活性和便捷性。

(2) 虚拟组织共享各成员的核心能力。

(3) 虚拟组织中的成员必须以相互信任的方式行动。

随着信息技术的发展、竞争的加剧和全球化市场的形成，没有一家企业可以单枪匹马地面对全球竞争，所以由常规组织向虚拟组织过渡是必然的，虚拟组织日益成为公司竞争战略“武器库”中的核心工具。这种组织形式有着强大的生命力和适应性，可以使企业准确有效地把握住稍纵即逝的市场机会。对于小型企业来说尤为重要。例如，一家名字为 Tekpad 的小型公司，最初生产手写型计算机输入设备，后来扩展到多媒体输入系统。这家小公司使用著名设计公司的设计，让 IBM 公司生产，仅仅使用 28 个临时工、4 个长期雇员，在 12 个月内就成功地推出了 4 种新产品。当 Tekpad 说 IBM 公司加工他们的产品，并且他们与其他大公司有业务联系时，他们就在业务融资、实力展示、实现承诺等方面获得了重要的信誉。

# 本 章 小 结

(1) 中国古代管理思想的特点：源发历史长、涵盖内容广、适用层次多、辐射影响大、思想凝练精。但令人遗憾的是，中国古代的管理思想比较零散，缺乏系统的整理、总结和提高，没有形成系统的管理理论。

(2) 亚当·斯密的“经济人”思想：认为人们在经济活动中追求的是个人利益，社会利益是由于个人利益之间的相互牵制而产生的。亚当·斯密的分工理论和“经济人”观点，对后来西方管理理论的形成有巨大而深远的影响。

(3) 古典管理理论的代表：泰勒的科学管理理论；法约尔的一般管理理论；韦伯的理想的行政组织体系理论。

(4) 管理的14条原则：分工、职权与职责、纪律、统一指挥、统一领导、个人利益服从整体利益、个人报酬、集权与分权、等级链、秩序、公平、人员的稳定、首创精神、团体精神。

(5) 古典管理理论的特点：以提高生产效率为主要目标；以科学求实的态度进行调查研究；强调以物质利益为中心，重视个人积极性的发挥；强调规章制度的作用。

(6) "社会人"假设：梅奥等人提出了与"经济人"观点不同的"社会人"观点。其要点是：人重要的是同别人合作；个人是为保护其集团的地位而行动的；人的思想行为更多的是由感情来引导。工作条件和工资报酬并不是影响劳动生产率高低的唯一原因。对职工的新的激励重点必须放在社会、心理方面，以使他们之间更好地合作并提高劳动生产率。

(7) "非正式组织"：在组织内共同工作的过程中，人们必然发现相互之间的关系，形成非正式团体。在这团体里，又形成了共同的感情，进而构成一个体系，这就是非正式组织。

(8) 现代管理理论的主要管理学派理论包括管理过程学派、社会系统学派、决策理论学派、系统管理理论学派、经验主义学派、管理科学学派、权变理论学派。

(9) 现代管理理论的主要特点：现代管理的中心由物向人转变，管理方式由刚向柔发展；现代管理理论十分强调系统、权变、创新等管理观点；现代管理的组织形式呈现多样化、扁平化的发展趋势；现代管理的目标由传统的单纯追求利润转向追求企业、员工、顾客、社会各方利益的共同满足；现代管理十分重视对组织环境的研究，以提高管理者的工作成效；现代管理广泛运用现代自然科学新成果和现代化管理工具。

## 实务训练

### 一、示范案例

#### 找出最好的方法

泰勒科学管理理论的核心是提高劳动生产率。为此，泰勒不断进行动作和时间研究，确定工作的最佳方法。假如给你分配了一项简单的工作——打扫教室，要求课桌、椅子、地面和黑板得到全面清扫，你能够设计一个最好的方法吗？

参考步骤：

(1) 观察同学打扫过程，作出动作—时间记录。

(2) 设计3套修改方案，再实验。

(3) 比较结果，完善打扫流程。

### 二、习作案例

为新学期学习目标的实现找出最佳的具体执行方案。

# 思考与练习题

## 一、单项选择题

1. (　　)不是古典管理理论的代表。

A. 泰勒　　B. 法约尔　　C. 韦伯　　D. 马斯洛

2. (　　)是行政组织理论的代表人物。

A. 韦伯　　B. 梅奥　　C. 法约尔　　D. 马斯洛

3. 泰勒的科学管理原理反映了(　　)思想。

A. "经济人"假设　　B. "社会人"假设

C. "自我实现人"假设　　D. "复杂人"假设

4. 最早对管理的具体职能加以概括和系统论述的是(　　)。

A. 泰勒　　B. 法约尔　　C. 孔茨　　D. 韦伯

5. 法约尔的一般管理理论对西方管理理论的发展有着重大的影响,成为后来管理过程学派的理论基础,他的代表作是(　　)。

A.《社会组织与经济组织理论》　　B.《工业管理与一般管理》

C.《科学管理理论》　　D.《工业文明中人的问题》

## 二、多项选择题

1. 管理思想涵盖(　　)等方面。

A. 国家管理　　B. 人事管理　　C. 经济管理　　D. 工程管理

2. 法约尔提出的五项管理职能是计划、指挥、(　　)。

A. 组织　　B. 协调　　C. 创新　　D. 控制

3. 古典管理理论的特点是(　　)。

A. 以人为本　　B. 提高生产效率　　C. 强调激励　　D. 重视规章制度

4. 霍桑实验包括(　　)。

A. 照明实验　　B. 搬运生铁实验　　C. 福利实验　　D. 访谈实验

5. 下面与 X 理论相关的是(　　)。

A. 人天生喜欢工作　　B. 人天生好逸恶劳

C. 人没有进取心　　D. 人天生反对变革

## 三、简答题

1. 简述亚当·斯密的"经济人"观点。
2. 简述泰勒的科学管理理论的主要内容。
3. 简述法约尔所提出的管理原则。

**推荐阅读:**

财经作家孙力科编著的《任正非传》。

# 第三章 管理决策

管理者的决策不是从"众口一词"中得来的。好的决策,应以互相冲突的意见为基础,应从不同的观点中选择,应从不同的判断中选择。

——彼得·德鲁克

## 教学目标

学完本章后,你应该能够:

(1) 了解决策的概念及原则。

(2) 理解决策的理论。

(3) 掌握决策的类型。

(4) 了解决策的过程及影响因素。

(5) 掌握决策的方法。

## 技能目标

掌握决策的类型与特点,能分析决策过程中的影响因素,能运用合理的决策方法。

## 素质目标

养成分析、判断的决策习惯,践行管理的关键在于决策。

## 案例导入

### 我们曾经打造的备胎,一夜之间全部转正

2019 年 5 月 15 日,美国总统特朗普签署一项紧急状态行政令,禁止美国企业使用对国家安全构成风险的企业所生产的电信设备。尽管该行政命令并未明确提及任何国家和企业,但外媒纷纷表示,此举旨在为禁止美国企业与华为业务往来铺平道路。一个大国如此针对一个外国民营企业,实属罕见。

2019 年 5 月 16 日晚间,华为发布关于美国商务部宣布将华为加入"实体名单"的声明,华为表示反对美国商务部工业与安全局(BIS)的决定,这不符合任何一方的利益,会对与华为合作的美国公司造成巨大的经济损失，影响美国数以万计的就业岗位，也破坏全球供应链的合作和互信。华为将尽快就此事寻求救济和解决方案，采取积极措施，降低此事件的影响。

2019年5月17日凌晨，华为海思总裁何庭波向海思全体员工发布内部信。信中提到，超级大国毫不留情地中断全球合作的技术与产业体系，将华为公司放入实体名单，此前为公司的生存打造"备胎"芯片一夜之间全部转"正"。多年心血，在一夜之间兑现为公司对于客服持续服务的承诺。何庭波在信中表示，未来不仅要保持开放创新，更要保持"科技自立"。

从此次事件我们可以看出，华为从多年前就开始自研芯片是多么明智、多么有远见的一件事情。这也告诉我们一个道理，在经济全球化的今天，保持"科技自立"是多么重要的一件事情。只有真正掌握了行业核心技术，只有真正把握住业内高价值专利，即便是遭遇不公平的对待，也能够毫不退缩，继续大步向前。

以下为信件全文。

尊敬的海思全体同事们：

此刻，估计您已得知华为被列入美国商务部工业与安全局(BIS)的实体名单(entity list)。

多年前，还是云淡风轻的季节，公司作出了极限生存的假设，预计有一天，所有美国的先进芯片和技术将不可获得，而华为仍将持续为客户服务。为了这个以为永远不会发生的假设，数千海思儿女走上了科技史上最为悲壮的长征，为公司的生存打造"备胎"。数千个日夜中，我们星夜兼程，艰苦前行。华为的产品领域是如此广阔，所用技术与器件是如此多元，面对数以千计的科技难题，我们无数次失败过，困惑过，但是从来没有放弃过。

后来的年头里，当我们逐步走出迷茫，看到希望，又难免一丝丝失落和不甘，担心许多芯片永远不会被启用，成为一直压在保密柜里面的备胎。

今天，命运的年轮转到这个极限而黑暗的时刻，超级大国毫不留情地中断全球合作的技术与产业体系，作出了最疯狂的决定，在毫无依据的条件下，把华为公司放入了实体名单。

今天，是历史的选择，所有我们曾经打造的备胎，一夜之间全部转"正"！多年心血，在一夜之间兑现为公司对于客户持续服务的承诺。是的，这些努力，已经连成一片，挽狂澜于既倒，确保了公司大部分产品的战略安全、大部分产品的连续供应！今天，这个至暗的日子，是每一位海思的平凡儿女成为时代英雄的日子！

华为立志，将数字世界带给每个人、每个家庭、每个组织，构建万物互联的智能世界，我们仍将如此。今后，为实现这一理想，我们不仅要保持开放创新，更要实现科技自立！今后的路，不会再有另一个十年来打造备胎然后再换胎了，缓冲区已经消失，每一个新产品一出生，将必须同步"科技自立"的方案。

前路更为艰辛，我们将以勇气、智慧和毅力，在极限施压下挺直脊梁，奋力前行！滔天巨浪方显英雄本色，艰难困苦铸造诺亚方舟。

何庭波<br>2019年5月17日凌晨

关键词：华为、华为海思、芯片。

(资料来源：2019年5月17日凤凰网.)

**思考题：**

1. 分析华为在作出这个重大决策时的依据与底气。
2. 华为在作出决策后，会对华为和中国市场造成什么影响？对此你怎么看？

# 第一节　决策概述

决策一词的意思就是为了达到一定目标，采用一定的科学方法和手段，从两个以上的方案中选择一个满意方案的分析判断过程。管理就是决策，是指通过分析、比较，在若干种可供选择的方案中选定最优方案的过程。决策是计划的核心或灵魂，它对管理具有决定意义。现代管理者，只有善于在预测的基础上进行科学的决策，才能达到各自的管理目标。

## 一、决策的概念

“决策”一词的英语为 Decision Making，意思就是作出决定或选择。时至今日，对决策概念的界定不下上百种，但仍未形成统一的看法，诸多界定归纳起来，基本有以下三种理解。

(1) 把决策看作一个包括提出问题、确立目标、设计和选择方案的过程。这是广义的理解。

(2) 把决策看作从几种备选的行动方案中作出最终抉择，是决策者的拍板定案。这是狭义的理解。

(3) 认为决策是对不确定条件下发生的偶发事件所作的处理决定。这类事件既无先例，又没有可遵循的规律，作出选择要冒一定的风险。也就是说，只有冒一定的风险的选择才是决策。这是对决策概念最狭义的理解。

以上对决策概念的解释是从不同的角度作出的，要科学地理解决策的概念，有必要考察决策专家赫伯特·A. 西蒙在决策理论中对决策内涵的看法。

一般理解，决策就是作出决定的意思，即对需要解决的事情作出决定。按汉语习惯，“决策”一词被理解为“决定政策”，主要是对国家大政方针作出决定。但事实上，决策不仅指高层领导作出决定，也包括人们对日常问题作出决定。如某企业要开发一个新产品，引进一条生产线，某人选购一种商品或选择一种职业，都带有决策的性质。可见，决策活动与人类活动是密切相关的。

正确理解决策的概念，应把握以下几个要点。

1. 决策要有明确的目标

决策是为了解决某一问题，或是为了达到一定目标。确定目标是决策过程的第一步。决策所要解决的问题必须十分明确，所要达到的目标必须十分具体。没有明确的目标，决策将是盲目的。

2. 决策要有两个以上的备选方案

决策实质上是选择行动方案的过程。如果只有一个备选方案，就不存在决策的问题。因而，至少要有两个或两个以上的备选方案，人们才能从中进行比较，最后选择一个满意方案作为行动方案。

3. *选择后的行动方案必须付诸实施*

如果选择后的方案被束之高阁，不付诸实施，这样，决策也等于没有决策。决策不仅是一个认识过程，也是一个行动过程。

决策是人类社会自古就有的活动，决策科学化是在20世纪初开始形成的。第二次世界大战以后，决策研究在吸引了行为科学、系统理论、运筹学、计算机科学等多门科学成果的基础上，结合决策实践，到20世纪60年代形成了一门专门研究和探索人们作出正确决策规律的科学——决策学。决策学研究决策的范畴、概念、结构、决策原则、决策程序、决策方法、决策组织等，并探索这些理论与方法的应用规律。随着决策理论与方法研究的深入与发展，决策渗透到社会经济、生活的各个领域，尤其是应用在企业经营活动中，从而出现了经营管理决策。

## 二、决策的原则

管理者在决策时离不开信息。信息的数量和质量直接影响决策水平。这要求管理者在决策之前及决策过程中尽可能通过多种渠道收集信息，作为决策的依据。但这并不是说管理者要不计成本地收集各方面的信息。管理者在决定收集什么样的信息、收集多少信息及从何处收集信息等问题时，要进行成本—收益分析。只有在收集的信息所带来的收益（因决策水平提高而给组织带来的利益）超过因此而付出的成本时，才应该收集信息。

决策的基本原则如下。

### （一）差距、紧迫和力及原则（在确定决策目标时运用）

（1）差距：现实与需要之间的差距问题。

（2）紧迫：决策目标不但是需要解决的差距性问题，并且具有紧迫性，是影响工作的主要矛盾。

（3）力及：解决是力所能及的、主客观条件允许的，有解决的可实现性。

### （二）瞄准和差异原则（准备备选方案时运用）

（1）瞄准：方案必须瞄准决策目标。

（2）差异：备选方案所采取的路线、途径和实施必须是互不相同的。

### （三）“两最”、预后和时机原则（方案选优时运用）

（1）“两最”：利益最大、弊失最小和可靠性最大、风险最小。

（2）预后：有应变性的预防措施，对可能出现的威胁的预测和对策。

（3）时机：决策应该在信息充分或根据充足的时机作出。

### （四）跟踪和反馈原则（在决策实施过程中运用）

（1）跟踪：决策实施后要随时检验查证。

（2）反馈：决策与客观情况一旦有不适应，要及时采取措施，进行必要的修改和调整。

**（五）外脑和经济原则（在决策的全过程必须运用）**

（1）外脑：在决策过程中必须重视利用参谋、顾问、智囊团等。发挥集体智慧，防止个人专断，应把决策建立在科学的基础上。

（2）经济：决策全过程要求节约人力、财力、物力。

同时，在决策的过程中，还要注意以下原则。

（1）系统原则。应用系统理论进行决策，是现代科学决策必须遵守的首要原则。

（2）信息原则。信息是决策的基础。

（3）可行性原则。决策能否成功，取决于主客观等方面的成熟度，科学决策不仅要考虑市场的组织发展的需要，还要考虑组织外部环境和内部条件各方面是否有决策实施的可行性。

（4）满意原则。由于决策者不可能掌握很充分的信息和作出十分准确的预测，对未来的情况也不能完全肯定，因此，决策者不可能作出"最优化"的决策。

## 三、决策的理论

### （一）古典决策理论

古典决策理论又称规范决策理论，是基于"经济人"假设提出来的，主要盛行于20世纪50年代以前。古典决策理论认为，应该从经济的角度来看待决策问题，即决策的目的在于为组织获取最大的经济利益。

古典决策理论的主要内容如下。

（1）决策者必须全面掌握有关决策环境的信息情报。

（2）决策者要充分了解有关备选方案的情况。

（3）决策者应建立一个合理的自上而下的执行命令的组织体系。

（4）决策者进行决策的目的始终都在于使本组织获取最大的经济利益。

古典决策理论假设作为决策者的管理者是完全理性的，决策环境条件的稳定与否是可以被改变的，在决策者充分了解有关信息情报的情况下，是完全可以作出完成组织目标的最佳决策的。古典决策理论忽视了非经济因素在决策中的作用，这种理论不一定能指导实际的决策活动，从而逐渐被更为全面的行为决策理论代替。

### （二）行为决策理论

行为决策理论的发展始于20世纪50年代。对古典决策理论的"经济人"假设发难的第一人是赫伯特·A.西蒙，他在《管理行为》一书中指出，理性的和经济的标准都无法确切地说明管理的决策过程，进而提出"有限理性"标准和"满意度"原则。其他学者对决策者行为作了进一步的研究，他们在研究中也发现，影响决策者进行决策的不仅有经济因素，还有其个人的行为表现，如态度、情感、经验和动机等。

行为决策理论的主要内容如下。

（1）人的理性介于完全理性和非理性之间，即人是有限理性的，这是因为在高度不确定和极其复杂的现实决策环境中，人的知识、想象力和计算力是有限的。

(2) 决策者在识别和发现问题中容易受知觉上的偏差的影响，而在对未来的状况作出判断时，直觉的运用往往多于逻辑分析方法的运用。所谓知觉上的偏差，是指由于认知能力的有限，决策者仅把问题的部分信息当作认知对象。

(3) 由于受决策时间和可利用资源的限制，决策者即使充分了解和掌握有关决策环境的信息情报，也只能做到尽量了解各种备选方案的情况，而不可能做到全部了解，决策者选择的理性是相对的。

(4) 在风险型决策中，与经济利益的考虑相比，决策者对待风险的态度起着更为重要的作用。决策者往往厌恶风险，倾向于接受风险较小的方案，尽管风险较大的方案可能带来较为可观的收益。

(5) 决策者在决策中往往只求满意的结果，而不愿费力寻求最佳方案。导致这一现象的原因有多种：①决策者不注意发挥自己和别人继续进行研究的积极性，只满足于在现有的可行方案中进行选择；②决策者本身缺乏有关能力，在有些情况下，决策者出于个人某些因素的考虑而作出自己的选择；③评估所有的方案并选择其中的最佳方案，需要花费大量的时间和金钱，这可能得不偿失。

行为决策理论抨击了把决策视为定量方法和固定步骤的片面性，主张把决策视为一种文化现象。例如，威廉·大内(William Ouchi)在其对美日两国企业在决策方面的差异所进行的比较研究中发现，东西方文化的差异是导致这种决策差异的一种不容忽视的原因，从而开创了决策的跨文化比较研究。

除了西蒙的“有限理性”模式外，林德布洛姆的“渐进决策”模式也对“完全理性”模式提出了挑战。林德布洛姆认为决策过程应是一个渐进过程，而不应大起大落(当然，这种渐进过程积累到一定程度也会形成一次变革)，否则会危及组织内的稳定，给组织带来结构、心理倾向和习惯等的震荡及资金困难，也使决策者不可能了解和思考全部方案并弄清每种方案的结果(这是由于时间的紧迫和资源的匮乏造成的)。因此，“按部就班、修修补补的渐进主义决策者或安于现状的人，似乎不是一位‘叱咤风云’的英雄人物，而实际上是能够清醒地认识到自己是在与无边无际的宇宙进行搏斗的足智多谋的解决问题的决策者”。这说明，决策不能只遵守一种固定的程序，应根据组织内外环境的变化进行适时的调整和补充。

### (三) 当代决策理论

继古典决策理论和行为决策理论之后，决策理论有了进一步的发展，即产生了当代决策理论。当代决策理论的核心内容是决策贯穿于整个管理过程，决策程序就是整个管理过程。

组织是由作为决策者的个人及其下属、同事组成的系统。整个决策过程从研究组织的内外环境开始，继而确定组织目标、设计可达到该目标的各种可行方案、比较和评估这些方案进而进行方案选择(即作出择优决策)，最后实施决策方案，并进行追踪检查和控制，以确保预定目标的实现。这种决策理论对决策的过程、决策的原则、程序化决策和非程序化决策、组织机构的建立、同决策过程的联系等作了精辟的论述。

对当今的决策者来说，在决策过程中应广泛采用现代化的手段和规范化的程序，并以系统理论、运筹学和电子计算机为工具，辅之以行为科学的有关理论。这就是说，当代决策理论把古典决策理论和行为决策理论有机地结合起来，它所概括的一套科学行为准则和工作程序，既重视科学的理论、方法和手段的应用，又重视人的积极作用。

## 第二节　决策的类型与特点

### 一、决策的类型

可按不同的标准对决策进行分类。

#### （一）长期决策与短期决策

(1) 长期决策是指有关组织今后发展方向的长远性、全局性的重大决策，又称长期战略决策，如投资方向的选择、人力资源的开发和组织规模的确定等。

(2) 短期决策是为实现长期战略目标而采取的短期策略手段，又称短期战术决策，如企业日常营销、物资储备及生产中资源配置等问题的决策都属于短期决策。

#### （二）战略决策、战术决策与业务决策

(1) 战略决策对组织最重要，通常包括组织目标、方针的确定，组织机构的调整，企业产品的更新换代，技术改造等。这些决策涉及组织的方方面面，具有长期性和方向性。

(2) 战术决策又称管理决策，是在组织内贯彻的决策，属于战略决策执行过程中的具体决策。战术决策旨在实现组织中各环节的高度协调和资源的合理使用，如企业生产计划和销售计划的制订、设备的更新、新产品的定价及资金的筹措等都属于战术决策的范畴。

(3) 业务决策又称执行性决策，是日常工作中为提高生产效率、工作效率而作出的决策，牵涉范围较窄，只对组织产生局部影响。属于业务决策范畴的主要有工作任务的日常分配和检查、工作日程(生产进度)的安排和监督、岗位责任制的制定和执行、库存的控制及材料的采购等。

#### （三）集体决策与个人决策

从决策的主体看，可把决策分为集体决策与个人决策。

集体决策是指多人一起作出的决策；个人决策则是指单人作出的决策。

相对于个人决策，集体决策有以下优点：①能更大范围地汇总信息；②能拟订更多的备选方案；③能得到更多的认同；④能更好地沟通；⑤能作出更好的决策等。但集体决策也有一些缺点，如花费较多的时间、产生“群体思维”(group think)及责任不明等。

#### （四）初始决策与追踪决策

从决策的起点看，可把决策分为初始决策与追踪决策。

初始决策是零起点决策，它是在有关活动尚未进行且环境未受到影响的情况下进行的。随着初始决策的实施，组织环境发生变化，这种情况下所进行的决策就是追踪决策。因此，追踪决策是非零起点决策。

### （五）程序化决策与非程序化决策

从决策所涉及的问题看，可把决策分为程序化决策与非程序化决策。

组织中的问题可被分为两类：一类是例行问题；另一类是例外问题。程序化决策涉及的是例行问题，而非程序化决策涉及的是例外问题。例行问题是指那些重复出现的、日常的管理问题，如管理者日常遇到的产品质量、设备故障、现金短缺、供货单位未按时履行合同等问题；例外问题则是指那些偶然发生的、新颖的、性质和结构不明的、具有重大影响的问题，如组织结构变化、重大投资、开发新产品或开拓新市场、长期存在的产品质量隐患、重要的人事任免及重大政策的制定等问题。

### （六）确定型决策、风险型决策与不确定型决策

从环境因素的可控程度看，可把决策分为确定型决策、风险型决策与不确定型决策。

(1) 确定型决策是指在稳定(可控)条件下进行的决策。在确定型决策中，决策者确切知道自然状态的发生，每个方案只有一个确定的结果，最终选择哪个方案取决于对各个方案结果的直接比较。

(2) 风险型决策也称随机决策，在这类决策中，自然状态不止一种，决策者不能知道哪种自然状态会发生，但能知道有多少种自然状态及每种自然状态发生的概率。

(3) 不确定型决策是指在不稳定条件下进行的决策。在不确定型决策中，决策者可能不知道有多少种自然状态，即便知道，也不能知道每种自然状态发生的概率。

## 二、决策的特点

### （一）目标性

任何决策都包含着目标的确定。目标体现的是组织想要获得的结果。目标明确以后，方案的拟订、比较、选择、实施及实施效果的检查就有了标准与依据。

### （二）可行性

方案的实施需要利用一定的资源。缺乏必要的人力、物力、财力，理论上十分完善的方案也只能是空中楼阁。因此，在决策过程中，决策者不仅要考虑采取某种行动的必要性，而且要注意实施条件的限制。

### （三）选择性

决策的关键是选择。没有选择就没有决策。而要能有所选择，就必须提供可以相互替代的多种方案。事实上，为了实现同样的目标，组织总是可以从事多种不同的活动。这些活动在资源要求、可能结果及风险程度等方面存在着或多或少的差异。因此，不仅有选择的可能，而且有选择的必要。

### （四）满意性

决策的原则是“满意”，而不是“最优”。

### （五）过程性

组织中的决策并不是单项决策，而是一系列决策的综合。当令人满意的行动方案被

选出后，决策者还要就其他一些问题(如资金筹集、结构调整和人员安排等)作出决策，以保证该方案的顺利实施。只有当配套决策都作出后，才能认为组织的决策已经完成。

在这一系列决策中，每个决策本身就是一个过程。为了理论分析的方便，我们把决策的过程划分为几个阶段。但在实际工作中，这些阶段往往是相互联系、交错重叠的，难以截然分开。

#### （六）动态性

决策的动态性与过程性有关。决策不仅是一个过程，而且是一个不断循环的过程。作为过程，决策是动态的，没有真正的起点，也没有真正的终点。我们知道，组织的外部环境处在不断变化中。这要求决策者密切监视并研究外部环境及其变化，从中发现问题或找到机会，及时调整组织的活动，以实现组织与环境的动态平衡。

## 第三节　决策的过程

### 一、决策各个环节的组成

#### （一）识别机会或诊断问题

决策者必须知道哪里需要行动，因此决策过程的第一步是识别机会或诊断问题。管理者通常密切关注与其责任范围有关的各类信息，包括外部的信息和报告及组织内的信息。实际状况和理想状况的偏差提醒管理者潜在机会或问题的存在。识别机会或诊断问题并不总是简单的，因为要考虑组织中人的行为。有些时候，问题可能植根于个人过去的经验、组织的复杂结构或个人和组织因素的某种混合。因此，管理者必须特别注意要尽可能精确地评估问题和机会。另一些时候，问题可能简单明了，只要稍加观察就能识别出来。

评估机会或诊断问题的精确程度有赖于信息的精确程度，所以管理者要尽力获取精确的、可信赖的信息。低质量的或不精确的信息使时间白白浪费，并使管理者无从发现导致某种情况出现的潜在原因。

即使收集到的信息是高质量的，在解释的过程中，也可能发生扭曲。有时，随着信息持续地被误解或有问题的事件一直未被发现，信息的扭曲程度会加重。大多数重大灾难或事故都有一个较长的潜伏期，在这一时期，有关征兆被错误地理解或不被重视，从而未能及时采取行动，导致灾难或事故的发生。

更糟的是，即使管理者拥有精确的信息并正确地解释它，处在他们控制之外的因素也会对机会和问题的识别产生影响。但是，管理者只要坚持获取高质量的信息并仔细地解释它，就会提高作出正确决策的可能性。

#### （二）识别目标

目标体现的是组织想要获得的结果。组织想要获得的结果的数量和质量都要明确下来，因为目标的这两个方面都最终指导决策者选择合适的行动路线。

目标的衡量方法有很多种，如我们通常用货币单位来衡量利润或成本目标，用每人每时的产出数量来衡量生产率目标，用次品率或废品率来衡量质量目标。

根据时间的长短，可把目标分为长期目标、中期目标和短期目标。长期目标通常用来指导组织的战略决策，中期目标通常用来指导组织的战术决策，短期目标通常用来指导组织的业务决策。无论时间的长短，目标总指导着随后的决策过程。

### （三）拟订备选方案

一旦机会或问题被正确地识别出来，管理者就要提出达到目标和解决问题的各种方案。这一步骤需要创造力和想象力，在提出备选方案时，管理者必须把其试图达到的目标牢记在心，而且要提出尽可能多的方案。

管理者常常借助其个人经验、经历和对有关情况的把握来提出方案。为了提出更多、更好的方案，需要从多种角度审视问题，这意味着管理者要善于征询他人的意见。

备选方案可以是标准的和鲜明的，也可以是独特的和富有创造性的。标准方案通常是指组织以前采用过的方案。通过头脑风暴法、名义小组技术和德尔菲技术等，可以提出富有创造性的方案。

### （四）评估备选方案

确定所拟订的各种方案的价值或恰当性，即确定最优的方案。为此，管理者起码要具备评价每种方案的价值或相对优势/劣势的能力。在评估过程中，要使用预定的决策标准（如所想要的质量）及每种方案的预期成本、收益、不确定性和风险。最后对各种方案进行排序。例如，管理者会提出以下的问题：该方案会有助于我们质量目标的实现吗？该方案的预期成本是多少？与该方案有关的不确定性和风险有多大？

### （五）作出决定

在决策过程中，管理者通常要作出最后选择。但作出决定仅是决策过程中的一个步骤。尽管选择一个方案看起来很简单——只需要考虑全部可行方案并从中挑选一个能最好解决问题的方案，但实际上，作出选择是很困难的。由于最好的决定通常建立在仔细判断的基础上，所以管理者要想作出一个好的决定，必须仔细考察全部事实、确定是否可以获取足够的信息及最终选择最好方案。

### （六）选择实施战略

方案的实施是决策过程中至关重要的一步。在方案选定以后，管理者就要制定实施方案的具体措施和步骤。实施过程中通常要注意做好以下工作。

（1）制定相应的具体措施，保证方案的正确实施。

（2）确保与方案有关的各种指令能被所有有关人员充分接受和彻底了解。

（3）应用目标管理方法把决策目标层层分解，落实到每一个执行单位和个人。

（4）建立重要的工作报告制度，以便及时了解方案的进展情况并及时进行调整。

### （七）监督和评估

一个方案可能涉及较长的时间，在这段时间，形势可能发生变化，而初步分析建立在对问题或机会的初步估计上，因此，管理者要不断对方案进行修改和完善，以适应变化的形势。同时，连续性活动因涉及多阶段控制而需要定期的分析。

由于组织内部条件和外部环境的不断变化，管理者要不断修正方案来减少或消除不确定性，定义新的情况，建立新的分析程序。具体来说，职能部门应对各层次、各岗位的履行职责情况进行检查和监督，及时掌握执行进度，检查有无偏离目标，及时将信息反馈给决策者。决策者则根据职能部门反馈的信息，及时追踪方案的实施情况，对与既定目标发生部分偏离的，应采取有效措施，以确保既定目标的顺利实现；对客观情况发生重大变化，原先目标确实无法实现的，则要重新寻找问题或机会，确定新的目标，重新拟订可行的方案，并进行评估、选择和实施。

需要说明的是，管理者在以上各个步骤中都会受到个性、态度和行为、伦理和价值及文化等诸多因素的影响。

## 二、决策的影响因素

### （一）环境

环境从两个方面对决策施加影响。

(1) 环境的特点影响组织的活动选择。就企业而言，如果市场相对稳定，今天的决策基本上是昨天决策的翻版与延续；而如果市场急剧变化，则需要经常对经营方向和内容进行调整。处在垄断市场上的企业，通常将经营重点放在内部生产条件的改善、生产规模的扩大及生产成本的降低上；而处在竞争市场上的企业，需要密切关注竞争对手的动向，不断推出新产品，努力改善促销宣传，建立健全销售网络。

(2) 对环境的习惯反应模式也影响组织的活动选择。对于相同的环境，不同的组织可能作出不同的反应。而这种调整组织与环境关系的模式一旦形成，就会趋于稳固，限制决策者对行动方案的选择。

### （二）过去决策

今天是昨天的继续，明天是今天的延伸。历史总要以这种或那种方式影响未来。在大多数情况下，组织中的决策不是在一张白纸上进行的初始决策，而是对初始决策的完善、调整或改革。

过去的决策是目前决策的起点。过去方案的实施，给组织内部状况和外部环境带来了某种程度的变化，进而给“非零起点”的目前决策带来影响。

过去的决策对目前决策的影响程度取决于过去决策与现任决策者的关系情况。如果过去的决策是由现在的决策者作出的，决策者考虑到要对自己当初的选择负责，就不会愿意对组织活动作重大调整，而倾向于将大部分资源继续投入过去方案的实施中，以证明自己的一贯正确。相反，如果现在的决策者与过去的决策没有什么关系，重大改变就可能被其接受。

### （三）决策者对风险的态度

人的理性是有限的。决策者对未来的预知不可能与实际发生的情况完全一样，导致方案实施后未必能产生期望的结果。也就是说，决策是有风险的（在现实世界中，确定型决策是少之又少的）。

决策者对风险的态度会影响其对方案的选择。喜好风险的人通常会选取风险程度较高但收益也较高的行动方案；而厌恶风险的人通常会选取较安全同时收益水平也较低的行动方案。

### （四）伦理

决策者是否重视伦理及采用何种伦理标准会影响其对待行为或事物的态度，进而影响其决策。

不同的伦理标准会对决策产生影响，可以从下面这个例子中看出不同的国家可能有不同的伦理标准。如在巴西，一个人可能认为，只要金额较小，贿赂海关官员在伦理上是可接受的。因为他想的是："海关工作人员需要这笔钱，我国政府是根据他们可以捞一点外快来规定他们工资的。"可见，其伦理标准是以对社会最佳为出发点的，因此无可厚非。而在美国，人们却认为这样做不符合伦理，因为他们信奉的是："只有每个人都变得诚实，制度才会更加有效。"这种伦理标准也是以对社会最佳为出发点的，因此也是值得肯定的。在前一种伦理标准下，人们会作出以较小的金额贿赂海关官员的决策，以加快货物的通关速度；而在后一种伦理标准下，人们会采取其他办法来达到目的。

### （五）组织文化

组织文化会影响组织成员对待变化的态度，进而影响一个组织对方案的选择与实施。

在决策过程中，任何方案的选择都意味着对过去某种程度的否定，任何方案的实施都意味着组织要发生某种程度的变化。决策者本人及其他组织成员对待变化的态度会影响方案的选择与实施。在偏向保守、怀旧、维持的组织中，人们总是根据过去的标准来判断现在的决策，总是担心在变化中会失去什么，从而对将要发生的变化产生怀疑、害怕、抗拒的心理与行为；相反，在具有开拓、创新精神的组织中，人们总是以发展的眼光来分析决策的合理性，总是希望在可能发生的变化中得到什么，因此渴望变化、欢迎变化、支持变化。很明显，欢迎变化的组织文化有利于新方案的通过与实施。而抗拒变化的组织文化不利于那些对过去作重大改变的方案的通过，即使决策者费尽周折让方案勉强通过，也要在正式实施前，设法创建一种有利于变化的组织文化，这无疑增加了方案的成本。

### （六）时间

美国学者威廉·鲁福斯·金和大卫·克里兰把决策划分为时间敏感型决策和知识敏感型决策。

时间敏感型决策是指那些必须迅速作出的决策。战争中军事指挥官的决策多属于此类。这类决策对速度的要求甚于一切。例如，一个走在马路上的人突然看到一辆疾驶的汽车向他冲来时，最需要做的就是迅速跑开，至于跑向马路的哪一边更近，对此时的他来说不够重要。

知识敏感型决策是指那些对时间要求不高而对质量要求较高的决策。在作这类决策时，决策者通常有宽裕的时间来充分利用各种信息。组织中的战略决策大多属于知识敏感型决策。

## 三、决策的标准

什么是有效的决策？什么是正确的抉择？其判断标准是什么？除了根据决策实施的效果来判断以外，在方案抉择阶段还有没有更直接的判断标准？对于这个问题，有三种代表性的观点。

### （一）最优标准

最优标准是由科学管理的创始人泰勒首先提出的，并为运筹学家和管理学家们一贯坚持的"最优"标准。

在泰勒看来，任何一项管理工作都存在一种最佳的工作方式。他认为："管理这门学问注定会具有更富于技术的性质。那些现在还被认为在精密知识领域以外的基本因素，很快都会像其他工程的基本因素那样标准化，制成表格，被接受和利用。"泰勒对管理技术所下的定义是："确切知道要别人干什么，并注意他们用最好最经济的方法去干。"应该肯定，追求最佳是决策者的一种优良的心理品质。但必须指出的是，并非所有的管理问题和管理工作都能够数字化、标准化、模型化，从而求出其最优解。管理既是科学，又是艺术。对决策来说，也是如此。所谓"最优"，只能是有条件的，并且是在有限的、极为严格的范围与条件下达到的。

### （二）满意标准

满意标准是西蒙提出的。

西蒙对运筹学家们的"最优"决策标准提出了尖锐的批评。他指出："所谓'最优'，是指在数学模型范围内的最优决策。……热衷于'运筹学'的人很容易低估这种方法的适用条件的严苛性。这可导致一种名为'数学家失语症'的病。病人将原始问题加以抽象直到数学难点或计算难点被抽象掉为止(并失去了全部真实的外观)，并且将这一简化的新问题加以求解，然后假装认为这就是他一直想要解决的问题。"

西蒙因此提出了他的"满意"标准，他认为："对于使用'运筹学'方法来说，不需要什么精确性——只要能足够给出一个近似的比不用数学而单靠常识得出的那种结果要更好的结果来。而这样的标准是不难达到的。"

然而，西蒙在提出他的"满意"决策标准之后，也注意到了这个概念的模糊性，容易使人们对决策产生某种误解。他于是补充说："如果认为某事物在本质上就是定性的，在应用数学家作出尝试之前不能简化为数学形式，否则这将是危险的。"

### （三）合理性决策标准

合理性决策标准是美国管理学家哈罗德·孔茨提出的。他对合理性决策标准的解释如下。

（1）他们必须力图达到如无积极的行动就不可能达到的某些目标。

（2）他们必须对现有环境和限定条件下依循什么方针达到目标有清楚的了解。

（3）他们必须有情报资料的依据，并有能力根据所要达到的目标分析和评价抉择方案。

（4）他们必须有以最好的办法解决问题的强烈愿望，并选出能最满意地达到目标的方案。

由于决策的外在环境包括的不肯定因素，做到完全合理是很难的。孔茨认为，主管人员必须确定的是有一定限度的理性，是“有限合理性”。尽管如此，主管人员还是应该在合理性的限度内，根据各种变化的性质和风险大小而尽其所能地作出最好的决策。

孔茨的合理性决策标准的实质，是强调决策过程各个阶段的工作质量最终决定了决策的正确性和有效性，而不仅仅在于进行方案抉择时采用“最优”还是“满意”的标准。这个观点是很有指导意义的。

# 第四节　决策的方法

科学的决策，必须运用科学的方法。决策的方法很多，涉及的技术领域也很广，怎样对组织未来的行动方案作出判断，怎样从若干个方案中比较出最优方案，是科学决策的关键。

## 一、决策的定性方法

### （一）德尔菲法

1. 德尔菲法简介

德尔菲法是在 20 世纪 40 年代由 O. 赫尔姆和 N. 达尔克首创，经过 T. J. 戈尔登和兰德公司进一步发展而成的。德尔菲这一名称起源于古希腊有关太阳神阿波罗的神话。传说中阿波罗具有预见未来的能力。因此，这种预测方法被命名为德尔菲法。1946 年，兰德公司首次用这种方法进行预测，后来该方法被迅速广泛采用。

德尔菲法依据系统的程序，采用匿名发表意见的方式，即专家之间不得互相讨论，不发生横向联系，只能与调查人员联系，通过多轮次调查专家对问卷所提问题的看法，经过反复征询、归纳、修改，最后汇总成专家基本一致的看法，作为预测的结果。这种方法具有广泛的代表性，较为可靠。

2. 德尔菲法的特征

德尔菲法的特征：资源利用的充分性，由于吸收不同的专家与预测，充分利用了专家的经验和学识；最终结论的可靠性，由于采用匿名或背靠背的方式，能使每一位专家独立地作出自己的判断，不会受到其他繁杂因素的影响；最终结论的统一性，预测过程必须经过几轮的反馈，使专家的意见逐渐趋同。

正是由于德尔菲法具有以上这些特点，使它在诸多判断预测或决策手段中脱颖而出。这种方法的优点主要是简便易行，具有一定科学性和实用性，可以避免会议讨论时产生的害怕权威随声附和，或固执己见，或因顾虑情面不愿与他人意见冲突等弊病；同时也可以使大家发表的意见较快收敛，参加者也易接受结论，具有一定程度综合意见的客观性。

3. 德尔菲法的具体实施步骤

(1) 组成专家小组。按照课题所需要的知识范围，确定专家。专家人数的多少，可根据预测课题的大小和涉及面的宽窄而定，一般不超过 20 人。

(2) 向所有专家提出所要预测的问题及有关要求,并附上有关这个问题的所有背景材料,同时请专家提出还需要什么材料。然后,由专家进行书面答复。各个专家根据他们所收到的材料,提出自己的预测意见,并说明自己是怎样利用这些材料并提出预测的。

(3) 汇总各位专家第一次的判断意见,列成图表,进行对比,再分发给各位专家,让专家比较自己同他人的不同意见,修改自己的意见和判断。也可以把各位专家的意见加以整理,或请身份更高的其他专家加以评论,然后把这些意见再分送给各位专家,以便他们参考后修改自己的意见。

(4) 将所有专家的修改意见收集起来,汇总,再次分发给各位专家,以便做第二次修改。逐轮收集意见并为专家反馈信息是德尔菲法的主要环节。收集意见和信息反馈一般要经过三四轮。在向专家进行反馈时,只给出各种意见,但并不说明发表各种意见的专家的具体姓名。这一过程重复进行,直到每一个专家不再改变自己的意见为止。

(5) 对专家的意见进行综合处理。

4. 德尔菲法的优缺点

德尔菲法与常见的召集专家开会、通过集体讨论、得出一致预测意见的专家会议法既有联系又有区别。德尔菲法能发挥专家会议法的优点:①能充分发挥各位专家的作用,集思广益,准确性高;②能展示各位专家意见的分歧点,取各家之长,避各家之短。

德尔菲法又能避免专家会议法的缺点:①权威人士的意见影响他人的意见;②有些专家碍于情面,不愿意发表与其他人不同的意见;③出于自尊心而不愿意修改自己原来不全面的意见。

德尔菲法的主要缺点是过程比较复杂,花费时间较长。

### (二) 名义群体法

1. 名义群体法简介

名义群体法是指在决策过程中对群体成员的讨论或人际沟通加以限制,但群体成员是独立思考的。与召开传统会议一样,群体成员都出席会议,但群体成员首先进行个体决策。

2. 名义群体法的步骤

(1) 成员集合成一个群体,但在进行任何讨论之前,每个成员独立地写下他对问题的看法。

(2) 经过一段沉默后,每个成员将自己的想法提交给群体。然后一个接一个地向大家说明自己的想法,直到每个人的想法都表达完并记录下来为止(通常记在一张活动挂图或黑板上)。所有的想法都记录下来之前不进行讨论。

(3) 群体现在开始讨论,以便把每个想法搞清楚,并作出评价。

(4) 每一个成员独立地把各种想法排出次序,最后的决策是综合排序最高的想法。

3. 名义群体法的优缺点

名义群体法的主要优点在于,使群体成员正式开会但不限制每个人的独立思考,但是又不像互动群体那样限制个体的思维,而传统的会议方式往往做不到这一点。

### （三）头脑风暴法

1. 头脑风暴法简介

头脑风暴法是由美国创造学家 A. F. 奥斯本于 1939 年首次提出、1953 年正式发表的一种激发思维的方法。此法经各国创造学研究者的实践和发展，至今已经形成了一个发明技法群，如奥斯本智力激励法、默写式智力激励法、卡片式智力激励法等，其目的在于产生新观念或激发创新设想。

在群体决策中，由于群体成员心理相互作用影响，易启于权威或大多数人的意见，形成所谓的“群体思维”。群体思维削弱了群体的批判精神和创造力，损害了决策的质量。为了保证群体决策的创造性，提高决策质量，管理上发展了一系列改善群体决策的方法，头脑风暴法是较为典型的一种。

采用头脑风暴法组织群体决策时，要集中有关专家召开专题会议，主持者以明确的方式向所有参与者阐明问题，说明会议的规则，尽力创造融洽轻松的会议气氛。主持者一般不发表意见，以免影响会议的自由气氛，由专家们自由提出尽可能多的方案。

2. 头脑风暴法的激发机制

头脑风暴何以能激发创新思维？根据 A. F. 奥斯本本人及其他研究者的看法，主要有以下几点。

（1）联想反应。联想是产生新观念的基本过程。在集体讨论问题的过程中，每提出一个新的观念，都能引发他人的联想。相继产生一连串的新观念，产生连锁反应，形成新观念堆，为创造性地解决问题提供了更多的可能性。

（2）热情感染。在不受任何限制的情况下，集体讨论问题能激发人的热情。人人自由发言、相互影响、相互感染，能形成热潮，突破固有观念的束缚，最大限度地发挥创造性的思维能力。

（3）竞争意识。在有竞争意识的情况下，人人争先恐后，竞相发言，不断地开动思维机器，力求有独到见解、新奇观念。心理学的原理告诉我们，人类有争强好胜的心理，在有竞争意识的情况下，人的心理活动效率可增加 50%或更多。

（4）个人欲望。在集体讨论解决问题的过程中，个人的欲望自由不受任何干扰和控制，是非常重要的。头脑风暴法有一条原则，不得批评仓促的发言，甚至不许有任何怀疑的表情、动作、神色。这就能使每个人畅所欲言，提出大量的新观念。

3. 头脑风暴法的原则

头脑风暴法应遵循如下原则。

（1）庭外判决原则。对各种意见、方案的评判必须放到最后阶段，此前不能对别人的意见提出批评和评价。认真对待任何一种设想，而不管其是否适当和可行。

（2）欢迎各抒己见，自由鸣放。创造一种自由的气氛，激发参加者提出各种想法。

（3）追求数量。意见越多，产生好意见的可能性越大。

（4）探索取长补短和改进的办法。除提出自己的意见外，鼓励参加者对他人已经提出的设想进行补充、改进和综合。

4. 头脑风暴法的流程

头脑风暴法的系统化处理程序如下。

(1) 对所有提出的设想编制名称一览表。

(2) 用通用术语说明每一设想的要点。

(3) 找出重复的和互为补充的设想,并在此基础上形成综合设想。

(4) 提出对设想进行评价的准则。

(5) 分组编制设想一览表。

5. 头脑风暴法的优缺点

头脑风暴法可以排除折中方案,对所讨论问题通过客观、连续的分析,找到一组切实可行的方案,因而头脑风暴法在军事决策和民用决策中得出了较广泛的应用。例如,在美国国防部制定长远科技规划中,曾邀请 50 名专家采取头脑风暴法开了两周会议。参加者的任务是对事先提出的长远规划提出异议。通过讨论,得到一个使原规划文件变为协调一致的报告,在原规划文件中,只有 25%~30%的意见得到保留。由此可以看到头脑风暴法的价值。

头脑风暴法的缺点:头脑风暴法实施的成本(时间、费用等)是很高的。另外,头脑风暴法要求参与者有较好的素质。这些因素是否满足,会影响头脑风暴法实施的效果。

### (四) 电子会议分析法

1. 电子会议分析法简介

电子会议分析法(electronic meetings)是一种名义群体法与复杂的计算机技术结合的群体决策方法。在使用这种方法时,先将群体成员集中起来,每人面前有一个与中心计算机相连接的终端。群体成员将自己有关解决政策问题的方案输入计算机终端,然后再将它投影在大型屏幕上。

2. 电子会议分析法的特点

电子会议分析法的特点如下。

(1) 匿名。参与公共政策决策咨询的专家采取匿名的方式将自己的政策方案提出来,参与者只需把个人的想法输入键盘即可。

(2) 可靠。每个人作出的有关解决公共问题的政策建议都能如实地、不会被改动地反映在大屏幕上。

(3) 快速。在使用计算机进行政策咨询时,不仅没有闲聊,而且人们可以在同一时间互不干扰地交换见解,这要比传统的面对面的决策咨询的效率高出许多。

3. 电子会议分析法的局限性

电子会议分析法也有其局限性。

(1) 对那些善于口头表达而运用计算机的技能却相对较差的专家来说,电子会议分析法会影响他们的决策思维。

(2) 在运用这种预测方法时,由于是匿名的,因而无法对提出好的政策建议的人进行奖励。

(3) 人们只是通过计算机来进行决策咨询的,从而是“人—机对话”,其沟通程度不如“人—人对话”那么丰富。

### （五）各种决策方法的比较

各种决策方法的比较如表 3.1 所示。

**表 3.1 各种决策方法的比较**

| 效果标准/决策方法 | 德尔菲法 | 名义群体法 | 头脑风暴法 | 电子会议分析法 |
| --- | --- | --- | --- | --- |
| 观点的数量 | 高 | 高 | 中等 | 高 |
| 观点的质量 | 高 | 高 | 中等 | 高 |
| 社会压力 | 低 | 中等 | 低 | 低 |
| 财务成本 | 低 | 低 | 高 | 高 |
| 决策速度 | 低 | 中等 | 中等 | 高 |
| 任务导向 | 高 | 高 | 高 | 高 |
| 潜在的人际冲突 | 低 | 中等 | 低 | 低 |
| 成就感 | 中等 | 高 | 高 | 低 |
| 对决策结果的承诺 | 低 | 中等 | 不适用 | 中 |
| 群体凝聚力 | 低 | 中等 | 高 | 低 |

## 二、有关活动方向的决策方法

管理者有时需要对企业或企业某一部门的活动方向进行决策，可以采用的方法主要有经营单位组合分析法和政策指导矩阵等。

### （一）经营单位组合分析法

1. 经营单位组合分析法概述

经营单位组合分析法由美国波士顿咨询公司建立，其基本思想是：大部分企业都有两个以上的经营单位，每个经营单位都有相互区别的产品—市场片，企业应该为每个经营单位确定其活动方向。

该法主张：在确定每个经营单位的活动方向时，应综合考虑企业或该经营单位在市场上的相对竞争地位和业务增长情况。相对竞争地位往往体现在企业的市场占有率上，它决定了企业获取现金的能力和速度，因为较高的市场占有率可以为企业带来较高的销售量和销售利润，从而给企业带来较多的现金流量。

业务增长率对活动方向的选择有两方面的影响。

(1) 有利于市场占有率的扩大，因为在稳定的行业中，企业产品销售量的增加往往来自竞争对手市场份额的下降。

(2) 决定着投资机会的大小，因为业务增长迅速可以使企业迅速收回投资，并取得可观的投资报酬。

根据上述两个标准——市场占有率和业务增长率，可把企业的经营单位分成四大类，如图 3.1 所示。企业应根据各类经营单位的特征，选择合适的活动方向。

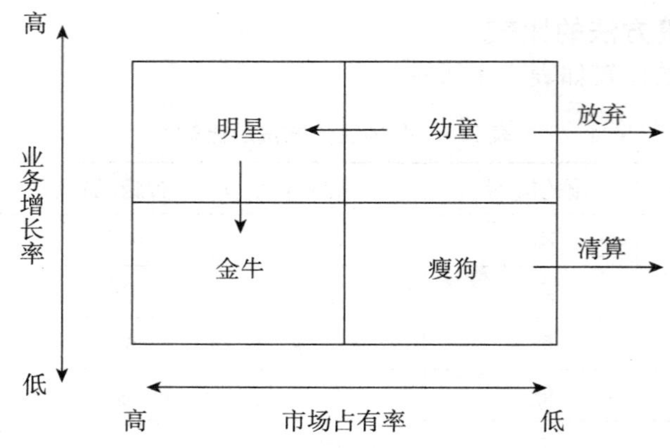


**图 3.1　企业经营单位组合图**

（1）“金牛”经营单位的特征是市场占有率较高，而业务增长率较低。较高的市场占有率为企业带来较多的利润和现金，而较低的业务增长率需要较少的投资。“金牛”经营单位所产生的大量现金可以满足企业的经营需要。

（2）“明星”经营单位的市场占有率和业务增长率都较高，因而所需要的资金和所产生的利润都很多。“明星”经营单位代表着最高利润增长率和最佳投资机会，因此企业应投入必要的资金，增加它的生产规模。

（3）“幼童”经营单位的业务增长率较高，而目前的市场占有率较低，这可能是企业刚刚开发的很有前途的领域。由于高增长速度需要大量投资，而较低的市场占有率只能提供少量的现金，企业面临的选择是投入必要的资金，以提高市场份额，扩大销售量，使其转变为“明星”，或者如果认为刚刚开发的领域不能转变成“明星”，则应及时放弃该领域。

（4）“瘦狗”经营单位的特征是市场份额和业务增长率都较低。由于市场份额和销售量都较低，甚至出现负增长，“瘦狗”经营单位只能带来较少的现金和利润，而维持生产能力和竞争地位所需的资金甚至可能超过其所提供的现金，从而可能成为资金的陷阱。因此，对这种不景气的经营单位，企业应采取收缩或放弃的战略。

*2. 经营单位组合分析法的步骤*

经营单位组合分析法的步骤通常如下。

（1）把企业分成不同的经营单位。

（2）计算各个经营单位的市场占有率和业务增长率。

（3）根据其在企业中占有资产的比例来衡量各个经营单位的相对规模。

（4）绘制企业的经营单位组合图。

（5）根据每个经营单位在图中的位置，确定应选择的活动方向。

经营单位组合分析法以“企业的目标是追求增长和利润”这一假设为前提。对拥有多个经营单位的企业来说，可以将获利较多而潜在增长率不高的经营单位所产生的利润投向那些增长率和潜在获利能力都较高的经营单位，从而使资金在企业内部得到有效利用。

### （二）政策指导矩阵

该法由荷兰皇家壳牌公司创立。顾名思义，政策指导矩阵即用矩阵来指导决策。具体来说，从市场前景和相对竞争能力两个角度来分析企业各个经营单位的现状与特征，并把它们标示在矩阵上，据此指导企业活动方向的选择。市场前景取决于盈利能力、市场增长率、市场质量和法规限制等因素，分为吸引力强、中、弱三种；相对竞争能力取决于经营单位在市场上的地位、生产能力、产品研究和开发等因素，分为强、中、弱三种。根据上述对市场前景和相对竞争能力的划分，可把企业的经营单位分成九大类，如图 3.2 所示。据此指导企业活动方向的选择。

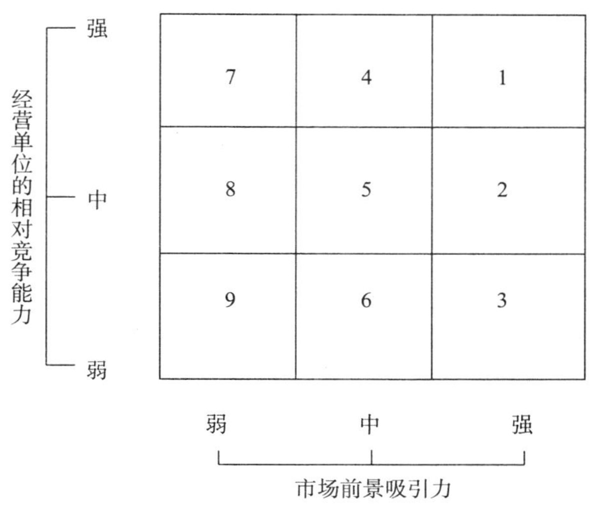


**图 3.2 政策指导矩阵**

处于区域 1 和区域 4 的经营单位的竞争能力较强，市场前景也较好。应优先发展这些经营单位，确保它们获取足够的资源，以维持自身的有利市场地位。

处于区域 2 的经营单位虽然市场前景较好，但企业利用不够，这些经营单位的竞争能力不够强。应分配给这些经营单位更多的资源以提高其竞争能力。

处于区域 3 的经营单位的市场前景虽好，但竞争能力弱。要根据不同的情况来区别对待这些经营单位：最有前途的应得到迅速发展，其余的则需逐步淘汰，这是由于企业资源的有限性决定的。

处于区域 5 的经营单位一般在市场上有 2～4 个强有力的竞争对手。应分配给这些经营单位足够的资源使它们随着市场的发展而发展。

处于区域 6 和区域 8 的经营单位的市场吸引力不强且竞争能力较弱，或虽有一定的竞争能力（企业对这些经营单位进行了投资并形成了一定的生产能力），但市场吸引力较弱。应缓慢放弃这些经营单位，以便把收回的资金投入盈利能力更强的经营单位。

处于区域 7 的经营单位的竞争能力较强，但市场前景不容乐观。这些经营单位本身不应得到发展，但可利用它们的较强竞争能力为其他快速发展的经营单位提供资金支持。

处于区域9的经营单位的市场前景暗淡且竞争能力较弱。应尽快放弃这些经营单位，把资金转移到更有利的经营单位。

## 三、有关活动方案的决策方法

管理者选好组织的活动方向之后，接下来需要考虑的问题自然是如何到达这一活动方向。由于到达这一活动方向的活动方案通常不止一种，所以管理者要在这些方案中作出选择。在决定选哪一种方案时，要比较不同的方案，而比较的一个重要标准是各种方案实施后的经济效果。由于方案是在未来实施的，所以管理者在计算方案的经济效果时，要考虑未来的情况。根据未来情况的可控程度，可把有关活动方案的决策方法分为三大类：确定型决策方法、风险型决策方法和不确定型决策方法。

### （一）确定型决策方法

在比较和选择活动方案时，如果未来情况只有一种并为管理者所知，则须采用确定型决策方法。常用的确定型决策方法有线性规划和量本利分析法等。

1. 线性规划

线性规划是在一些线性等式或不等式的约束条件下，求解线性目标函数的最大值或最小值的方法。运用线性规划建立数学模型的步骤如下。

（1）确定影响目标大小的变量，列出目标函数方程。

（2）找出实现目标的约束条件。

（3）找出使目标函数达到最优的可行解，即为该线性规划的最优解。

**【例3.1】** 某企业生产两种产品：桌子和椅子，它们都要经过制造和装配两道工序，有关资料如表3.2所示。假设市场状况良好，企业生产出来的产品都能卖出去，试问何种组合的产品使企业利润最大？

**表3.2 某企业的有关资料**

| 项　　目 | 桌子 | 椅子 | 工序可利用时间（小时） |
|---|---|---|---|
| 在制造工序上的时间（小时） | 2 | 4 | 48 |
| 在装配工序上的时间（小时） | 4 | 2 | 60 |
| 单位产品利润（元） | 8 | 6 | — |

这是一个典型的线性规划问题。

**解**：第一步，确定影响目标大小的变量。在本例题中，目标是利润，影响利润的变量是桌子数量 $T$ 和椅子数量 $C$。

第二步，列出目标函数方程：

$$\pi=8T+6C$$

第三步，找出约束条件。在本例题中，两种产品在一道工序上的总时间不能超过该道工序的可利用时间，即

制造工序：　$2T+4C\leqslant 48$

装配工序：　$4T+2C\leqslant 60$

除此之外，还有两个约束条件，即非负约束：

$$T \geqslant 0, \quad C \geqslant 0$$

从而线性规划问题成为，如何选取 $T$ 和 $C$，使 $\pi$ 在上述四个约束条件下达到最大。

第四步，求出最优解——最优产品组合。通过图解法，如图 3.3 所示，求出上述线性规划问题的解为 $T'=12$ 和 $C'=6$，即生产 12 张桌子和 6 把椅子使企业的利润最大。

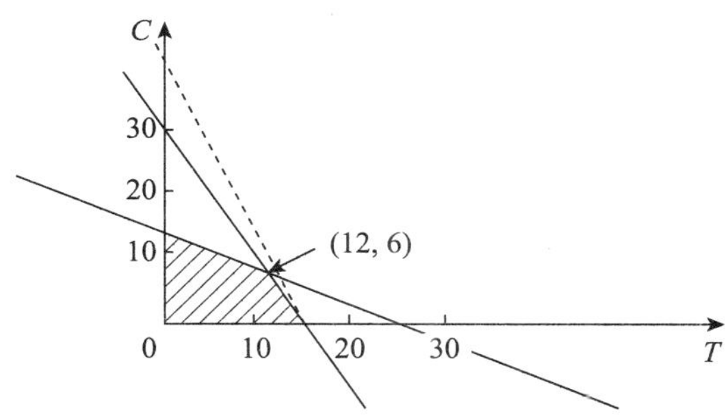


**图 3.3 线性规划的图解法**

2. 量本利分析法

量本利分析法又称保本分析法或盈亏平衡分析法，是通过考察产量（或销售量）、成本和利润的关系及盈亏变化的规律为决策提供依据的方法。

在应用量本利分析法时，关键是找出企业不盈不亏时的产量（称为保本产量或盈亏平衡产量，此时企业的总收入等于总成本），而找出保本产量的方法有图解法和代数法两种。

（1）图解法。图解法是用图形来考察产量、成本和利润的关系的方法。在应用图解法时，通常假设产品价格和单位变动成本都不随产量的变化而变化，所以销售收入曲线、总变动成本曲线和总成本曲线都是直线。

**【例 3.2】** 某企业生产某产品的总固定成本为 50000 元，单位变动成本为每件 1.8 元，产品价格为每件 3 元。假设某方案带来的产量为 100000 件，问该方案是否可取？

利用例子中的数据，在坐标图上画出总固定成本线、总成本线和销售收入线，得出量本利分析图，如图 3.4 所示。从图 3.4 中可以得出以下信息，供决策分析之用。

- 保本产量，即销售收入线和总成本线交点所对应的产量，本例题中保本产量为 5 万件。
- 各个产量上的总收入。
- 各个产量上的总成本。
- 各个产量上的总利润，即各个产量上的销售收入与总成本之差。
- 各个产量上的总变动成本，即各个产量上的总成本与总固定成本之差。
- 安全边际，即方案带来的产量与保本产量之差，本例题中安全边际为 5（=10－5）万件。

在本例题中，由于方案带来的产量（10 万件）大于保本产量（5 万件），所以该方案可取。

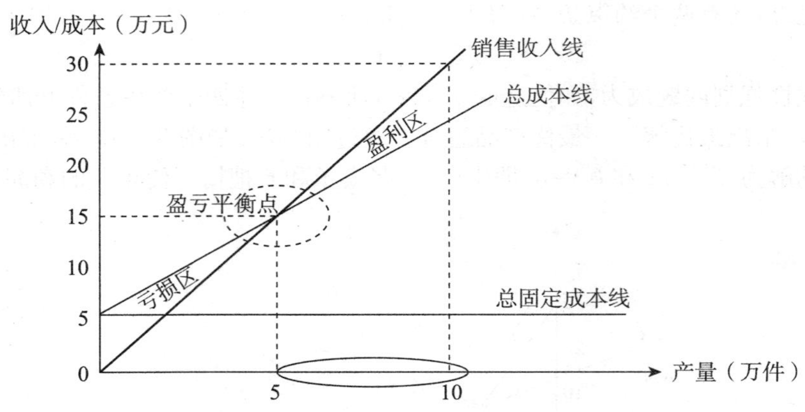


图 3.4　量本利分析图

(2) 代数法。代数法是用代数式来表示产量、成本和利润的关系的方法。

假设 $P$ 代表单位产品价格，$Q$ 代表产量或销售量，$F$ 代表总固定成本，$V$ 代表单位变动成本，$\pi$ 代表总利润，$C$ 代表单位产品贡献($C=P-V$)。

- 求保本产量。企业不盈不亏时，$PQ=F+VQ$，所以保本产量 $Q=F/(P-V)=F/C$。
- 求保目标利润的产量。设目标利润为 $\pi$，则 $PQ=F+VQ+\pi$，所以保目标利润 $\pi$ 的产量 $Q=(F+\pi)/(P-V)=(F+\pi)/C$。
- 求利润。$\pi=PQ-F-VQ$。
- 求安全边际和安全边际率。

安全边际＝方案带来的产量－保本产量

安全边际率＝安全边际÷方案带来的产量

### （二）风险型决策方法

在实际工作中，当比较和选择活动方案时，如果未来情况不确定，但知道每种情况发生的概率，则需要用风险型决策方法。风险型决策是最常见的。由于风险型决策问题大多复杂且零乱，因此为了避免出错，惯常用一种简明的图示形式来辅助决策，即决策树法。决策树法简便明了，容易掌握，尤其是在方案众多或需要作多级决策的情况下，决策树法更显出其优点。

决策树是决策过程中的一种有序的概率图解表示，决策者根据决策树所构造出来的决策过程的有序图示，不但能综观决策过程的全局，而且能系统地对决策过程进行合理的分析，从而得到较好的决策结果。决策树由节点和分枝组成，表现为一个树状图示，节点有两种：一种叫决策点，用□表示，从决策点引出的分枝称为方案分枝；另一种叫状态点，用○表示，从状态点引出的分枝叫概率分枝。每一概率分枝表示一种自然发生的状态，在概率分枝的末端标明相应方案在该状态下的损益值，在概率分枝上注明不同状态可能发生的概率大小，在状态点上注明该方案计算所得的期望值。

**【例 3.3】** 某公司拟投资建厂扩大生产规模，现有三个互斥的可选方案。

方案一，新建大厂。需一次性投资 1000 万元，若经济景气，每年可获利 200 万元；若经济不景气，每年会亏损 50 万元。

方案二，新建小厂。需一次性投资 500 万元，若经济景气，每年可获利 120 万元；若经济不景气，每年会亏损 20 万元。

方案三，改建老厂。需一次性投资 200 万元，若经济景气，每年可获利 50 万元；若经济不景气，每年仍可获利 20 万元。

假设经济繁荣的可能性为 70%，经济不景气的可能性为 30%，资产的使用期为 10 年，在不考虑税收、资金时间价值的情况下，请选择一个可行方案。

首先画出决策树，如图 3.5 所示。

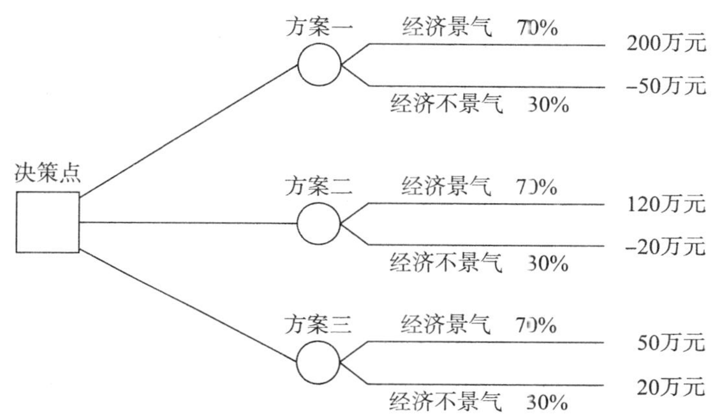


**图 3.5　投资建厂决策树示意图**

根据决策树图上的数据可以算出各种方案的期望收益。

方案一的期望收益为

$$(200\times70\%-50\times30\%)\times10-1000=250(\text{万元})$$

方案二的期望收益为

$$(120\times70\%-20\times30\%)\times10-500=280(\text{万元})$$

方案三的期望收益为

$$(50\times70\%+20\times30\%)\times10-200=210(\text{万元})$$

计算结果表明，方案二的期望收益最大，因此，在不考虑资金时间价值等因素的情况下，会选择方案二作为实施方案。

### （三）不确定型决策方法

在比较和选择活动方案时，如果管理者不知道未来情况有多少种，或虽知道有多少种，但不知道每种情况发生的概率，则须采用不确定型决策方法。常用的不确定型决策方法有小中取大法、大中取大法和最小最大后悔值法等。下面通过举例来介绍这些方法。

**【例 3.4】**　某企业打算生产某产品。据市场预测，产品销路有三种情况：销路好、销路一般和销路差。生产该产品有三种方案：A 方案改进生产线；B 方案新建生产线；C 方案与其他企业协作。据估计，各方案在不同情况下的收益如表 3.3 所示。问企业选择哪种方案？

表 3.3　各方案在不同情况下的收益　　单位：万元

| 方案＼收益＼自然状态 | 销路好 | 销路一般 | 销路差 |
|---|---|---|---|
| 改进生产线 | 180 | 120 | －40 |
| 新建生产线 | 240 | 100 | －80 |
| 与其他企业协作 | 100 | 70 | 16 |

(1) 小中取大法。

采用这种方法的管理者对未来持悲观的看法，认为未来会出现最差的自然状态，因此不论采取哪种方案，都只能获取该方案的最小收益。采用小中取大法进行决策时，首先计算各方案在不同自然状态下的收益，并找出各方案所带来的最小收益，即在最差自然状态下的收益，然后进行比较，选择在最差自然状态下收益最大或损失最小的方案。

本例题中，A 方案的最小收益为－40 万元，B 方案的最小收益为－80 万元，C 方案的最小收益为 16 万元，经过比较，C 方案的最小收益最大，所以选择 C 方案。

(2) 大中取大法。

采用这种方法的管理者对未来持乐观的看法，认为未来会出现最好的自然状态，因此不论采取哪种方案，都能获取该方案的最大收益。采用大中取大法进行决策时，首先计算各方案在不同自然状态下的收益，并找出各方案所带来的最大收益，即在最好自然状态下的收益，然后进行比较，选择在最好自然状态下收益最大的方案。

在上述例题中，A 方案的最大收益为 180 万元，B 方案的最大收益为 240 万元，C 方案的最大收益为 100 万元，经过比较，B 方案的最大收益最大，所以选择 B 方案。

(3) 最小最大后悔值法。

管理者在选择了某方案后，如果将来发生的自然状态表明其他方案的收益更大，那么他(或她)会为自己的选择而后悔。最小最大后悔值法就是使后悔值最小的方法。采用这种方法进行决策时，首先计算各方案在各自然状态下的后悔值(某方案在某自然状态下的后悔值＝该自然状态下的最大收益－该方案在该自然状态下的收益)，并找出各方案的最大后悔值，然后进行比较，选择最大后悔值最小的方案。

在上述例题中，在销路好这一自然状态下，B 方案(新建生产线)的收益最大，为 240 万元。在将来发生的自然状态是销路好的情况下，如果管理者恰好选择了这一方案，他就不会后悔，即后悔值为 0。如果他选择的不是 B 方案，而是其他方案，他就会后悔(后悔没有选择 B 方案)。比如，他选择的是 C 方案(与其他企业协作)，该方案在销路好时带来的收益是 100 万元，比选择 B 方案少带来 140 万元的收益，即后悔值为 140 万元。

各方案的后悔值的计算结果如表 3.4 所示。

表 3.4 各方案在各自然状态下的后悔值 单位：万元

| 方案 \ 后悔值 \ 自然状态 | 销路好 | 销路一般 | 销路差 |
|---|---|---|---|
| 改进生产线 | 60 | 0 | 56 |
| 新建生产线 | 0 | 20 | 96 |
| 与其他企业协作 | 140 | 50 | 0 |

由表 3.4 看出，A 方案的最大后悔值为 60 万元，B 方案的最大后悔值为 96 万元，C 方案的最大后悔值为 140 万元，经过比较，A 方案的最大后悔值最小，所以选择 A 方案。

# 本章小结

决策是人们为实现一定的目标而制订的行动方案，进行方案选择并准备方案实施的活动，是一个提出问题，分析问题，解决问题的过程。决策包含以下特性：决策是行动的基础；决策有明确的目的；决策有两个以上可行的方案；决策要因果分析和综合评价；决策要经过方案的优选过程。

决策是管理的首要职能，决策的正确性和科学性对管理活动的成败起着决定性的作用，直接关系到企业或一个组织的生存和发展。

本章重点内容简要概括如下。

(1) 决策的概念。不同的学者有不同的看法，但其基本内涵大致相同，主要区别在于对决策概念作狭义的还是广义的定义。狭义地说，决策是在几种行动方案中进行选择的一个过程。广义地说，决策就是人们在掌握充分的信息和对有关情况进行深刻分析的基础上，确定目标，并用科学的方法拟订、评估各种可行方案，从中优选出合理方案并予以实施的过程。

(2) 决策的原则。管理者在决策时离不开信息。信息的数量和质量直接影响决策水平。这要求管理者在决策之前及决策过程中尽可能地通过多种渠道收集信息，作为决策的依据。决策遵循的是满意原则，而不是最优原则。

(3) 决策的类型。可按不同的标准对决策进行分类：长期决策与短期决策，战略决策、战术决策与业务决策，集体决策与个人决策，初始决策与追踪决策，程序化决策与非程序化决策，确定型决策、风险型决策与不确定型决策。

(4) 决策的过程。识别机会或诊断问题、识别目标、拟订备选方案、评估备选方案、作出决定、选择实施战略、监督和评估。

(5) 决策的影响因素。环境、过去决策、决策者对风险的态度、伦理、组织文化、时间。

(6) 决策的标准。第一种观点是由科学管理的创始人泰勒首先提出的，并为运筹学家和管理学家们一贯坚持的“最优”标准。第二种观点是西蒙提出的“满意”标准。第三种观点是美国管理学家哈罗德·孔茨提出的合理性决策标准。

(7) 德尔菲法。依据系统的程序,采用匿名发表意见的方式,即专家之间不得互相讨论,不发生横向联系,只能与调查人员联系,通过多轮次调查专家对问卷所提问题的看法,经过反复征询、归纳、修改,最后汇总成专家基本一致的看法,作为预测的结果。这种方法具有广泛的代表性,较为可靠。

(8) 名义群体法。名义群体法是指在决策过程中对群体成员的讨论或人际沟通加以限制,但群体成员是独立思考的。与召开传统会议一样,群体成员都出席会议,但群体成员首先进行个体决策。

(9) 在群体决策中,由于群体成员心理相互作用影响,易屈于权威或大多数人的意见,形成所谓的"群体思维"。群体思维削弱了群体的批判精神和创造力,损害了决策的质量。为了保证群体决策的创造性,提高决策质量,管理上发展了一系列改善群体决策的方法,头脑风暴法是较为典型的一种。

(10) 电子会议分析法。电子会议分析法是一种名义群体法与复杂的计算机技术结合的群体决策方法。在使用这种方法时,先将群体成员集中起来,每人面前有一个与中心计算机相连接的终端。群体成员将自己有关解决政策问题的方案输入计算机终端,然后再将它投影在大型屏幕上。

(11) 经营单位组合分析法。大部分企业都有两个以上的经营单位,每个经营单位都有相互区别的产品—市场片,企业应该为每个经营单位确定其活动方向。该法主张,在确定每个经营单位的活动方向时,应综合考虑企业或该经营单位在市场上的相对竞争地位和业务增长情况。相对竞争地位往往体现在企业的市场占有率上,它决定了企业获取现金的能力和速度,因为较高的市场占有率可以为企业带来较高的销售量和销售利润,从而给企业带来较多的现金流量。企业应根据各类经营单位的特征,选择合适的活动方向。

(12) 政策指导矩阵。即用矩阵来指导决策。具体来说,从市场前景和相对竞争能力两个角度来分析企业各个经营单位的现状和特征,并把它们标示在矩阵上,据此指导企业活动方向的选择。市场前景取决于盈利能力、市场增长率、市场质量和法规限制等因素,分为吸引力强、中、弱三种;相对竞争能力取决于经营单位在市场上的地位、生产能力、产品研究和开发等因素,分为强、中、弱三种。根据上述对市场前景和相对竞争能力的划分,可把企业的经营单位分成九大类。

(13) 有关活动方案的决策方法。管理者在计算方案的经济效果时,要考虑未来的情况。根据未来情况的可控程度,可把有关活动方案的决策方法分为三大类:确定型决策方法、风险型决策方法和不确定型决策方法。

(14) 确定型决策方法。在比较和选择活动方案时,如果未来情况只有一种并为管理者所知,则须采用确定型决策方法。

(15) 风险型决策方法。在比较和选择活动方案时,如果未来情况不止一种,管理者不知道到底哪种情况会发生,但知道每种情况发生的概率,则须采用风险型决策方法。

(16) 决策树法。用树状图来描述各种方案在不同情况(或自然状态)下的收益,据此计算每种方案的期望收益从而作出决策的方法。

(17) 不确定型决策方法。在比较和选择活动方案时,如果管理者不知道未来情况有多少种，或虽知道有多少种，但不知道每种情况发生的概率，则须采用不确定型决策方法。常用的不确定型决策方法有小中取大法、大中取大法和最小最大后悔值法等。

# 实务训练

## 一、示范案例

### 华为的决策

在受到以美国为首的技术封锁情况下，华为告诉世界：十年前我们曾经打造的备胎，一夜之间全部转正！震惊了世界。

参考步骤：

（1）分析华为在十年前作出打造技术备胎的决策依据来源。

（2）这种决策属于什么类型的决策。

（3）华为作长期决策后，在十年的付出过程中做出了哪些准备工作。

## 二、习作案例

用最小最大后悔值法作一次风险投资决策。

# 思考与练习题

## 一、单项选择题

1. 决策目标所要解决的问题带有全局性、影响重大的是（　　）。

　A. 确定型决策　　B. 风险型决策　　C. 战略决策　　D. 不确定型决策

2. 在经营决策时，由于受社会经济因素影响较大，其所含因素错综复杂，因此采用的主要决策方法是（　　）。

　A. 主观决策法　　B. 计量决策法　　C. 盈亏平衡法　　D. 优选法

3. 重点解决如何组织、动员企业内部力量的具体决策属于（　　）。

　A. 高层决策　　B. 非程序性决策　　C. 战略决策　　D. 战术决策

4. 在日常管理中，以相同或基本相同的形式重复出现的决策是（　　）。

　A. 管理决策　　B. 程序化决策　　C. 风险型决策　　D. 非程序化决策

5. 解决重复性的程序性决策问题，通常宜采用（　　）。

　A. 定性决策法　　B. 计量决策法　　C. 软技术法　　D. 德尔菲法

6. 决策的方案有多种后果，每种方案都有客观的概率，这是指（　　）。

　A. 风险型决策　　B. 非确定型决策　　C. 确定型决策　　D. 等概率决策

7. 采用最大收益值中最小的方案进行决策时，其立足点是（　　）。

　A. 损失最小　　B. 收益最大　　C. 后悔值最小　　D. 成本最低

8. 对每种自然状态的概率为“1”的决策是（　　）。

A. 风险型决策　　B. 确定型决策　　C. 非确定型决策　　D. 追踪决策

## 二、多项选择题

1. 企业决策按所解决问题在企业经营活动中的广度和深度可分为（　　）。
   A. 非确定型决策　　B. 战略决策　　C. 风险型决策
   D. 战术决策　　E. 随机决策
2. 按照决策的可靠程度，可把决策分为（　　）。
   A. 单项决策　　B. 系列决策　　C. 确定型决策
   D. 过程决策　　E. 风险型决策
3. 按决策层次划分，决策可分为（　　）。
   A. 战略决策　　B. 管理决策　　C. 业务决策
   D. 随机决策　　E. 系列决策
4. 经营决策的方法，可概括为（　　）两大类。
   A. 确定型决策法　　B. 主观决策法　　C. 风险型决策法
   D. 计量决策法　　E. 不确定型决策法

## 三、简答题

1. 简要分析决策的过程。
2. 方案的实施过程中通常要注意哪些方面？
3. 决策的影响因素是什么？
4. 头脑风暴法的特点是什么？
5. 简要说明德尔菲法的优缺点。

**推荐阅读：**

1. H. 法约尔著的《工业管理与一般管理》。
2. H. A. 西蒙著的《管理行为》。

# 第四章 计划

用百折不回的毅力，有计划地克服所有的困难。

——毛泽东

## 教学目标

学完本章后，你应该能够：

(1) 了解计划的性质及作用。

(2) 掌握计划的类型及划分依据。

(3) 掌握计划的程序。

(4) 理解目标管理的特点、功能及程序。

(5) 了解计划的方法。

## 技能目标

可以制订比较完整的项目计划书。

## 素质目标

学会既仰望天空，又脚踏实地；目标导向与执行力兼顾的工作作风。

## 案例导入

### 有了GPS，中国人为什么一定要造北斗

GPS全称为Global Positioning System，隶属于美国空军，能为全球用户提供低成本、高精度的三维位置、速度和精确定时等导航信息。这个系统主要包含军码和民码两种信号，二者精密级别不在一个量级，前者是毫米级别，后者是分米级别。然而，这么重要的GPS，极易被控制，在美国GPS一家独大之时，美国军方在所有民用信号上放了干扰。

1993年7月23日，美国无中生有地指控中国“银河”号货轮将制造化学武器的原料运往伊朗。当时，“银河”号正在印度洋上正常航行，突然船停了下来。事后大家才知道，这是因为当时美国局部关闭了该船所在海区的GPS导航服务，使船不知道该向哪个方向行驶。“银河号事件”使我们清楚地意识到：卫星导航，我们一定要自己搞出来！

2017年11月5日，中国第三代导航卫星顺利升空，它标志着中国正式开始建造“北斗”全球卫星导航系统。

2018年8月25日7时52分，中国在西昌卫星发射中心用长征三号乙运载火箭以“一箭双星”方式成功发射第35、36颗北斗导航卫星。

2018年10月15日12时23分，中国在西昌卫星发射中心用长征三号乙运载火箭以“一箭双星”方式成功发射第37、38颗北斗导航卫星。这两颗卫星属于中圆地球轨道卫星，是中国北斗三号全球系统第13、14颗组网卫星。在这两颗北斗导航卫星上，还首次装载了国际搜救组织标准设备，将为全球用户提供遇险报警及定位服务。

2019年5月17日，中国在西昌卫星发射中心用长征三号丙运载火箭，成功发射了第45颗北斗导航卫星。

2018年年底，北斗三星基本系统已经完成建设，于12月27日开始提供全球服务。2019年3月4日，中国卫星导航线系统管理办公室发布消息，2019年北斗卫星导航系统将继续高密度全球组网，计划发射8～10颗北斗导航卫星，完成所有中地球轨道卫星发射。此举为的是进一步完善全球系统星座布局，为用户提供更好的系统服务。

从北斗卫星系统开通全球服务以后，运行一直都十分稳定，经过全球范围测试评估，北斗卫星系统全球定位精度优于10米，在亚太地区的定位误差不超过5米。截至2018年年底，北斗导航型芯片等基础产品销量突破7000万片，其中国产高精度板卡占国内市场份额的30%，天线销量则是占到了90%。

很多人可能并没有发觉生活中有北斗的存在，其实截至2018年年底，全国已经有617万道路营运车辆、3.56万邮政和快递车辆使用北斗系统导航，另外还有36个城市、8万辆公交车及3960座海上导航设施也投入使用北斗。并且北斗高精度产品已经出口到全球90多个国家和地区，朝着全球化进发。

（资料来源：MBA智库.）

**思考题：**

1. 根据案例，说明为什么中国开展北斗计划？
2. 中国开展北斗计划将会遇到什么样的机会或风险？

# 第一节 计划概述

凡事预则立，不预则废，讲的就是计划的重要性。管理，作为一项有意识的活动，必须经过周密的规划与运筹。任何管理者，要实施有效管理，都必须执行计划职能。计划是管理的首要职能，它统驭并渗透于其他后续的管理职能。计划既包括选定和分解组织目标，又包括确定实现这些目标的方案与途径。管理者必须围绕计划规定的目标，从事组织、领导、协调、控制等管理活动。

## 一、计划的概念

在管理学中，计划具有两重含义：其一是计划工作，是指根据对组织外部环境与内部条件的分析，提出在未来一定时期内要达到的组织目标及实现目标的方案途径；其二是计划形式，是指用文字和指标等形式所表述的组织及组织内不同部门和不同成员，在未来一定时期内关于行动方向、内容和方式安排的管理事件。无论是计划工作还是计划形式，计划都是根据社会的需要及组织的自身能力，通过计划的编制、执行和检查，确定组织在一定时期内的奋斗目标，有效地利用组织的人力、物力、财力等资源，协调安排好组织的各项活动，取得最佳的经济效益和社会效益。

在管理的各项职能中，计划是首要的和关键的一项职能，管理者通过计划工作，合理运用其权限范围内的可用资源，协调组织各方面的力量，从而达到预期的目的。

计划工作包括调查研究、设置目标、预测未来、制订计划、贯彻落实、监督检查和修正等内容；而计划则是计划工作中计划制订的成果，贯彻实施和监督检查的对象。

可以把计划的内容简要地概括为六个方面，即做什么(what to do it)；为什么做(why to do it)；何时做(when to do it)；何地做(where to do it)；谁去做(who to do it)；怎么做(how to do it)，简称为“5W1H”。

现代管理学中又提出来一个“H”(how much，多大的代价)，如表4.1所示。

**表4.1　计划的各个方面**

| “5W2H”＋ 一个前提＋ 应变措施 | | |
|---|---|---|
| 要　素 | 所要回答的问题 | 内　　容 |
| 前提 | 该计划在何种情况下有效 | 预测、假设、实施条件 |
| 目标 | 做什么(what) | 最终结果、工作要求 |
| 目的 | 为什么要做(why) | 理由、意义、重要性 |
| 战略 | 如何做(how to) | 途径、基本方法、主要战术 |
| 责任 | 由谁做(who) | 人选、奖惩措施 |
| 时间表 | 何时做(when) | 起止时间、进度安排 |
| 范围 | 涉及哪些部门、何地(where) | 组织层次或地理范围 |
| 预算 | 需要投入多少资源(how much) | 费用、代价 |
| 应变措施 | 实际与前提不相符怎么办 | 最坏情况的计划 |

以上要素对于一切计划来说是缺一不可的。一旦出现计划前提与事实不一致时，依据目的确定放弃计划还是创造条件实施计划。

## 二、计划的性质

计划的根本目的在于保证管理目标的实现。从事计划工作并使之有效地发挥作用，就必须把握计划的性质。它主要表现在以下四个方面。

### （一）计划的普遍性

与计划的概念相对应，计划的普遍性也有两层含义。

一是指社会各部门、各环节、各单位、各岗位，为有效实现管理目标，都必须具有相应的计划。上至国家，下至一个班组，甚至个人，无不如此。

二是指所有管理者，从最高管理人员到第一线的基层管理人员都必须从事计划工作。计划是任何管理人员的一项基本职能，也许他们各自计划工作的范围不同、特点不同。但凡是管理者都要做计划工作，都必须在上级规定的政策许可的范围内做好自己的计划工作。如果管理人员没有计划任务，那倒值得怀疑了，他还算不算是一个管理者。在管理科学研究中，人们发现基层管理者责任感的最重要因素，就是他们从事计划工作的能力。

### （二）计划的首位性

把计划放在管理职能的首位，不仅因为从管理过程的角度看，计划先行于其他管理职能，而且因为在某些场合，计划是付诸实施的唯一管理职能。计划的结果可能得出一个决策，即无须进行随后的组织、领导、协调及控制工作等。例如，对于一个是否建立新工厂的计划研究工作来说，如果得出的结论是新工厂在经济上是不合算的，那也就没有筹建、组织、领导和控制一个新工厂的问题了。

计划具有首位性的原因，还在于计划影响和贯穿于组织、领导、协调和控制等各项管理职能中。

### （三）计划的科学性

无论做什么计划都必须遵循客观要求，符合事物本身发展的规律，不能脱离了现实条件任意杜撰，随意想象。从事计划工作，就是通过管理者的精心规划和主观能动作用的发挥，使那些本来不可能发生的事成为可能，使那些可能发生的事成为现实。因此，从事计划工作，一是必须要有求实的科学态度，一切从实际出发，量力而行；二是必须有可靠的科学依据，包括准确的信息、完整的数据资料等；三是必须有正确的科学方法，如科学预测、系统分析、综合平衡、方案优化等。这样才能使整体计划建立在科学的基础上，既富有创造性，又具有可行性。

### （四）计划的有效性

计划不仅要确保组织目标的实现，而且要从众多的方案中选择最优的方案，以求得合理利用资源和提高效率。因此，计划要追求效率。计划的效率，可以用计划对组织目标的贡献衡量。贡献是指实现的组织目标及所得到的利益，扣除制订和实施这项计划所需要的费用及其他因素后能得到的剩余。在计划所要完成的目标确定的情况下，同样可以用制订和实施计划的成本及其他连带成本（如计划实施带来的损失、计划执行的风险等）来衡量效率。如果计划能得到最大的剩余，或者如果计划按合理的代价实现目标，这样的计划是有效率的。特别要注意的是，在衡量代价时，不仅要用时间、金钱或者生产来衡量，而且还要衡量个人和集体的满意程度。

## 三、计划的作用

在管理实践中，计划是其他管理职能的前提和基础，并且还渗透到其他管理职能中。列宁指出过：“任何计划都是尺度、准则、灯塔、路标。”它是管理过程的中心环节，因此，计划在管理活动中具有特殊重要的地位和作用。

### （一）计划是组织生存与发展的纲领

我们正处在一个经济、政治、技术、社会变革与发展的时代。在这个时代里，变革与发展既给人们带来了机遇，也给人们带来了风险，特别是在争夺市场、资源、势力范围的竞争中更是如此。如果管理者在看准机遇和利用机遇的同时，又能最大限度地减少风险，即在朝着目标前进的道路上架设一座便捷而稳固的桥梁，那么，组织就能立于不败之地，在机遇与风险的纵横选择中，得到生存与发展。如果计划不周，或根本没计划，那就会遭遇灾难性的后果。

### （二）计划是组织协调的前提

现代社会的各行各业的组织及它们内部的各个组成部分之间，分工越来越精细，过程越来越复杂，协调关系更趋严密。要把这些繁杂的有机体科学地组织起来，让各个环节和部门的活动都能在时间、空间和数量上相互衔接，既围绕整体目标，又各行其是、互相协调，就必须要有一个严密的计划。管理中的组织、协调、控制等如果没有计划，那就好比汽车总装厂事先没有流程设计一样不可想象。

### （三）计划是指挥实施的准则

计划的实质是确定目标及规定达到目标的途径和方法。因此，如何朝着既定的目标步步逼近，最终实现组织目标，计划无疑是管理活动中人们一切行为的准则。它指导不同空间、不同时间、不同岗位上的人们，围绕一个总目标，秩序井然地实现各自的分目标。行为如果没有计划指导，被管理者必然表现为无目的的盲动，管理者则表现为决策朝令夕改，随心所欲，自相矛盾。结果必然是组织秩序的混乱，事倍功半，劳民伤财。在现代社会里，可以这样说，几乎每项事业、每个组织，乃至每个人的活动都不能没有计划蓝图。

### （四）计划是控制活动的依据

计划不仅是组织、指挥、协调的前提和准则，而且与管理控制活动紧密相连。计划为各种复杂的管理活动确定了数据、尺度和标准，它不仅为控制指明了方向，还为控制活动提供了依据。经验告诉我们，未经计划的活动是无法控制的，也无所谓控制。因为控制本身是通过纠正偏离计划的偏差，使管理活动保持与目标的要求一致。如果没有计划作为参数，管理者就没有“罗盘”，没有“尺度”，也就无所谓管理活动的偏差，那又何来控制活动呢?

从上可见，我们说计划是管理职能中的首要职能，不仅仅是一个次序问题，而且是管理职能在实际管理活动的相互关系问题、位置问题，这是不能含糊的。

## 四、计划的特征

### （一）预见性

预见性是计划最明显的特征。计划不是对已经形成的事实和状况的描述，而是在行动之前对行动的任务、目标、方法、措施所作出的预见性确认。但这种预想不是盲目的、空想的，而是以上级部门的规定和指示为指导，以本单位的实际条件为基础，以过去的成绩和问题为依据，对今后的发展趋势作出科学预测之后作出的。可以说，预见是否准确，决定了计划写作的成败。

### （二）针对性

计划一是根据党和国家的方针政策、上级部门的工作安排和指示精神而定；二是针对本单位的工作任务、主客观条件和相应能力而定。总之，从实际出发制订出来的计划，才是有意义、有价值的计划。

### （三）可行性

可行性是和预见性、针对性紧密联系在一起的，预见准确、针对性强的计划，在现实中才真正可行。如果目标定得过高、措施无力实施，这个计划就是空中楼阁；反之，目标定得过低，措施方法都没有创见性，实现虽然很容易，并不能因而取得有价值的成就，那也算不上有可行性。

### （四）约束性

计划一经通过、批准或认定，在其所指向的范围内就具有了约束作用，在这一范围内无论是集体还是个人都必须按计划的内容开展工作和活动，不得违背和拖延。

## 第二节　计划的类型

计划的种类很多，可以按不同的标准进行分类。其主要分类标准有：计划的重要性、时间界限、明确性和抽象性等。但是依据这些分类标准进行划分，所得到的计划类型并不是相互独立的，而是密切联系的。比如，短期计划和长期计划，战略计划和作业计划等。表 4.2 列出了按不同分类标准划分的计划类型。

表 4.2　计划的类型

| 分类标准 | 计划的类型 | 分类标准 | 计划的类型 |
|---|---|---|---|
| 按计划的重要性划分 | 战略计划 | 按计划由抽象到具体的层次划分 | 目的或使命 |
| | 作业计划 | | 目标 |
| 按计划的时期界限划分 | 长期计划 | | 战略 |
| | 中期计划 | | 政策 |
| | 短期计划 | | 程序 |
| 按计划内容的明确性划分 | 具体性计划 | | 规则 |
| | 指导性计划 | | 方案 |
| | | | 预算 |

## 一、按计划的重要性划分

从计划的重要性程度上来看，可以将计划分为战略计划和作业计划。应用于整体组织的，为组织设立总体目标和寻求组织在环境中的地位的计划，称为战略计划。作业计划相对于战略计划来说，主要是指根据战略计划，在某一段时间针对某一事情或某几个事情制订的详细的实施计划，具有小规模、局部性、及时性、严密性等特点。规定总体目标如何实现的细节的计划称为作业计划。战略计划与作业计划在时间框架上、在范围上和在是否包含已知的一套组织目标方面是不同的。战略计划趋向于包含持久的时间间隔，通常为5年甚至更长，它们覆盖较宽的领域，不规定具体的细节。此外，战略计划的一个重要的任务是设立目标；而作业计划假定目标已经存在，只是提供实现目标的方法。

## 二、按计划的时期界限划分

财务人员习惯于将投资回收期分为长期、中期和短期。长期通常是指5年以上，短期一般是指1年以内，中期则介于两者之间。管理人员也采用长期、中期和短期来描述计划。长期计划描述了组织在较长时期(通常5年以上)的发展方向和方针，规定了组织的各个部门在较长时期内从事某种活动应达到的目标和要求，绘制了组织长期发展的蓝图。短期计划具体地规定了组织的各个部门在目前到未来的各个较短的时期阶段，特别是最近的时段中，应该从事何种活动，从事该种活动应达到何种要求，因而为各组织成员在近期内的行动提供了依据。

## 三、按计划内容的明确性划分

根据计划内容的明确性指标，可以将计划分为具体性计划和指导性计划。具体性计划具有明确规定的目标。比如，企业销售部经理打算使企业销售额在未来6个月中增长15%，他会制定明确的程序、预算方案及日程进度表，这便是具体性计划。指导性计划只规定某些一般的方针和行动原则，给予行动者较大的自由处置权，它指出重点但不把行动者限定在具体的目标上或特定的行动方案上。比如，一个增加销售额的具体计划可能规定未来6个月内销售额要增加15%，而指导性计划则可能只规定未来6个月内销售额要增加12%～16%。相对于指导性计划而言，具体性计划虽然更易于执行、考核及控制，但缺少灵活性，它要求的明确性和可预见性条件往往很难满足。

## 四、按计划由抽象到具体的层次划分

哈罗德·孔茨和海因·韦里克从抽象到具体，把计划划分为目的或使命、目标、战略、政策、程序、规则、方案、预算。

### (一) 目的或使命

目的或使命指明一定的组织机构在社会上应起的作用及所处的地位。它决定组织的性质，决定此组织区别于彼组织的标志。各种有组织的活动，如果要使它有意义，至少应该有自己的目的或使命。比如，大学的使命是教书育人和科学研究，研究院所的使命是科学研究，医院的使命是治病救人，法院的使命是解释和执行法律，企业的目的是生产和分配商品与服务。

### （二）目标

组织的目的或使命往往太抽象、太原则化，它需要进一步具体为组织一定时期的目标和各部门的目标。组织的使命支配着组织各个时期的目标和各个部门的目标。而且组织各个时期的目标和各部门的目标是围绕组织存在的使命所制定的，并为完成组织使命而努力。虽然教书育人和科学研究是一所大学的使命，但一所大学在完成自己使命时会进一步具体化不同时期的目标和各院系的目标，比如最近3年培养多少人才、发表多少论文等。

### （三）战略

战略是为达到组织总目标而采取的行动和利用资源的总计划，其目的是通过一系列的主要目标和政策去决定与传达一个组织期望自己成为什么样的组织。战略并不打算确切地概述组织怎样去完成它的目标，这是无数主要的和次要的支持性计划的任务。

### （四）政策

政策是指导或沟通决策思想的全面的陈述书或理解书。但不是所有政策都是陈述书，政策也常常会从主管人员的行动中含蓄地反映出来。比如，主管人员处理某问题的习惯方式往往会被下属作为处理该类问题的模式，这也许是一种含蓄的、潜在的政策。政策有助于事先决定问题的处理方法，这一方面减少对某些例行问题时间上处理的成本；另一方面把其他计划统一起来了。政策支持了分权，同时也支持了上级主管对该项分权的控制。政策允许对某些事情处理的自由，一方面我们切不可把政策当作规则；另一方面我们又必须把这种自由限制在一定的范围内。自由处理的权限大小一方面取决于政策本身；另一方面取决于主管人员的管理艺术。

### （五）程序

程序是制定处理未来活动的一种必需方法的计划。它详细列出必须完成某类活动的切实方式，并按时间顺序对必要的活动进行排列。与战略不同，程序是行动的指南，而非思想的指南。与政策不同，程序没有给行动者自由处理的权利。出于理论研究的考虑，我们可以把政策与程序区分开来，但在实践工作中，程序往往表现为组织的政策。比如，一家制造企业的处理定单程序、财务部门批准给客户信用的程序、会计部门记载往来业务的程序等，都表现为企业的政策。组织中每个部门都有程序，并且在基层，程序更加具体化、数量更多。

### （六）规则

规则没有酌情处理的余地。它详细、明确地阐明必须行动或无须行动，其本质是一种管理决策。规则通常是最简单形式的计划。

(1) 规则不同于程序。其一，规则指导行动但不说明时间顺序；其二，可以把程序看作一系列的规则，但是一条规则可能是也可能不是程序的组成部分。比如，“禁止吸烟”是一条规则，但和程序没有任何联系；而一项规定为顾客服务的程序可能表现为一些规则，如在接到顾客需要服务的信息后30分钟内必须给予答复。

(2) 规则也不等于政策。政策的目的是指导行动,并给执行人员留有酌情处理的余地;而规则虽然也起指导作用,但是在运用规则时,执行人员没有酌情处理的权力。

必须注意的是,就其性质而言,规则和程序均旨在约束思想;因此只有在不需要组织成员使用自行处理权时,才使用规则和程序。

### (七) 方案

方案是综合的计划,它包括目标、政策、程序、规则、任务分配、要采取的步骤、要使用的资源及为完成既定行动方针所需要的其他因素。一套方案可能很大,也可能很小。通常情况下,主要方案(规划)可能需要很多支持计划。在主要计划进行之前,必须要把这些支持计划制订出来,并付诸实施。所有这些计划都必须加以协调和安排。

### (八) 预算

预算(budget)包含的内容不仅仅是预测,它还涉及有计划地巧妙处理所有变量,这些变量决定着公司未来努力达到某一有利地位的绩效。预算可以说是控制范围最广的技术,因为它关系到整个组织机构而不仅是其中的几个部门。

预算是一份用数字表示预期结果的报表。预算通常是为规划服务的,一份预算就是一种定量计划,用来帮助协调和控制给定时期内资源的获得、配置与使用。编制预算可以看成将构成组织机构的各种利益整合成一项所有各方都同意的计划,并在试图达到目标的过程中,说明计划是可行的。贯穿正式组织机构的预算计划与控制工作把组织看成一系列责任中心,并努力把测定绩效的一种系数与测定该绩效影响效果的其他系数区别开来。

# 第三节　计划的程序

任何计划工作都要遵循一定的程序或步骤。管理人员在编制计划时,其工作步骤都是相似的,依次包括以下内容。

## 一、认识机会

认识机会先于实际的计划工作,严格来讲,它是计划工作的一个真正起点。因为它预测到了未来可能出现的变化,清晰而完整地认识到组织发展的机会,搞清了组织的优势、弱势及所处的地位,认识到组织利用机会的能力,意识到不确定因素对组织可能发生的影响程度等。

认识机会,对做好计划工作十分关键。一位经营专家说过:“认识机会是战胜风险、求得生存与发展的诀窍。”诸葛亮“草船借箭”的故事流传百世,其高明之处就在于他预测到了三天后江上会起雾,而曹军有不习水性不敢迎战的特点,所以神奇般地实现了自己的战略目标。企业经营中也不乏这样的例子。

## 二、确定目标

制订计划的第二个步骤是在认识机会的基础上,为整个组织及其所属的下级单位确定目标。目标是指期望达到的成果,它为组织整体、各部门和各成员指明了方向,描绘了组织未来的前景,并且作为标准可用来衡量实际的绩效。组织目标确定以后,需要将组织目标进行层层分解,以便落实到各个部门、各个活动环节,形成组织的目标结构,包括目标的时间结构和空间结构。

## 三、确定前提条件

计划工作的前提条件是计划工作的假设条件,简言之,即计划实施时的预期环境。负责计划工作的人员对计划前提了解得越细、越透彻,并能始终如一地运用它,则计划工作也将做得越协调。

按照组织的内外环境,可以将计划工作的前提条件分为外部前提条件和内部前提条件;还可以按可控程度,将计划工作的前提条件分为不可控的、部分可控的和可控的三种前提条件。外部前提条件大多为不可控的和部分可控的,而内部前提条件大多数是可控的。不可控的前提条件越多,不肯定性越大,就越需要通过预测工作确定其发生的概率和影响程度的大小。

## 四、拟订可供选择的可行方案

编制计划的第四个步骤是拟订可供选择的可行方案。"条条道路通罗马",描述了实现某一目标的方案途径是多条的。通常,最显眼的方案不一定就是最好的方案,对过去方案稍加修改和略加推演也不会得到最好的方案,一个不引人注目的方案或一般人提不出的方案,效果却往往是最佳的,这里体现了方案创新的重要性。此外,方案也不是越多越好。编制计划时没有可供选择的合理方案的情况是不多见的,更加常见的不是寻找更多的可供选择的方案,而是减少可供选择的方案,以便可以分析最有希望的方案。即使用数学方法和计算机,我们还是要对可供选择方案的数量加以限制,以便把主要精力集中在对少数最有希望的方案的分析方面。

## 五、评价可供选择的方案

在找出了各种可供选择的方案并初步分析了它们的优缺点后,下一步就是根据前提条件和目标,权衡它们的轻重优劣,对可供选择的方案进行评估。评估实质上是一种价值判断,它一方面取决于评价者所采用的评价标准;另一方面取决于评价者对各个标准所赋予的权重。第一个方案看起来可能是最有利可图的,但是需要投入大量现金,而回收资金很慢;第二个方案看起来可能获利较少,但是风险较小;第三个方案眼前看没有多大的利益,但可能更适合公司的长远目标。应该用运筹学中较为成熟的矩阵评价法、层次分析法、多目标评价法,进行不同方案的评价和比较。

如果唯一的目标是要在某项业务里取得最大限度的当前利润,将来是确定的,无须为现金和资本可用性焦虑,大多数因素可以分解成确定数据,这样条件下的评估将是相对容易的。但是,由于计划工作者通常都面对很多不确定因素,如资本短缺问题及各种各样的无形因素,所以评估工作通常很困难。一家公司想生产一种新产品,而预测结果表明,这样做可能造成财务损失,但声誉的收获是否能抵消这种损失,仍然是一个没有解决的问题。因为在多数情况下，存在很多可供选择的方案，而且有很多应考虑的可变因素和限制条件，评估会极其困难。

评估可供选择的方案，要注意考虑以下几点：①认真考察每一项计划的制约因素和隐患；②要用总体的效益观点衡量计划；③既要考虑每一项计划的有形的可以用数量表示出来的因素，又要考虑无形的、不能用数量表示出来的因素；④要动态地考察计划的效果，不仅要考虑计划执行所带来的利益，还要考虑计划执行所带来的损失，特别注意那些潜在的、间接的损失。

## 六、选择方案

计划工作的第六步是选择方案。这是在前五步工作的基础上作出的关键一步，也是决策的实质性阶段——抉择阶段。可能遇到的情况是，有时会发现同时有两个以上可取方案。在这种情况下，必须确定出首先采取哪个方案，而将其他方案也进行细化和完善，作为后备方案。

## 七、制订派生计划

基本计划还需要派生计划的支持。比如，一家公司年初制订了"当年销售额比上年增长15%"的销售计划，与这一计划相连的有许多计划，如生产计划、促销计划等。再如当一家公司决定开拓一项新的业务时，这个决策需要制订很多派生计划作为支撑，比如雇用和培训各种人员的计划、筹集资金计划、广告计划等。

## 八、编制预算

在作出决策和选择方案后，计划工作的最后一步就是把计划转变成预算，使计划数字化。编制预算，一方面是为了更加明确计划的指标体系；另一方面是使企业更易于对计划执行进行控制。定性的计划往往可比性、可控性和进行奖惩方面要困难，而定量的计划具有较强的约束，执行性、操作性和考核性更强。

从上述可见，制订计划的程序可用图4.1表示。

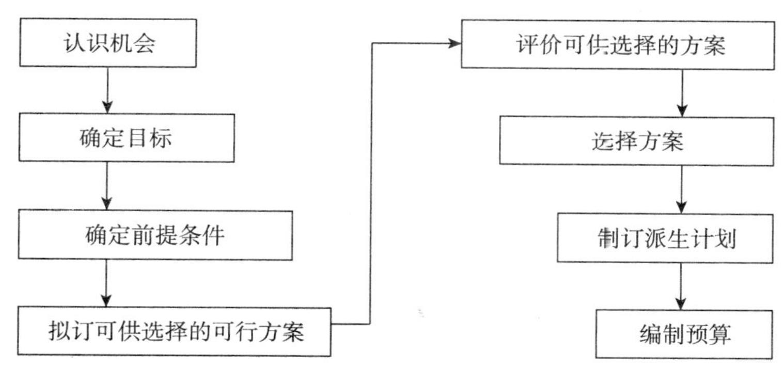


**图4.1　制订计划的程序**

# 第四节 目标管理

目标管理(MBO)的概念是管理专家彼得·德鲁克1954年在其名著《管理实践》中最先提出的，其后他又提出“目标管理和自我控制”的主张。德鲁克认为，“并不是有了工作才有目标，而是相反，有了目标才能确定每个人的工作。”所以“企业的使命和任务，必须转化为目标”，如果一个领域没有目标，这个领域的工作必然被忽视。因此管理者应该通过目标对下级进行管理。当组织最高层管理者确定了组织目标后，必须对其进行有效分解，转变成各个部门及各个人的分目标，管理者根据分目标的完成情况对下级进行考核、评价和奖惩。

目标管理提出以后，便在美国迅速流传。时值第二次世界大战后西方经济由恢复转向迅速发展的时期，企业急需采用新的方法调动员工的积极性以提高竞争能力，目标管理的出现可谓应运而生，随后被广泛应用，并很快为日本、西欧国家的企业所仿效，在世界管理界大行其道。

## 一、目标管理的特点

目标管理的特点，主要表现在以下几个方面。

### （一）明确目标

研究人员和实际工作者早已认识到制定个人目标的重要性。美国马里兰大学的早期研究发现，明确的目标要比只要求人们尽力去做有更高的业绩，而且高水平的业绩是和高的目标相联系的。人们注意到，在企业中，目标技能的改善会继续提高生产率。然而，目标制定的重要性并不限于企业，在公共组织中也是有用的。在许多公共组织里，普遍存在的目标的含混不清对管理人员来说是一件难事，但人们已在寻找解决这种难题的途径。

### （二）参与决策

目标管理中的目标不是像传统的目标设定那样，单向由上级给下级规定目标，然后分解成子目标落实到组织的各个层次上，而是用参与的方式决定目标，上级与下级共同参与选择设定各对应层次的目标，即通过上下协商，逐级制定出整体组织目标、经营单位目标、部门目标直至个人目标。因此，目标管理的目标转化过程既是“自上而下”的，又是“自下而上”的。

### （三）规定时限

目标管理强调时间性，制定的每一个目标都有明确的时间期限要求，如一个季度、一年、五年，或在已知环境下的任何适当期限。在大多数情况下，目标的制定可与年度预算或主要项目的完成期限一致。但并非必须如此，这主要依实际情况来定。某些目标应该安排在很短的时期内完成，而另一些则要安排在更长的时期内完成。同样，在典型的情况下，组织层次的位置越低，为完成目标而设置的时间往往越短。

### （四）评价绩效

目标管理寻求不断地将实现目标的进展情况反馈给个人，以便他们能够调整自己的行动。也就是说，下属人员承担为自己设置具体的个人绩效目标的责任，并具有同他们的上级领导人一起检查这些目标的责任。每个人因此对他所在部门的贡献就变得非常明确。尤其重要的是，管理人员要努力吸引下属人员对照预先设立的目标评价业绩，积极参加评价过程，用这种鼓励自我评价和自我发展的方法鞭策员工对工作的投入，并创造一种激励的环境。

## 二、目标管理的类型

### （一）业绩主导型目标管理和过程主导型目标管理

这是依据对目标的实现过程是否规定来区分的。目标管理的最终目的在于业绩，所以从根本上说，目标管理也称业绩管理。其实，任何管理的目的都是要提高业绩。

### （二）组织目标管理和岗位目标管理

这是从目标的最终承担主体来区分的。组织目标管理是一种在组织中自上而下系统设立和开展目标，从高层到低层逐渐具体化，并对组织活动进行调节和控制，谋求高效地实现目标的管理方法。

### （三）成果目标管理和方针目标管理

这是依据目标的细分程度来区分的。成果目标管理是以组织追求的最终成果的量化指标为中心的目标管理方法。

## 三、目标管理的功能

由于目标管理是超前性的管理、系统整体的管理和重视成果的管理及重视人的管理，因此有以下功能。

### （一）克服传统管理的弊端

传统管理主要有两大弊端：一是工作缺乏预见和计划，没事的时候，尽可悠闲自得，一旦意外事件发生，就忙成一团，成天在事务中兜圈子；二是不少组织中的领导信奉传统官僚学的理论，认为权力集中控制才能使力量集中、指挥统一和效率提高。

### （二）提高工作成效

目标管理不同于以往的那种只重视按照规定的工作范围和工作程序与方法进行工作的做法，而是在各自目标明晰、成员工作目标和组织总目标直接关联的基础上，鼓励组织成员完成目标。同时，目标同客观的评价基准和奖励相配套。这有利于全面提高管理的绩效。

### （三）使个体的能力得到激励和提高

在管理目标建立的过程中，成员可以各抒己见，各显其能，有表现其才能、发挥其潜能的权利和机会；工作成员为了更好地完成其职责和个人目标，必然加强自我训练和学习，不断充电，提高能力；目标管理的确定，既根据个人的能力，又具有某种挑战性，要达到目标，必须努力才有可能。

### （四）改善人际关系

根据目标进行管理，组织的上下级沟通会有很大的改善，其原因在于以下两点。

（1）目标制定时，上级为了让员工真正了解组织希望达到的目标，必须和成员商量，必须先有良好的上下沟通和取得一致的意见，这就容易形成团体意识。

（2）目标管理理念是每个组织成员的目标，是为组织整体完成并且根据整体目标而制定的。

## 四、目标管理的基础工作

### （一）目标管理的基础工作的含义和特点

目标管理的基础工作就是为建立目标管理制度所做的起点性工作，是为建立目标管理制度和发挥各项专业管理的作用而提供的必不可少的经常性工作。由于组织系统担负的任务不同，不同行业、不同部门、不同单位基础工作的内容必然各有侧重，不尽相同。但基本的内容应该包括：基础知识教育、标准化和信息工作三项。其中基础知识教育是前提，标准化是依据，信息工作是关键。它们组成一个有机整体，缺一不可。目标管理的基础工作具有以下三个主要特点。

1. 先行性、连续性和稳定性

基础工作大都建立在各项专业管理之前，并贯穿于整个管理活动过程。例如，标准化，在推行目标管理中，确定目标应以标准为依据，实施目标和绩效审核也同样离不开标准，所以标准化应先行，且应保持连续性和稳定性。

2. 空间上的低层次性和群众性

基础工作一般发生或作用于较低层次的具体工作中。这是因为，它是各项专业管理职能发挥作用的前提和依据。所以必须围绕管理组织系统和总目标踏踏实实地去做，应设置相应的组织机构或配备专职管理人员，做到基础工作扎实可靠。

3. 内容上的多维性和多层次性

多维性是指基础工作包括多种不同的角度和多个方面，它们互相交叉、互相渗透，又能各自单独地发挥作用。多层次性则是指其工作内容涉及管理组织系统的各个层次、各个岗位、各类人员。因此，全体人员必须共同努力才能做好基础工作。

### （二）目标管理工作中的信息处理

1. 信息工作的基本要求

现代管理系统离不开信息，特别是随着科学技术的进步和社会生产力的不断发展，对信息工作的要求越来越高。对信息的基本要求有以下四点。

（1）适用。适用要求所提供的信息是有用的，适合需要的。这是收集信息要注意的首要问题。

（2）及时。及时要求能够灵敏、迅速地发现和提供管理活动所需要的各种信息。

（3）准确。准确要求收集的信息是实事求是的。

(4) 经济。经济要求信息收集成本尽量小。

2. 做好信息工作应注意的问题

(1) 注意提高原始记录的质量。

(2) 做好统计工作。统计工作是指收集、整理、分析研究各种信息统计资料并对其进行推论的工作。

(3) 运用现代信息技术。随着电子计算机和现代化通信技术的广泛运用，政务电子化、网络化势在必行，建立现代化的信息系统十分必要。

## 五、目标管理的基本程序

目标管理的具体实施分为三个阶段。第一阶段为目标的设置；第二阶段为实现目标过程的管理；第三阶段为总结和评估。

### （一）目标的设置

目标的设置是目标管理最重要的阶段，这一阶段可以细分为四个步骤。

1. 高层管理者预定目标

首先，这是一个暂时的、可以改变的目标预案。既可以由上级提出，再同下级讨论；也可以由下级提出，上级批准。无论哪种方式，必须共同协商决定。其次，领导必须根据企业的使命和长远战略，估计客观环境带来的机会和挑战，对本企业的优劣势有清醒的认识。对组织应该和能够完成的目标心中有数。

2. 重新审议组织结构和职责分工

目标管理要求每一个分目标都有确定的责任主体。因此预定目标之后，需要重新审查现有组织结构，根据新的目标分解要求进行调整，明确目标的责任者和相应的协调关系。

3. 确立下级的目标

首先下级明确组织的规划和目标，然后商定下级的分目标。在讨论中上级要尊重下级，平等待人，耐心倾听下级意见，帮助下级确定发展一致性和支持性目标。分目标要具体量化，便于考核；分清轻重缓急，以免顾此失彼；既要有挑战性，又要有实现可能。每个部门和员工的分目标要和其他部门和员工的分目标协调一致，支持本单位和组织目标的实现。

4. 达成协议

上级和下级就实现各项目标所需的条件及实现目标后的奖惩事宜达成协议。分目标制定后，要授予下级相应的资源配置的权力，实现权、责、利的统一。由下级写成书面协议，编制目标记录卡片，整个组织汇总所有资料后，绘制出目标图。

### （二）实现目标过程的管理

目标管理重视结果，强调自主、自治和自觉。这并不等于领导可以放手不管，相反，由于形成了目标体系，一环失误，就会牵动全局。因此，领导在目标实施过程中的管理是不可缺少的。首先，进行定期检查，利用双方经常接触的机会和信息反馈渠道自然地进行;其次,要向下级通报进度,便于互相协调;最后,要帮助下级解决工作中出现的困难问题,当出现意外、不可预估事件严重影响组织目标实现时,也可以通过一定的程序,修改原定的目标。

### （三）总结和评估

达到预定的期限后,下级首先进行自我评估,提交书面报告;然后上下级一起考核目标完成情况,决定奖惩;同时讨论下一阶段目标,开始新的循环。如果目标没有完成,应分析原因,总结教训,切忌相互指责,以保持组织相互信任的气氛。

## 六、目标管理体制的评价

目标管理是以相信人的积极性和能力为基础的,企业各级领导者对下属人员的领导,不是简单地依靠行政命令强迫他们去干,而是运用激励理论,引导职工自己制定工作目标,自主进行自我控制,自觉采取措施完成目标,自动进行自我评价。目标管理的最大特征是通过诱导启发职工自觉地去干,激发员工的生产潜能,提高员工的工作效率,促进企业总体目标的实现。

目标管理既有积极的优点,又有本身的局限性。

### （一）目标管理的优点

1. 管理强化,水平提高

扼要地讲,目标管理最大的好处就是它能提高管理水平。以最终结果为导向的目标管理,迫使各级管理人员去认真思考计划的效果,而不仅仅是考虑计划的活动。为了保证目标的实现,各级管理人员必然要深思熟虑实现目标的方法和途径,考虑相应的组织机构和人选,以及需要怎样的资源和哪些帮助。许多经理认为,有一套目标体系,有一套评价标准,就激励和控制来讲,没有比这更能推动有效管理了。

2. 成果导向,结构优化

目标管理的另一个好处,是促使管理人员根据目标去确定组织的任务和结构。目标作为一个体系,规定了各层次的分目标和任务,那么,在允许的范围内,组织机构要按照实现目标的要求来设置和调整,各个职位也应当围绕所期望的成果来建立,这就会使组织结构更趋合理与有效。为了取得成果,各级管理人员必须根据他们期望的成果授予下属人员相应的权力,使其与组织的任务和岗位的责任相对应。

3. 任务承诺,责任明确

目标管理还有一个重要好处,是由各级管理人员和工作人员去承担完成任务的责任,从而让各级管理人员和工作人员不再只是执行指标和等待指导,而成为专心致志于自己目标的人。他们参与自己目标的拟定,将自己的思想纳入计划中,他们了解自己在计划中所拥有的自主处置的权限,能从上级领导那里得到多少帮助,自己应承担多大的责任,他们就会把管理工作做得更好。

4. 监督加强,控制有效

目标管理能使责任更明确,使控制活动更有效。控制就是采取措施纠正计划在实施中出现与目标的偏离,确保任务的完成。有了一套可考核的目标评价体系,监督就有了依据，控制就有了准绳，也就解决了控制活动最主要的问题。

### （二）目标管理的局限性

目标管理有许多优点，但它也有缺陷，这是一个事物的两个方面。有些缺陷是方式本身存在的，有些缺陷是在实施过程中因工作没到位而引起的。

1. 目标难确定

真正可考核的目标是很难确定的，尤其是要让各级管理人员的目标都具有正常的“紧张”和“费力”程度，即“不跳够不到”“跳一跳够得到”的合理程度，是非常困难的。而这个问题恰恰是目标管理能否取得成效的关键。为此，目标设置要比展开工作和拟订计划做更多的研究。

根据先进性、可行性、可量化、可考核等要求确定管理目标体系，会对各级管理人员产生一定的压力。为了达到目标，各级管理人员有可能会出现不择手段的行为。为了防止选择不道德手段实现目标的可能性，高层管理人员一方面要确定合理的目标，另一方面还要明确表示对行为的期望，给道德的行为以奖励，给不道德的行为以惩罚。

2. 目标短期化

几乎在所有实行目标管理的组织中，确定的目标一般都是短期的，很少有超过一年的。其原因是组织外部环境有可能变化，各级管理人员难以作出长期承诺所致。短期目标的弊端在管理活动中是显而易见的，短期目标会导致短期行为，以损害长期利益为代价，换取短期目标的实现。为防止这种现象的发生，高层管理人员必须从长远利益来设置各级管理目标，并对可能出现的短期行为作出某种限制性规定。

3. 目标修正不灵活

目标管理要取得成效，就必须保持目标的明确性和肯定性。如果目标经常改变，说明计划没有深思熟虑，所确定的目标是没有意义的。但是，如果目标管理过程中环境发生了重大变化，特别是上级部门的目标已经修改，计划的前提条件或政策已变化的情况下，还要求各级管理人员继续为原有的目标而奋斗，显然是愚蠢的。然而，由于目标是经过多方磋商确定。要改变它不是轻而易举的事，常常修订一个目标体系与制定一个目标体系所花费的精力和时间是差不多的，结果很可能不得不中途停止目标管理的进程。

### （三）管理者必须领会和理解目标管理

综上所述，目标管理可能看起来简单，但要把它付诸实施，管理者必须能很好地领会和理解它。

首先，管理者必须知道什么是目标管理，为什么要实行目标管理。如果管理者本身不能很好地理解和掌握目标管理的原理，那么，由其来组织实施目标管理也是一件不可能的事。

其次，管理者必须知道组织的总目标是什么，以及他们自己的活动怎样适应这些目标。如果组织的一些目标含混不清、不现实、不协调、不一致，那么主管人员想同这些目标协调一致，实际上也是不可能的。

再次，目标管理所设置的目标必须是正确的、合理的。正确的是指目标的设定应符合组织的长远利益，和组织的目的相一致，而不能是短期的。合理的是指设置目标的数量和标准应当是科学的，因为过于强调工作成果会给人的行为带来压力，导致不择手段的行为产生。为了减少选择不道德手段去达到这些效果的可能性，管理者必须确定合理的目标，明确表示行为的期望，使员工始终具有正常的“紧张”和“费力”程度。

最后，所设目标无论在数量或质量方面都具备可考核性，是目标管理成功的关键。任何目标都应该在数量上或质量上具有可考核性。有些目标，如“时刻注意顾客的需求并很好地为他们服务”，或“使信用损失达到最小”，或“改进提高人事部门的效率”等，都没多大意义，因为在将来某一特定时间没有人能准确地回答他们实现了这些目标没有。如果目标管理不可考核，就无益于对管理工作或工作效果进行评价。

正因为目标管理对管理者的要求相对较高，且在目标的设定中总是存在问题，使目标管理在付诸实施的过程中往往流于形式，在实践过程中有很大的局限性。于是，管理学者们顺应管理学的不断发展，根据不同发展时期对人性的不同认识，提出了相应的管理方式。

## 第五节　计划的方法

计划工作的效率高低和质量好坏在很大程度上取决于所采用的计划方法。现代计划方法为制订这种切实可行的计划提供了手段。在计划的质量方面，现代计划方法可以确定各种复杂的经济关系，提高综合平衡的准确性，能够在众多的方案中选择最优方案，还能够进行因果分析，科学地进行预测；在效率方面，由于采用了现代数学工具并以计算机技术作为基础，大大加快了计划工作的速度，这就使管理者从繁杂的计划工作中解脱出来，能够集中精力考虑更重要的问题。总之，现代计划方法具有许多优点，已经逐渐为更多的计划工作所采用，下面介绍其中几种主要方法。

### 一、滚动计划法

#### （一）滚动计划法的含义

滚动计划法是按照“近细远粗”的原则制订一定时期内的计划，然后按照计划的执行情况和环境变化，调整和修订未来的计划，并逐期向后移动，把短期计划和中期计划结合起来的一种计划方法。

滚动计划（也称滑动计划）是一种动态编制计划的方法。它不像静态分析那样，等一项计划全部执行完成之后再重新编制下一时期的计划，而是在每次编制或调整计划时，均将计划按时间顺序向前推进一个计划期，即向前滚动一次，按照制订的项目计划进行施工，对保证项目的顺利完成具有十分重要的意义。但是由于各种原因，在项目进行过程中经常出现偏离计划的情况，因此要跟踪计划的执行过程，以发现存在的问题。另外，跟踪计划还可以监督过程执行的费用支出情况，跟踪计划的结果通常还可以作为向承包商部分支付的依据。然而，计划却经常执行得很差，甚至会被完全抛弃。

滚动计划法的编制方法是：在已编制出的计划的基础上，每经过一段固定的时期（如一年或一个季度，这段固定的时期被称为滚动期），便根据变化的环境条件和计划的实际执行情况，从确保实现计划目标出发对原计划进行调整。每次调整时，保持原计划期限不变，而将计划期顺序向前推进一个滚动期。

### （二）滚动计划法的制定流程

在计划编制过程中，尤其是编制长期计划时，为了能准确地预测影响计划执行的各种因素，可以采取近细远粗的办法，近期计划订得较细、较具体，远期计划订得较粗、较概略。在一个计划期终了时，根据上期计划执行的结果和产生条件、市场需求的变化，对原订计划进行必要的调整和修订，并将计划期顺序向前推进一期，如此不断滚动、不断延伸。例如，某企业在 2000 年年底制订了 2001—2005 年的五年计划，如采用滚动计划法，到 2001 年年底，根据当年计划完成的实际情况和客观条件的变化，对原订的五年计划进行必要的调整，在此基础上再编制 2002—2006 年的五年计划，其后以此类推，如图 4.2 所示。

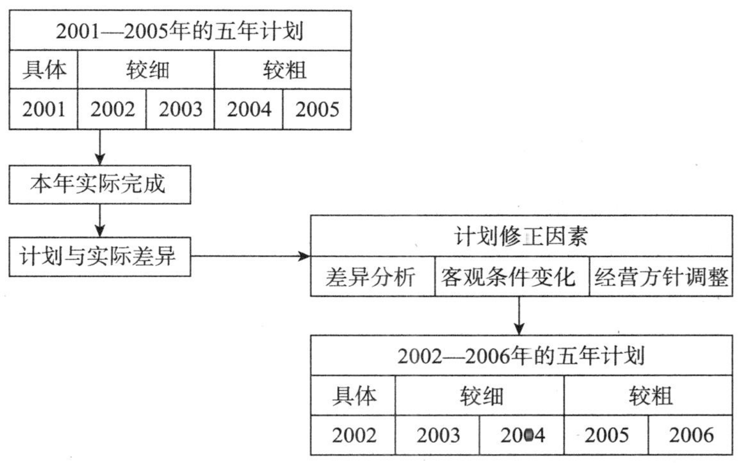


**图 4.2　滚动计划法的制定流程**

可见，滚动计划法能够根据变化的组织环境及时调整和修正组织计划，体现了计划的动态适应性。而且，它可使中长期计划与年度计划紧紧地衔接起来。

滚动计划法既可用于编制长期计划，也可用于编制年度、季度生产计划和月度生产作业计划。不同计划的滚动期不一样，一般长期计划按年滚动；年度计划按季滚动；月度计划按旬滚动等。

### （三）滚动计划法的优缺点

滚动计划法在滚动间隔期的选择中，要适应企业的具体情况，如果滚动间隔期偏短，则计划调整较频繁，使计划编制工作的任务量加大，但在计算机已被广泛应用的今天，其优点十分明显。

(1) 把计划期内各阶段及下一个时期的预先安排有机地衔接起来，而且定期调整补充，从而从方法上解决了各阶段计划的衔接和符合实际的问题。

(2) 较好地解决了计划的相对稳定性和实际情况的多变性这一矛盾，使计划更好地发挥其指导生产实际的作用。

(3) 采用滚动计划法，使企业的生产活动能够灵活地适应市场需求，把供产销密切结合起来，从而有利于实现企业预期的目标。

采用滚动计划法，可以根据环境条件变化和实际完成情况，定期地对计划进行修订，使组织始终有一个较为切合实际的长期计划作指导，并使长期计划能够始终与短期计划紧密地衔接在一起。

## 二、网络计划法

网络计划法是指用于工程项目的计划与控制的一项管理方法。它是20世纪50年代末发展起来的，依其起源有关键路径法(CPM)与计划评审法(PERT)之分。1956年，美国杜邦公司在制订企业不同业务部门的系统规划时，制订了第一套网络计划。这种计划借助网络表示各项工作与所需要的时间，以及各项工作的相互关系。通过网络分析研究工程费用与工期的相互关系，并找出在编制计划及计划执行过程中的关键路线。

### (一) 网络计划法的基本思路

运用网络图的形式表达一个计划项目中各种活动(作业、工序)之间的先后次序和相互关系，在此基础上进行网络分析，计算网络时间，确定关键活动和关键路线；利用时差，对网络进行工期、资源和成本的优化；在实施过程中，通过信息反馈进行监督和控制，以确定计划目标的实现。

### (二) 网络图

**【例 4.1】** 某飞机发动机维修项目，包括以下作业。

A. 拆卸，5 天　　B. 电子器件检查，8 天

C. 机械零件检查，10 天　　D. 机械零件更换，6 天

E. 机械零件维修，15 天　　F. 电子器件更换，9 天

G. 组装，6 天　　H. 试车，3 天

1. 网络图的构成

网络图由活动、事项和路线构成，如图 4.3 所示。

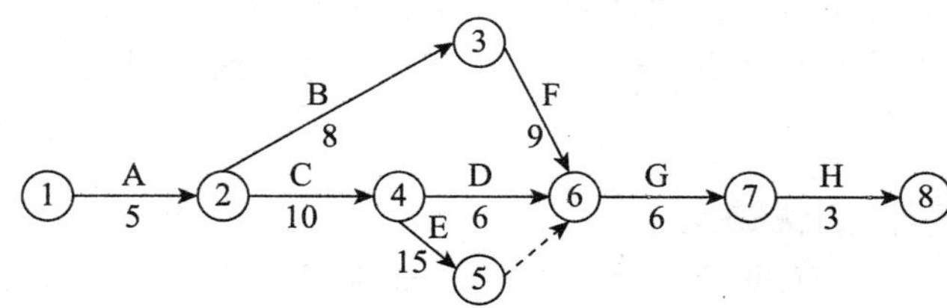


**图 4.3 某飞机发动机维修项目的网络图**

(1) 活动(或作业或工序)。活动是一项需要消耗资源，经过一定时间才能完成的具体工作，网络图上用箭线“→”表示。对箭线前后的节点进行编号，分别表示活动开始和

结束。活动名称或代号一般写在箭线上方，而活动所消耗的时间或其他资源一般置于箭线下方。相邻排列的活动，前活动是后活动的近前(紧前)活动。

(2) 事项(或事件或节点)。表示两项活动的连接点，既不消耗资源，也不占用时间，只表示前一活动的开始、后一活动的结束的瞬间。

(3) 路线。路线是网络图中由始点活动出发，沿箭线方向前进，连续不断地到达终点活动的一条通道，表示一个独立的工作流程。网络图中一般有多条路线，其中消耗时间最长的一条称为关键路线(用双箭线表示)，它决定总工期。

通过计算网络图中的时间参数，求出工程工期并找出关键路径。在关键路线上的作业称为关键作业，这些作业完成的快慢直接影响整个计划的工期。在计划执行过程中关键作业是管理的重点，在时间和费用方面需要严格控制。

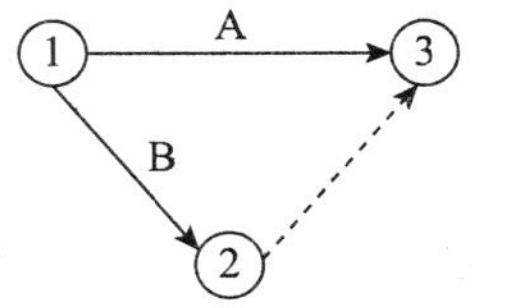

2. 网络图绘制的规则

网络图绘制规则如图 4.4 所示。

(1) 箭线一般均指向右边，不允许出现反向箭头。

(2) 任一箭线的箭尾节点编号必须小于箭头节点编号。

(3) 整个网络图中的编号不能重复，编号可以不连续。

(4) 两个节点之间只能有一条箭线，如果有两项平行活动，则应用虚箭线保证此规则不被破坏。

(5) 箭线不可交叉。

(6) 一个网络图只应有一个起点和一个终点。

**图 4.4 网络图绘制规则**

3. 网络图的绘制步骤

(1) 任务分解与分析。确定完成项目必须进行的每一项活动，并确定活动之间的逻辑关系。

(2) 根据活动之间的关系绘制网络图(草图、美化图、节点编号)。图 4.5 为网络图的美化。

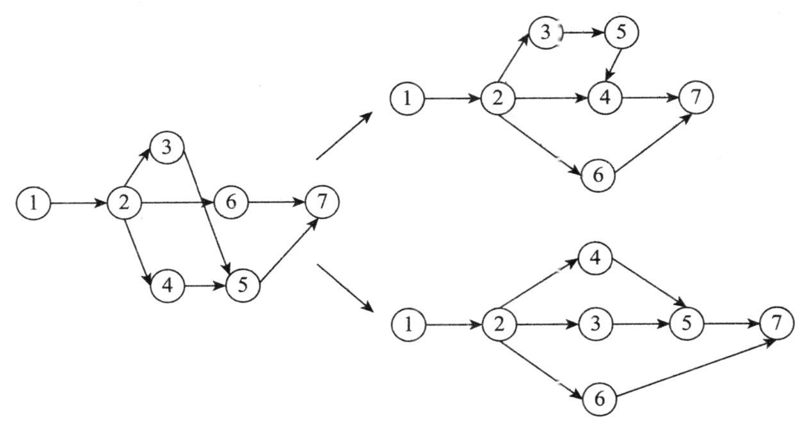

**图 4.5 网络图的美化**

(3) 估计和计算每项活动的完成时间。

(4) 计算网络图的时间参数并确定关键路线。

(5) 进行网络图优化。

### (三) 网络计划法的评价

(1) 网络计划法能清晰地表明整个工程的各个活动的时间顺序和相互关系,并指出完成任务的关键环节和路线。

(2) 可对工程的时间进度与资源利用实施优化。

(3) 可事先评价到达目标的可能性。

(4) 便于组织和控制。

(5) 易于操作,并有广泛的应用范围。

### (四) 网络的优化

网络优化是指根据关键路线法,通过利用时差,不断改善网络计划的初始方案,在满足一定的约束条件下,寻求管理目标达到最优化的计划方案。网络优化是网络计划技术的主要内容之一,也是较之其他计划方法优越的主要方面。网络优化可分为以下几种类型。

#### 1. 时间优化

时间优化是指在人力、物力、财力等基本条件有保证的前提下,满足最短工期要求——向关键工序要时间,向非关键工序要资源。

(1) 采取技术措施。流程再造、优化、规范化、增加高效率设备、原有设备采用新工艺、提高自动化程度。

(2) 采取管理措施。将非关键工序的部分人力、物力抽调到关键工序。

#### 2. 时间—成本优化

任意一个工程项目的总费用都可由直接费用与间接费用两部分组成。这两种费用与时间的关系是:缩短工期,会引起直接费用(能直接计入该对象的费用,如材料费等)的增加和间接费用(不能直接计入工程项目,须按一定比例分摊,如管理费)的减少;而延长工期又会引起直接费用的减少和间接费用的增加。

**注意**:在缩短工期时,要随时关注关键线路及总工期,以免在缩短某条线路工期时,改变了关键线路的路线和总工期。

#### 3. 时间—资源优化(统筹法)

资源包括人力、物力、财力。时间—资源优化是向非关键路线要资源,确保关键路线的完成。

优化方法:在确保资源供给的情况下,使工期最短;在确保工期的情况下,使投入资源最少。

(1) 时间—人力优化。确保工期,使投入人员最少。

(2) 时间—财力优化。确保工期,合理利用周转资金。

(3) 时间—物力优化。确保工期,使投入使用物资(含工具)最少。

# 本章小结

在管理学中，计划具有两重含义，其一是计划工作，是指根据对组织外部环境与内部条件的分析，提出在未来一定时期内要达到的组织目标及实现目标的方案途径。其二是计划形式，是指用文字和指标等形式所表述的组织及组织内不同部门和不同成员，在未来一定时期内关于行动方向、内容和方式安排的管理事件。无论是计划工作还是计划形式，计划都是根据社会的需要及组织的自身能力，通过计划的编制、执行和检查，确定组织在一定时期内的奋斗目标，有效地利用组织的人力、物力、财力等资源，协调安排好组织的各项活动，取得最佳的经济效益和社会效益。

本章重点内容简要概括如下。

(1) 计划工作包括调查研究、设置目标、预测未来、制订计划、贯彻落实、监督检查和修正等内容；而计划则是计划工作中计划制订的成果，贯彻实施和监督检查的对象。

(2) 计划的根本目的在于保证管理目标的实现。

(3) 计划的性质。计划的普遍性、计划的首位性、计划的科学性、计划的有效性。

(4) 计划的作用。计划是组织生存与发展的纲领、计划是组织协调的前提、计划是指挥实施的准则、计划是控制活动的依据。

(5) 计划的类型。从计划的重要性程度上来看，可以将计划分为战略计划和作业计划；按计划的时期界限划分，分为长期计划、中期计划和短期计划；根据计划内容的明确性指标，可以将计划分为具体性计划和指导性计划；从抽象到具体的层次划分，计划可划分为目的或使命、目标、战略、政策、程序、规则、方案、预算。

(6) 计划的程序。认识机会、确定目标、确定前提条件、拟订可供选择的可行方案、评价可供选择的方案、选择方案、制订派生计划、编制预算。

(7) 目标管理。所谓目标管理乃是一种程序或过程，它使组织中的上级和下级一起协商，根据组织的使命确定一定时期内组织的总目标，由此决定上、下级的责任和分目标，并把这些目标作为组织经营、评估和奖励每个单位与个人贡献的标准。

(8) 目标管理的特点。明确目标、参与决策、规定时限、评价绩效。

(9) 目标管理的类型。业绩主导型目标管理和过程主导型目标管理；组织目标管理和岗位目标管理；成果目标管理和方针目标管理。

(10) 目标管理的功能。由于目标管理是超前性的管理、系统整体的管理和重视成果的管理及重视人的管理，因此有以下功能：克服传统管理的弊端，提高工作成效，使个体的能力得到激励和提高，改善人际关系。

(11) 目标管理的具体实施分为三个阶段。第一阶段为目标的设置；第二阶段为实现目标过程的管理；第三阶段为总结和评估。

(12) 目标管理的优点。管理强化，水平提高；成果导向，结构优化；任务承诺，责任明确；监督加强，控制有效。

(13) 目标管理的局限性。目标难确定、目标短期化、目标修正不灵活。

# 实务训练

## 一、示范案例

### 中国北斗导航的实施计划

为了摆脱美国的全球卫星定位系统GPS的垄断，中国在20世纪后期开始探索适合国情的卫星导航系统发展道路，逐步形成了三步走发展战略：2000年年底，建成北斗一号系统，向中国提供服务；2012年年底，建成北斗二号系统，向亚太地区提供服务；计划在2020年前后，建成北斗全球系统，向全球提供服务。2035年前，还将建设完善更加泛在、更加融合、更加智能的综合时空体系。

参考步骤：

(1) 分析中国北斗导航作出在摆脱美国GPS计划的实施步骤。

(2) 这种计划属于什么类型的计划。

(3) 中国北斗导航在计划实施过程中，怎么实现从无到有，从小到大，从弱到强的过程。

## 二、习作案例

用网络计划法策划某个项目的进度。

# 思考与练习题

## 一、单项选择题

1. 目标管理的特点是(　　)。

A. 强调管理　　B. 强调过程控制　　C. 参与试管理　　D. 权力集中

2. 某企业确定了上半年的目标，这种目标是(　　)。

A. 长期目标　　B. 短期目标　　C. 中期目标　　D. 战略目标

3. 计划制订中的滚动计划法是动态的、灵活的，它的主要特点是(　　)。

A. 按前期计划执行情况和内外环境变化，定期修订已有计划

B. 不断逐期向前推移，使短、中期目标有机结合

C. 按近细远粗的原则来制订，避免对不确定性远期计划过早过死的安排

D. 以上三方面都是

4. 目标管理最突出的特点就是强调(　　)。

A. 计划与执行相分离　　B. 过程管理和全面控制

C. 成果管理和自我控制　　D. 自我考评和全面控制

5. 目标管理的基本精神是(　　)。

A. 以自我管理为中心　　B. 以监督控制为中心

C. 以岗位设置为中心　　D. 以人员编制为中心

6. 计划是控制的(　　)。

A. 纽带　　B. 保证　　C. 前提　　D. 展开

7. 在行动或工作之前预先拟定组织目标和行动方案是管理的(　　)。

A. 计划职能　　B. 组织职能　　C. 领导职能　　D. 控制职能

8. 计划功能的使命是使决策方案(　　)。

A. 整体化　　B. 稳定化　　C. 连续化　　D. 具体化

9. 计划职能的主要任务就是确定(　　)。

A. 组织的领导方式　　B. 组织结构

C. 组织的目标及实现目标的途径　　D. 组织目标的实现程度

10. “跳一跳,摘桃子”,说明目标必须具有(　　)。

A. 可接受性　　B. 挑战性　　C. 可考核性　　D. 多样性

## 二、判断题

1. 控制过程分为三个步骤:衡量实际绩效;将绩效与标准进行比较;采取行动纠正偏差。(　　)

2. 一般来讲,控制必须从计划中产生,计划必须先于控制。(　　)

3. 严格的控制,会使实际工作过程缺乏灵活性,极大地限制员工的工作积极性。(　　)

4. 没有计划和控制系统,就无法实现组织中的沟通,组织中的信息流就会中断。(　　)

5. 控制工作的实质是纠正偏差。(　　)

6. 对于一个不确定性决策的问题,以小取大法与大中取大法可能得到不同的结论。(　　)

7. 企业生产计划的制订属于战略决策。(　　)

## 三、名词解释

计划　5W1H　战略计划　目标管理　网络计划法　滚动计划法

## 四、简答题

1. 什么是计划?计划工作的特征有哪些?
2. 简述计划工作的程序。
3. 目标管理的基本程序有哪些?
4. 目标管理主要有哪些特点?
5. 网络计划法的优点是什么?

## 推荐阅读:

1. 朱镕基主编的《管理现代化》。
2. 周三多主编的《管理学》(第六版)。

# 第五章 组织设计

为了使人们能为实现目标而有效率地工作，就必须设计和维持一种职务结构，这就是组织管理职能的目的。

——哈罗德·孔茨

## 教学目标

学完本章后，你应该能够：

(1) 理解和掌握组织、组织职能、组织设计等概念。

(2) 掌握劳动分工、统一指挥、分权与集权、直线与参谋、幅度与层次及部门化等相关理论。

(3) 理解组织部门设计、岗位设计、职权设计的基本原则和一般过程。

(4) 明确人员配备的原则与主要内容。

## 技能目标

能够画出一般公司的组织架构图；具备分析、设计和评价部门、岗位与职权的能力。

## 素质目标

养成敬业爱岗、权责利兼顾的职业意识。

## 案例导入

### 美的的组织变革

移动互联网对产业解构作用的深化，推动着美的走到了一个关键时刻。美的集团董事长方洪波认为，破坏和颠覆是互联网时代的特征，现阶段管理创新和组织再造比任何的创新都重要。美的正在通过“合伙人”制度和文化的打造，电商平台、创新中心等平台价值再造，打破静态，实现美的新的增长空间。

(1) 电商转型，构建大数据能力。

作为产品落地与销售渠道的重要方式之一，美的集团电商平台实现了从批发模式向零售模式的转型。更为重要的是，通过电商平台更近距离地接触最终用户，美的还可以助力新品的开发。吴海泉是美的集团电商总经理，在与方洪波沟通美的集团电商策略时，他建议把团队中的职能部门成员放在更具创业氛围的深圳；销售运营、产品管理和负责行政等员工则放在佛山顺德。这看起来像是美的集团的一个内部创业团队。通过电商数据，美的可以优化店铺、消化滞销商品，可以直接送货给消费者，还可以助力新品开发。吴海泉介绍，以前主要是看竞品怎么做、市场上同行怎么做，现在是先看历史产品和销售的数据，看消费者搜索的数据，然后找到标杆用户全程互动参与开发，在营销方面不再广撒网，而是定位精准人群、做口碑营销。

(2) 背后推手，组织变革和新合伙人计划。

从来，企业发展最关键的就是人。任何组织深层的变革，最后影响的就是人。如何影响人、推动人，美的通过组织改造和合伙人计划，推动美的深层次变革。

方洪波介绍，"我们现在的管理结构非常简单，就是'789'，7 个平台、8 个职能、9 大事业部，组织改造的核心思想就是去中心化、去权威化、去科层化。"现在，美的集团从一位普通员工到方洪波这个层面就四级。更为重要的是，通过这番组织改造，前端平台人员拥有较大的自主权力和自我判断能力，而后端也越来越尊重前端平台人员的提案和决策。

同时，美的在业内首推合伙人计划，促进长效激励。公司在核心管理团队层面，滚动推出核心管理团队持股计划暨美的合伙人计划，实质为"业绩股票"，通过持股计划及合伙人特质而更长期化，设立专门的资产管理计划，购买和持有美的集团股票。持股计划作为创新的长期激励机制，将有效推动与促进公司"经理人"向"合伙人"的身份转变，绑定公司长期价值，实现全体股东利益一致，帮助企业提升价值。持股计划的实质是"业绩股票"，且通过"持股计划"的安排及"合伙人"特质而更长期化，实现责任共担、价值共享。

方洪波认为，"新常态"下企业的经营管理和战略发展，核心是组织再造与企业创新。要成为跟上时代的企业，美的需要具备扁平、高效、精简的"小公司"特质，需要具备奋斗、敬业与超强执行力的"创业公司"特质，需要具备开放、进取、有激情、有事业冲动的"新公司"特质。持股计划作为创新的长期激励机制，将有效推动与促进公司"经理人"向"合伙人"的身份转变，绑定公司长期价值，实现全体股东利益一致，帮助企业提升价值。

美的希望用这样大刀阔斧的组织和文化变革，推动企业实现新增长。事实上，美的要面对的是整个家电行业的增长瓶颈，美的需要面对的增长难题是中国家电企业需要集体面对的难题。一些家电企业已经在企业内部作了"小微企业""内部创业"等方面的尝试，让庞大的组织变得更加灵活和柔性。虽然挑战诸多，但它在迈出转型的步伐。这看起来也是必须作出的改变。

(资料来源：石丹. 从经理人到合伙人，发掘企业内部创业基因美的的组织变革：方洪波"无变革，不发展"[J]. 商学院，2015(12)：26-27.)

**思考题：**

1. 美的公司实施的组织变革带来了哪些成效？
2. 结合案例思考公司在何种情况下需要实施组织变革？

# 第一节 组织概述

## 一、组织的含义

人类活动的社会性是组织存在的基础，从不同的角度分析，组织包括以下两种含义：一是作为名词的组织，泛指各种企事业单位、各类社团，是按照一定的宗旨建立起来的具有系统性结构的实体；二是作为动词的组织，是指维持与变革组织结构，并使组织发挥作用、完成预期目标的过程，这个过程包含决策、计划、分工、协作、指挥、执行、控制、激励及监督等，对组织本身而言，还有从设计、展开运作到评估和改革的一系列动态行为。

## 二、组织职能的含义及其内容

组织职能是管理中的一项重要职能，是指为有效实现活动或组织目标，建立组织结构、配备人员、使组织协调运行的一系列活动。

组织职能包括以下内容。

(1) 组织结构设计与建立，即对实现目标的活动内容进行区分和归类，把性质相近的工作进行归并，成立职能部门进行管理，设置横向的管理部门和纵向的管理层次。

(2) 人员配备与人力资源管理，即对人员进行选聘、考评和培训，配备适合的人员。

(3) 适度分权和正确授权，即把部门决策权分给下属，或把职责或职权授予下属负担，让各层次、各部门的主管人员能够为实现组织目标而协同合作。

(4) 组织协调与变革，即根据组织内外各种要素的变化，不断地对组织结构作出调整和变革，以确保组织目标的实现。

## 三、组织的类型

依据不同的标准，组织可以被划分成不同的类型，以下为常见的几种。

### （一）营利性组织和非营利性组织

从是否营利的角度，可以将组织划分为营利性组织和非营利性组织。

营利性组织以追求成本最小、收益最大化为目标，如企业就是典型的营利性组织。通过营利，既可以改善员工的生活水平，将投资回报的一部分用于研究和开发，提供更有价值的产品和服务，也可以通过向政府纳税促进社会福利的增加。

非营利性组织是向社会提供教育、医疗、安全等方面的服务，对这些服务虽然也收取一定的费用，但主要是用于维持组织的生存和正常运行，非营利性组织不仅不需要向政府缴纳税收，政府还会给予一定的财政补贴。

### （二）公共组织和私人组织

从投资主体的角度，可以将组织划分为公共组织和私人组织。

公共组织是指关系到国计民生的基础设施、国家安全、重大科技等领域的组织和一些公共服务部门，这种组织一般由政府来进行经营。

与公共组织相对应的是私人组织，是指随着市场经济的不断发展，允许让一些私人投资者通过一定的方式部分参与公共组织的经营。

### （三）服务型组织和生产组织

从工作内容的角度，可以将组织分为服务型组织和生产组织。

服务型组织的工作内容是销售一些产品，或者提供相应的服务，如公共事业等。

生产组织的工作内容主要是生产产品。

### （四）正式组织和非正式组织

从是否具有明确的机构和制度规范的分工协作系统的角度，可以将组织分为正式组织和非正式组织。

正式组织是指组织中体现组织目标所规定的成员之间职责的组织体系，这种组织具有正规性、稳定性和目的性。

非正式组织则是在共同的工作中产生的，具有共同情感的团体，具有不稳定性、自发性和内聚性。这种组织缺乏严密的组织结构，既可能独立存在和运行，如各种俱乐部、协会，也可能存在于正式组织中，如公司中的小团体。

## 四、组织环境

组织在生存和发展过程中往往会受到周围环境的影响，我们把对组织具有直接或潜在影响的因素称为组织环境。组织环境一般分为一般环境和具体环境两类。

### （一）一般环境

一般环境也称为外部环境，是指存在于组织之外，并对组织活动产生影响的因素。一般环境包括社会文化环境、经济环境、政治法律环境、科技环境和自然生态环境等，这些因素均可以潜在地影响组织绩效。

1. 社会文化环境

社会文化环境是指组织所处的社会风俗和习惯、信仰和价值观念、行为规范、社会结构、文化传统、人口等因素的形成和变动。由于社会文化环境决定着人们的消费观念、消费水平和市场的大小，因此可以为组织带来市场机会。

2. 经济环境

经济环境包括社会经济结构、经济体制、宏观经济政策等，主要是指影响组织生存和发展的社会经济状况及国家的经济政策。经济环境会极大地影响组织的生存与发展，如平均实际收入、平均消费水平、消费支出分配规模、生产总值、利率和通货供应量等都会影响组织的生存与发展。

3. 政治法律环境

政治法律环境是指影响与制约组织生存和发展的政治要求、法律系统及其运行状态。政治环境对组织的生产经营活动具有控制和调节的作用，包括国家的政治制度、国家颁布的方针政策、政治团体和政治形势等因素。法律环境包括国家制定的法律法规法令及国家的执法机构等因素，这些因素有监控组织的生产经营活动的作用，同时也保护组织的合法权益和合理竞争、促进公平交易、保护消费者的权益等。

4. 科技环境

随着科学技术的不断发展，组织在经营战略管理上要作出相应的决策，才能紧跟时代发展获得新的竞争优势。科技环境是指组织所处的环境中科技要素及与科技要素直接相关的各种社会现象的集合，主要包括国家科技体制、科技政策、科技水平和科技发展趋势等。

5. 自然生态环境

自然生态环境是指组织所处的自然资源与生态环境，主要包括土地、森林、河流、海洋、生物、矿产、能源、水源、环境保护、生态平衡等方面的发展变化。任何组织都应该珍惜自然资源、保护生态环境，实现可持续发展。

### （二）具体环境

具体环境也称为特殊环境，是指对组织目标的实现有着直接影响的因素，如顾客、供应商、压力群体和竞争者等。

1. 顾客

顾客是组织服务的对象，是指产品或者服务的购买者。顾客的范围很多，既可以是个人，也可以是政府部门或单位。由于顾客的消费喜好处于不断发展变化之中，因此顾客是不确定因素。

2. 供应商

供应商是向组织提供各种资源的企业或个人，对组织的生产经营活动产生重要影响，如生产材料供应的短缺和质量等，将影响组织的产品价格和口碑。

3. 压力群体

压力群体是指民间环境组织、媒体、协会、社区等试图影响组织决策与行为的特殊利益群体，这些群体通过采取特定的活动促使组织改变决策或行动。作为管理者，应该找到组织周边的压力群体，并了解压力群体对组织的影响。

4. 竞争者

每一个组织都有竞争对手，并且时刻面临竞争环境。竞争对手既来自本国市场，也来自国外市场，不仅发生在行业内，也可能发生在行业外，因此竞争者是影响组织的重要因素，在组织的业务范围、组织的获利能力及组织的安全等方面都可能产生影响。

# 第二节　组织设计

## 一、组织设计的含义

组织设计是指根据组织的目标及工作需要，遵循一定的规律来选择和设计组织结构的构成要素及其连接方式，从而确定组织系统，划分管理层次，选择合理的组织结构形式的过程。

组织设计的主要作用是通过创建柔性灵活的组织，动态地反映内外环境变化的要求，协调组织中目标任务和人员的关系，对组织资源进行实际配置和运用，保证组织工作能够顺利进行，从而实现组织目标。

## 二、组织设计的内容

组织设计涉及两方面的工作内容：横向组织设计——部门化，纵向组织设计——管理幅度与管理层次。

### （一）横向组织设计——部门化

对组织进行横向设计是基于工作内容的分割性进行的，是将组织中的各项任务进行分配，按照一定的逻辑安排将组织中的活动划分成若干个部门，从而实现对组织活动的横向设置，我们将这种横向组织设计称为组织的部门化。

依据不同的划分标准，部门化可以分为职能部门化、产品部门化、地域部门化、部门化整合——矩阵型组织结构等。

### （二）纵向组织设计——管理幅度与管理层次

对组织结构进行纵向设计时，一定要考虑管理幅度与管理层次。

管理幅度是指一位管理者直接指挥和监督的下级人数，是部门设置中必须考虑的部门的规模问题，也决定了组织中管理层次的数目和管理者的数量。管理层次是指从最高一级管理组织到最低一级管理组织的各个组织层次，在组织中的每一个组织层级就是一个管理层次。管理幅度与管理层次具有反比例的关系，同时管理幅度与管理层次相互制约，管理幅度起到主导作用。

## 三、组织设计的任务

设计清晰的组织结构是组织设计的任务。组织结构是指组织的基本架构，是对完成组织目标的人员、工作、技术和信息所进行的制度安排。组织设计的任务一般包括以下三项内容（见图 5.1）：建立组织结构图、编制部门职能说明书、编制岗位职责说明书。

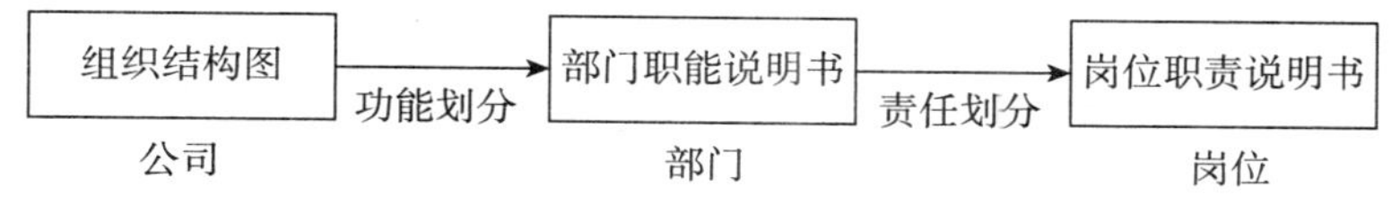


**图 5.1　组织设计的基本成果**

### （一）建立组织结构图

组织结构图是指描述组织的所有部门及部门之间关系的结构框架图。组织结构图不仅可以明确表明各部门的设置情况、层次结构，而且可以直观地反映出组织内部的分工和上下级的隶属关系。因此最为典型描述组织结构的办法就是绘制组织结构图，每个组织结构图都有代表垂直的权力等级和水平的部门化这两个维度。其中垂直的权力等级建立指挥链，用以确定组织内部基本的权力等级和职权结构，而水平的部门化用以建立劳动分工。图 5.2 所示是某生产企业的组织结构图。

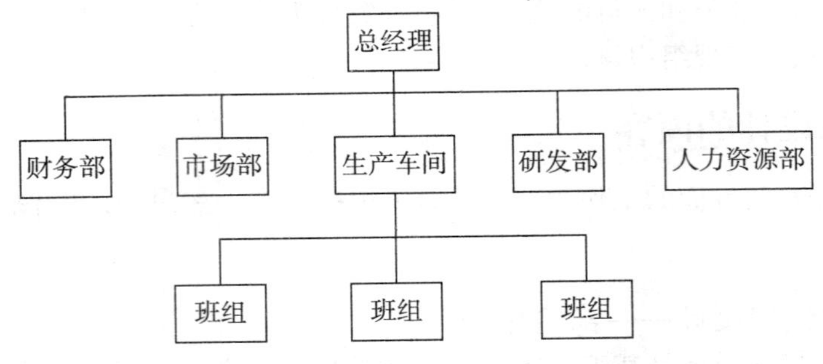


**图 5.2 某生产企业的组织结构图**

图 5.2 描述了某生产企业的财务、市场、生产、研发等方面的职能领域，并且将每个职能领域设置的层次进行了描述。虽然组织结构图能够清晰地表示出组织的结构，但也不能说明组织的所有方面，如表 5.1 所示。

**表 5.1 组织结构图的解释**

| 图表说明的 | 图表没有说明的 |
| --- | --- |
| 分工 | 职权和职责的程度 |
| 谁是谁的上级 | 职能成员与直线成员之间的关系 |
| 工作的性质 | 地位或重要性 |
| 根据职能、地理位置、生产过程或产品进行分组 | 沟通的路径 |
| | 由职责、职权和分工形成的关系 |
| 管理的层次 | 非正式组织 |

资料来源：孔茨，等. 管理学精要[M]. 北京：机械工业出版社，2005.

### （二）编制部门职能说明书

组织结构图建立起来后，还应编制部门职能说明书，这个说明书要求与组织结构图相对应，要讲组织内部各部门职能分工的情况进行书面说明，通过这个说明书能够清晰了解各部门的分工，具体而言，包括部门名称、部门本职、部门宗旨、主要职能、岗位设置、协作部门、隶属关系等内容。

### （三）编制岗位职责说明书

编制岗位职责说明书至关重要，可以将各岗位的具体职责和上岗人员素质要求进行表述。岗位职责说明书一般包括岗位名称、上下级关系、主要工作、直接责任、岗位权力、岗位素质要求等内容。部门内部的分工情况可用岗位结构图表示，如图 5.3 所示。

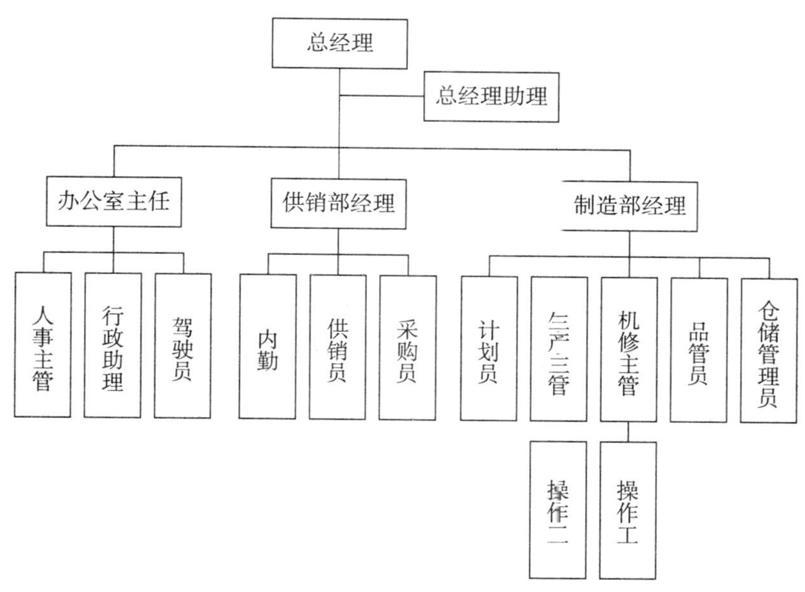


图 5.3　岗位结构示意图

## 四、组织设计的基本原则

组织结构形式多样，并且每一种结构形式的优缺点都不尽相同，所以特定的组织可以采用不同的结构形式。虽然管理者选择的组织结构不同，但都应遵循组织结构设计的基本原则，这些基本原则是对所有结构形式的组织设计都普遍适用的，也是评价组织结构合理与否的一般标准。

### （一）控制幅度原则

控制幅度原则是指一名管理者直接领导和监督下属的人数应该控制在合理的范围里。古典管理学者认为只有窄小的跨度才能对下属保持紧密的控制，这个跨度最好不超过 6 人。同时管理层次和管理幅度之间是成反比的，即基层管理者的管理幅度一般大于中层，而中层管理者的管理幅度要大于高层，这是由于管理者职位越高，要处理的非结构性问题也相应增多，在进行组织结构设计时要注意这个问题。

### （二）目标统一原则

目标统一对于组织设计尤为重要，因为组织目标是进行个人职责划分的基本依据。在进行组织设计时要考虑每一个组织成员的职责，看其职责的划分是否有利于组织整体目标的实现，要明确个人目标的实现最终是为了服务于组织目标。

### （三）权责对等原则

权责对等是强调职权与职责要对等，也就是授权的同时应该授予相对应的职责。如果有责无权，会导致组织成员在处理事情的过程中寸步难行；如果有权无责，会导致组织成员不负责任，这两种情况都不利于组织目标的实现。因此在进行组织设计时，要做到权责相称、权责适宜、权责对等。

### （四）因事设职和因人设职相结合原则

因事设职是指将组织设计的重点不是放在成员的个体上，而是根据岗位的职能来设计，从而有益于组织运行的稳定，有益于组织结构的明晰。因人设职是指对一些比较特殊的岗位，要将有能力的人放到他们胜任的岗位去工作。一般来说，在进行组织设计时，应首先遵循因事设职原则，但在遇到一些特殊情况时，可以采用因人设职原则。

### （五）执行与监督相分离原则

为了更有效地发挥监督职能，避免被监督者和监督者在利益上趋于一体，在组织设计中，应该遵循执行与监督相分离的原则。在组织设计中，要分别单设监督性机构和执行性机构，避免又当运动员又当裁判员，要充分保障监督职能的发挥。

### （六）精简与效率原则

精简与效率原则是指组织设计要秉承经济性原则，要提高组织效率。在进行组织设计时，应当在保障完成组织任务目标的前提下，做到机构精简、人员精干、管理高效。

## 五、组织设计的步骤

组织设计工作一般分为以下三个步骤。

### （一）职务分析与设计

职务分析与设计是组织设计的第一步，也是最为基础的工作。它是在将组织目标活动逐级分解的基础上，设计与确定组织内从事各项工作和管理活动所需设置的职务类别与数量，以及每个职务所拥有的职责权限和任职人员所应具备的素质。

### （二）进行部门划分

部门划分就是根据各个职务所从事的工作性质及职务之间的相互联系，按照某种逻辑将同类职务组合起来形成一些部门、处室的过程，也称为部门化过程。部门划分的目的是明确责任和权力，并有利于不同的部门根据其工作性质的不同采取不同的政策，并加强各个部门内部的沟通和交流。部门划分时一定要注意：组织中所有的管理工作都应归属到有关部门，避免遗漏工作；部门的人员配备要与其工作量相匹配，部门之间的工作量应该基本相等；部门划分时要注意职能的区分，避免部门之间职能的重复。

### （三）形成平衡结构

在上述两个步骤的基础上，还要设计组织结构框架，即设计承担这些管理职能和业务的各个管理层次、部门、岗位及其职责。要根据组织现有的资源对初步设计的职务和部门进行调整。同时设计联系方式，即设计纵向管理层次之间、横向管理层次之间的协调方式和控制手段；设计管理规范，即确定各项管理任务的管理工作程序，管理工作应达到的要求和管理人员应采用的管理方法等，最后形成比较合理的组织结构。

以上三个步骤完成之后形成的文件就是组织结构系统图和职务说明书。

# 第三节　部门设计

组织结构可以从两个维度进行设计，既可以从基于工作内容的分割性进行横向部门设计，也可以从管理幅度与管理层次进行纵向组织设计。其中，横向设计是根据组织职能相似、活动相似和关系紧密的原则，按各工作岗位的特征对它们进行分类，然后将相应职务的人员聚集在一个部门内，从而构成组织的各个部门，以便进行有效管理，这个过程也称为组织的部门化。

组织部门化的基本形式较多，除了职能部门化和流程部门化是按工作的过程标准来划分的，其余则是按工作的结果标准来划分的。

## 一、职能部门化

在一个组织业务较少、发展规模比较小时，往往会采用职能部门化这一传统而基本的组织形式来进行组织结构的设计。这种组织结构设计是将相似业务活动的岗位归属于相同的部门，然后由具有相关经验和专业知识的人来管理和领导部门内部的员工，整个部门协同完成特定的组织职能。简言之，职能部门化就是按照生产、财务管理、营销、人事、研发等基本活动相似或技能相似的要求，分类设立专门的管理部门，如图 5.4 所示。

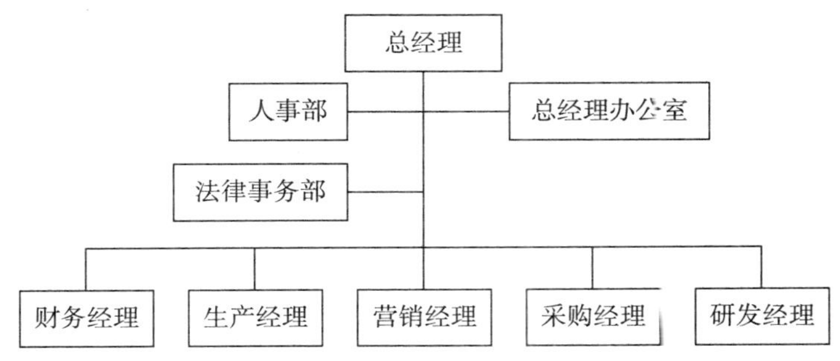


**图 5.4　职能部门化组织**

职能部门化的优点有：简单直观，容易设计并运转；摩擦少、效率高，有利于同类技术人员之间的沟通协作；能降低管理的难度，部门管理人员只需熟悉相对窄的技术职能；符合专业化原则，将同类专业人员放在同一组织有利于共享专业资源；能够简化培训；能提高高层管理者的权力及威望。

职能部门化的局限性在于：容易让中层眼光局限于本部门利益，造成遇事踢皮球，争夺资源，缺少大局意识和合作精神；无法清晰界定各部门在共同完成组织目标过程中各自的贡献，从而打击积极性；当组织规模变大时，无法适应组织发展的需要，影响效率；职能部门多会让决策变缓；人财物过分集中，不利于按照目标顾客需求分工；职权过分集中，部门主管容易得到锻炼，但不利于培养综合性管理人才。

## 二、产品部门化

随着组织的发展和成长，企业往往会扩大生产规模或扩大业务范围来获取更大的经济效益，这就造成其内部更复杂、业务更多样，企业也越来越重视业务和产品的考评，这时就有必要按照产品来划分企业的组织结构，这种按照产品或服务的要求对企业活动进行分组即产品部门化，这是一种典型的结果划分法，适用于多元化经营企业，在一些行业也被称为事业部型组织结构，如图 5.5 所示。

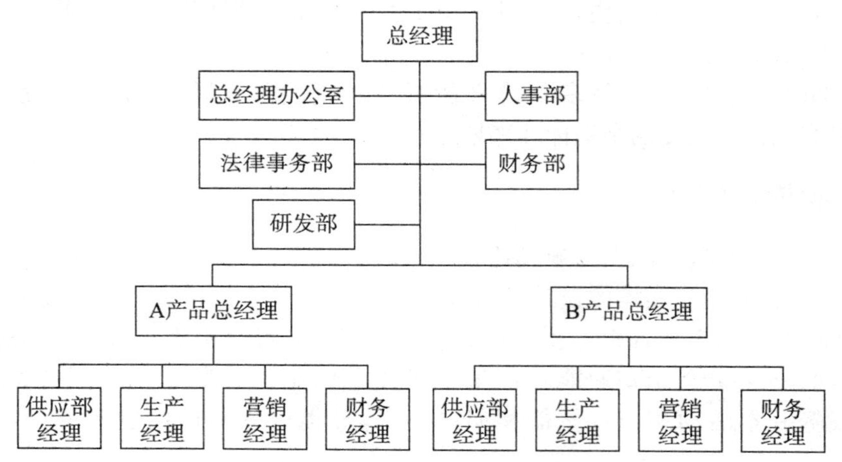


**图 5.5　产品或服务部门化组织**

产品部门化的优点有：有利于比较各个产品对组织价值贡献的考核，从而有利于企业及时调整生产经营方向，加强对企业产品的指导和调整；能够鼓励不同的产品部门之间良性竞争；有利于培养企业管理和事业发展的人才。

产品或服务部门化的局限性在于：不同产品部门的竞争如果不能有效控制也会产生部门之间的矛盾冲突；各业务线下或产品线下一些职能管理部门的重复设置会增加运营和管理成本，影响企业效益。

## 三、区域部门化

随着企业组织的不断扩大，业务种类日益增加，跨越地域的限制去开拓海外市场就成了企业进一步发展的途径，而跨区域的管理行为比本地区管理更加复杂，此时就不适合采取简单的职能部门化或产品部门化，而是应该按照区域的分散化程度划分企业的业务活动，继而设置管理部门管理其业务活动，称为区域部门化，如图 5.6 所示。采用区域部门化的方式进行组织设计，一定要将不同地区的经济发展水平情况进行充分了解和考虑，并且要认识到由于区域的复杂性，使整体的绩效考评更加复杂，并且区域的分散会带来较大的运送成本和人才输送成本。

区域部门化的优点有：各区域之间可以互相借鉴、学习和竞争，形成良好的互动学习氛围；能充分调动各区域的管理者参与决策的积极性，促进区域内的相关协调，可以节约时间成本和运输成本，并且身在区域内的管理者更能对本地区环境变化有敏锐的触觉，

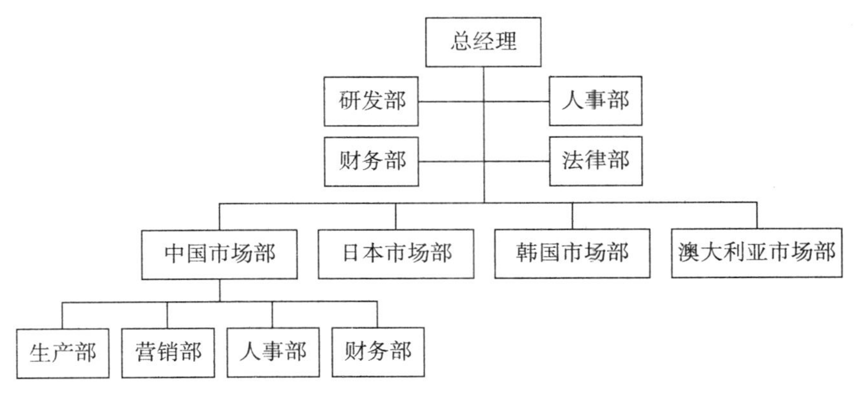


**图 5.6　区域部门化组织**

能迅速作出相应的反应。

区域部门化的局限性有：由于所在的地域不同，且每个地域都存在复杂性，使相应的绩效考评难以准确度量，影响了绩效考评的效果。同时地理上的分散造成了产品运输的成本增加，人才输送和安置的费用也相应增加，特别对于在偏远地区开展产品销售的组织来说，产品运输和人才输送的成本将极大地影响组织的盈利。

## 四、顾客部门化

顾客部门化是指根据顾客群和顾客的需求来建立相关的部门，如图 5.7 所示。由于不同类型的顾客对产品的服务、质量、价格等方面有不同的需求，因此实行顾客部门化可以更好地适应顾客的需求，能通过向顾客提供更有针对性、更高水准的服务，在激烈的市场竞争中赢得一席之地。

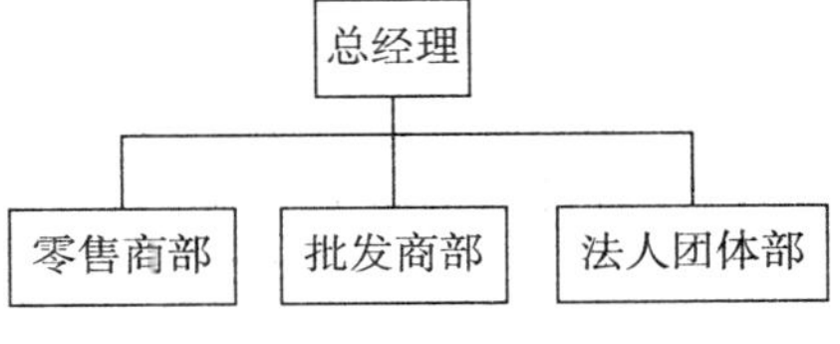


**图 5.7　顾客部门化组织**

实行顾客部门化可以实现按需生产，避免生产浪费，同时能够持续地发挥企业的核心竞争力，能够更方便地获取顾客的用户体验和反馈意见。其缺点在于：只有顾客群达到一定的量时才比较经济，当每一类别的顾客数量较少时，企业付出的成本就大，同时协调难度会增大，对管理人员妥善处理顾客关系的要求较高。

## 五、流程部门化

流程部门化是指按照工作或业务流程来组织业务活动，实现流程部门化要求组织的人员、材料和设备都比较集中，或者业务流程比较连续，如图 5.8 所示。

流程部门化的优点在于：能充分利用集中的专业优势，易于协调管理，能够快速敏捷地对市场作出反应；流程部门化简化了培训，能够形成良好的相互学习氛围，并且会产生学习经验曲线效应。

流程部门化的局限性在于：部门之间难以紧密协作，部门之间容易产生利益冲突；权责相对集中，不利于培养出综合管理人才。

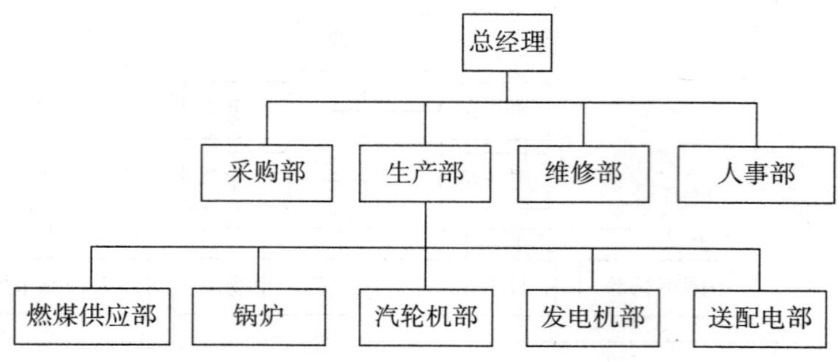


图 5.8 流程部门化组织

上述介绍的是五种常见的部门化类型，在实际运用中，还有根据企业的需要按时间、人数、项目等分类标准来划分部门。在实际运用中，许多大型企业在不同的组织层次上有不同的部门划分方法，如一家企业的制造部门可以按照其产品制造的程序划分子部门，而销售部门可以按区域划分子部门，其他各部门可以按客户的不同类型划分子部门，如图 5.9 所示。

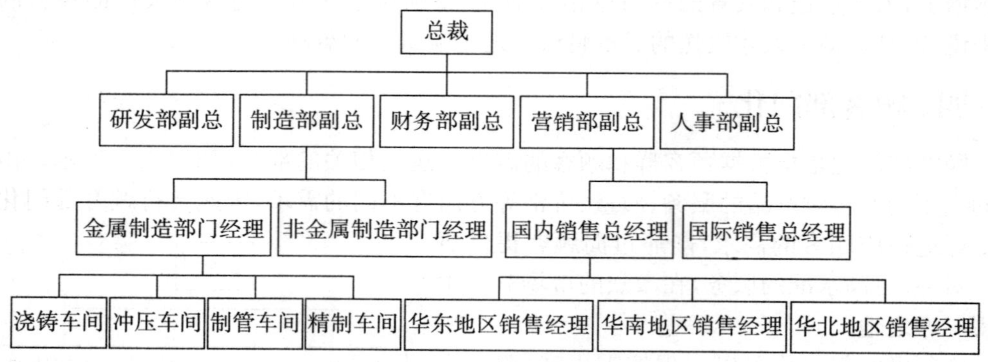


图 5.9 多种形式的部门化

# 第四节 职权设计

职权是履行管理职能的前提，是管理人员在职务范围内所拥有的管理权限。具体而言，职权是某一职位所固有的作出决策、采取行动和希望决策得到他人执行而发布命令的一种正式的合理合法的权力。职权的基本内涵是在作出决策或采取行动时拥有斟酌决定的自主权，同时拥有对下级发布命令、进行指挥的权力。

## 一、职权的性质与特征

职权一般来源于三个方面：一是由于个人具备高级技术知识或者具有核心专长，从而拥有的技术能力职权；二是由于个人能够有效地影响、激励其他员工而拥有的管理能力职权；三是在层级组织中居于一定的职位而拥有的命令指挥权。

与职权相对应的是职责，即当一个人担当某一项职位的同时就要履行相应的责任。职权和职责既有联系又有区别：职权是履行职责的必要条件和手段，职责是形式权力所要达到的目的；职权预示着下属必须完成被指派的任务，而职责则预示着下属所完成的任务必须符合上级所规定的标准。因此，在管理工作中一定要做到权责一致、权责分明。有职权而无职责时必将导致职权的滥用，而有职责无职权也必将导致执行者的无所适从。

## 二、职权的类型

职权有多种分类，从管理中相关者之间的职权关系的角度可以将管理者的职权划分为三种：直线职权、参谋职权和职能职权。

### （一）直线职权

直线职权是指直线管理人员所拥有的指挥下属下级的权力，各直线人员都拥有自己相应的直线职权，由上至下形成各自的直线责任。管理学中的直线是指对组织目标的实现直接作出贡献的管理者或单位，直线关系就是命令与服从的关系。

如图 5.10 所示，这家企业分为生产部门和营销部门，其中生产部门自上而下分为总裁→负责生产制造的某副总裁→生产总经理→厂长→车间主任→工长→工人。营销部门自上而下分别为总裁→负责营销的副总裁→负责某地区、某产品系列的营销总经理→销售经理→销售代表→销售员。这两大部门各自形成自己的指挥链，在指挥链上的各层人员我们称为直线人员，他们之间的关系就是直线关系。

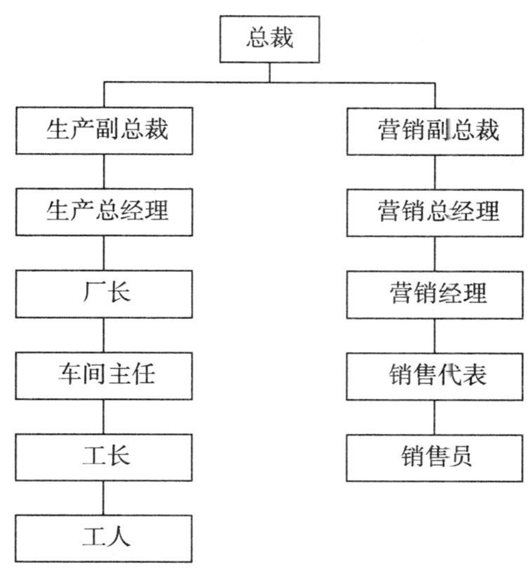


**图 5.10　指挥链系统（直线职权）**

由于直线职权是沿着指挥链发生的职权关系，因此在实行直线职权时要求遵循指挥链原则。指挥链原则要求指挥命令和汇报请示都必须沿着一条明确而又不间断的路线逐级传递，上级不越级发布命令，下属也不越级汇报请示，如此才能保证指挥统一。

### （二）参谋职权

在一家生产企业中，往往生产部门、销售部门被列为直线部门，而采购、会计、人事、设备维修等则被列为参谋部门。也就是说，对组织目标的实现直接作出贡献的单位被列为直线部门，产生的直线关系我们称为直线职权，而跨系统发生的直线关系及参谋部门对直线部门提供的辅助关系称为参谋关系或参谋职权。

参谋部门对直线人员的斜向关系是权力冲突的一大发生源，为了既避免权力冲突，又很好地发挥参谋作用，且不破坏统一指挥的原则，就需要明确界定参谋机构的辅助作用和权限强度。参谋职权应进行清晰定位，它仅限于一种顾问的性质，它的权限是可以把观点、意见通过建议、协商等形式提供给服务对象，但不能像直线人员那样具有行使命令的权力。一般来说，参谋职权包括建议权、强制协商权、共同决定权和职能职权。

设立参谋部门的优点在于：参谋人员可以节省直线人员学习了解专门知识的时间；参谋人员可以专心帮助直线人员考虑专项问题或收集资料；参谋人员不仅可以参与方案的制订，一旦被采纳后还可以专心地去推行，担任业务指导的角色，从而有利于方案的成功等。但设立参谋职能也存在明显的缺陷，如参谋人员为讨好直线人员，有可能按照直线人员的意愿去行事，这将极大地损害企业的目标实现。

### （三）职能职权

职能职权是指参谋人员或某职能部门的主管人员所拥有的、由直线主管人员授予的、在一定范围行使的决策权与指挥权。

职能职权运用得当不仅可以给企业做好服务、当好参谋，而且可以起到组织实施、专业协调和监督检查的作用。但职能职权的广泛采用也会使职权关系变得复杂，如图 5.11 所示，这家企业的产品分公司经理除了有一个直线上级之外，可能还有好几个职能主管，如销售副总裁、财务副总裁等。一旦他收到来自不同方式职能职权的约束，尤其是这些指令相互矛盾时，他将会感到无所适从。解决这个问题的办法便是遵循“统一指挥”原则，即职能职权仅可能用于该职权原始拥有者的下一级管理人员行使。在图 5.11 中表现为财务副总的职能职权不能超出产品分公司经理这一层次，以利于直线主管人员的统一指挥。

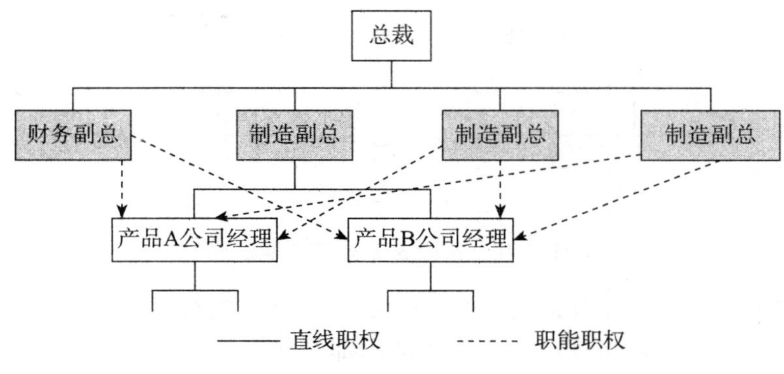


**图 5.11　职能职权**

## 三、集权与分权

集权与分权能较好地反映组织中的纵向职权关系，是组织层级化设计中的两种相反的权力分配方式。现代组织管理只有相对意义上的集权与分权，没有绝对意义的集权与分权。分权是指在组织中将决策的权限分配给中下层组织单位的倾向，集权则与之相对，是指决策权限集中在高层领导者手中。由于集权会使最高领导的压力较大、负担较重，并且也会导致其他的管理者难以发挥作用，会挫伤其工作积极性，因此需要适度分权。但企业也不能绝对分权，因为如果职权被全部下放，高层管理者的作用就无法发挥，因此集权与分权应在权力分散程度上进行区别，作为两种倾向，但不能成为两种极端，其关系如图 5.12 所示。

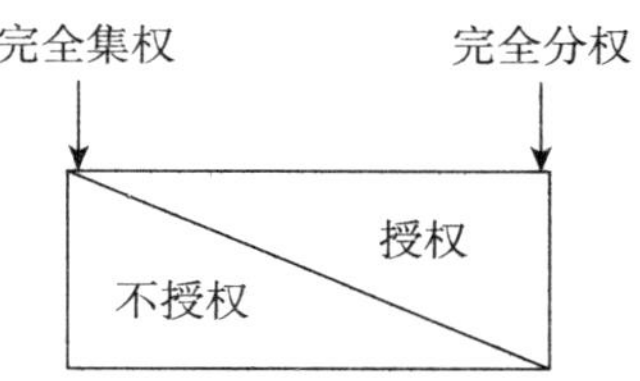

**图 5.12　集权与分权**

一般而言，分权程度低的组织内低层级的管理人员的自主权就大，能够自主作出相应的决策，决策速度也较快。判断一个组织的集权和分权程度的高低，可以通过不同类型决策的集中程度、整个决策过程的集中程度和下属决策受控制的程度来进行判断。

集权程度高的优势是便于企业从整个组织的目标出发处理问题，避免局部利益行为；可使组织的有限资源得到更有效的利用，并有助于确保组织政策和行动的一致性，提高组织的控制力。分权程度高的弊端是可能降低决策的质量和速度，影响组织的应变能力，并容易挫伤低层人员的积极性和主动性，同时高层管理者也难以集中精力处理重大的问题。总之，集权和分权应该根据企业的实际需要来具体决定。

影响集权与分权的因素有很多，表 5.2 列出了被确认为影响集权与分权的主要因素。

**表 5.2　影响集权与分权的因素**

| 强 化 集 权 | 强 化 分 权 |
|---|---|
| 环境稳定 | 环境复杂且不确定 |
| 低层管理者不具有高层管理者那样作出决策的能力或经验 | 低层管理者拥有作出决策的能力和经验 |
| 低层管理者不愿意介入决策 | 低层管理者要参加决策 |
| 决策的影响大 | 决策的影响相对小 |
| 组织正面临危机或失败的危险 | 企业文化容许低层管理者对所发生的事有发言权 |
| 企业规模大 | 公司各部在地域上相当分散 |
| 企业战略的有效执行依赖于高层管理者对所发生的事拥有发言权 | 企业战略的有效执行依赖于低层管理者的参与及制定决策的灵活性 |

影响集权与分权的因素主要有以下五个方面。

1. 组织规模的大小

组织规模增大，管理的层级和部门数量就会增多，信息的传递速度和标准性就会降低。因此，组织需要及时分权，以减缓决策层的工作压力，使其能够把精力集中于最重要的实务。

2. 政策的统一性

如果组织内部各个方面的政策是统一的，集权最容易达到管理目标的一致性。然而，一个组织所面临的环境是复杂多变的，为了灵活应对这种局面，组织往往会在不同的阶段、不同的场合采取不同的政策，这虽然会破坏组织政策的统一性，却可能有利于激发下属的工作热情和创新精神。

3. 员工的数量和基本素质

如果员工的数量和基本素质能够保证组织任务的完成，组织可以更多地分权；组织如果缺乏足够的受过良好训练的管理人员，其基本素质不能符合分权式管理的基本要求，分权将会受到很大的限制。

4. 组织的可控性

组织中各部门的工作性质大多不同，有些关键的职能部门，如财务会计等部门往往需要相对地集权，而有些区域部门或者是业务部门，如研发、市场管理部门，却需要相对地分权。组织需要考虑的是围绕任务目标的实现，如何对分散的各类活动进行有效控制。

5. 组织所处的成长阶段

在组织成长的初级阶段，为了有效管理和控制组织的运行，组织往往采取集权的管理方式。随着组织的成长，管理的复杂性逐渐增强，组织分权的压力就比较大，管理者对权力的偏好就会减弱。

在集权与分权的问题上，一些国际上的大企业一般安排如下。

(1) 计划。目标集中决定而实现目标的具体途径由各个部门决定。

(2) 生产。权力分散，因为一般日常生产发生的问题，基层了解得最清楚。

(3) 销售。权力分散，一般只有市场调研和广告等权力集中。

(4) 财务。财务一般都集中，它被认为是最少下放的。

(5) 统计。收集统计资料分散，但汇总、分析工作集中。

(6) 人事。劳资谈判合同及其实施是高度集中的；人事政策、骨干人员的任免、选拔关键管理人员等是集中的；而招工、升级、调职和实施劳动纪律则是分散的。

(7) 采购。集中的情况为多，占成本很大比例的主要材料的采购几乎总是集中办理的，但是各分厂地区分布较远，或按不同产品系列划分的部门可分散采购。

(8) 法律。一般是集中的。

## 四、授权

### (一) 授权的定义

所谓授权，是指上级赋予下级权力和责任，使下属在一定的监督之下，能拥有相当的自主权。管理者授权属于广义上的分权，但与分权又不完全相同，与分权不同的是职权既可以授出，又可以收回，因此授权不会使管理者削弱自身的权力。管理者可以依据不同的情况，根据实现组织目标、提高工作效率的要求进行授权、收权和重新授权等。

### （二）授权的作用

授权是管理者必须掌握的技巧，在管理中有效授权可以产生以下作用：①对组织而言，授权有利于组织目标的实现，通过科学的授权，使基层拥有实现目标所必需的权力，自主运作，可以更好地促进目标的实现；②对高层管理者而言，授权可以让高层管理者从日常事务中解脱出来，专心处理重要的决策问题，还可以充分发挥下属的专长以弥补授权者自身才能之不足；③对下属而言，授权有利于激励下属并调动其工作积极性，增强其责任心，提高效率，还可以让下属在自主运用权力、独立处理问题的过程中不断提高管理能力和综合素质。

### （三）授权的步骤

1. 下达任务

授权的第一步是上级对下级分配任务。因为授权的主要目的是实现目标，完成组织任务，所以授权者要将任务明确地下达给选择好的授权对象。任务不仅要明确、量化，而且要提出相应的要求，以及完成任务的时间。

2. 委任职权

授权的第二步是上级给下级授予相应的权力，并且做到责、权、利对等。只有授予相应的职权，并且责、权、利对等，才能保证受权者完成组织任务。

3. 明确责任

授权的第三步是当受权者接受了任务，并且拥有了必需的权力之后，就要对完成所分派的任务负有责任，要及时汇报执行情况和结果，授权者要根据完成任务的情况奖惩受权人。

4. 监控和考核

对于组织而言，授权者对受权者完成任务的情况及行为负有最终的责任，因此在受权者完成任务的过程中要进行适当的监督控制，使组织目标能顺利实现。授权者在监督中若发现授权者有滥用权力或权力使用不当的情况，可调整或收回权力。在受权者完成任务后要及时对完成的情况进行考核和评价，及时奖惩。

### （四）有效授权的要素

要进行有效授权就要掌握以下要素。

1. 信息共享

在组织中应将信息作为一种共享资源，而不能作为高层管理者的独占资源，让员工充分地获取必要的信息资料会提高员工的工作积极性和主动性。

2. 授权对象的知识与技能

为了帮助员工获得专业知识与技能，提高他们自主决策的能力，就要及时对员工进行相应的培训。通过培训可以提高员工的工作能力和知识技能，为组织的团队合作和组织目标的实现打下扎实的基础。

3. 充分放权

在授权时要注意一旦授权就要充分地放权，让团队成员都能根据工作过程的实际情况自主地进行安排,发挥团队作用。

4. 奖励绩效

组织管理者应该制定完备的绩效评估和奖励系统,对组织成员的绩效贡献给予奖励。这种奖励系统应该既包括工资和利润提成,也可以包括股权奖励等。

### (五)有效授权的原则

1. 根据目标需要授权原则

所有授权行为的目的都是更好地实现企业目标,因此授权者应将所授权事务的目标、任务和职权范围等向授权者传达清楚。

2. 职责权利相一致原则

为保证授权有效实施,要求在授权时要给予授权者履行相应职责的权力,要求授权者承担相应的责任,并给予与职责责任相对应的利益。只有职、责、权、利对等且适度,才能保证有效授权。

3. 信任原则

授权必须建立在彼此互相信任的基础上,要敢于把一些重要的权力下放,锻炼下级的能力,使下级感受到上级的信任,并意识到管理工作的重要性。

4. 适度授权原则

授权应该根据实际情况进行灵活处理,并且要建立在效率的基础上。授权时既要防止授权不足,使上级领导工作量过大,也要防止授权过多使下属无暇应对,影响任务的完成。

5. 命令统一原则

为了防止多头领导,一般要求一个下级只接受一个上级的授权,并只对一个上级负责;全局性的问题不应授权,应由高层领导进行决策,涉及各部门要分工明确,不能越级或交叉授权。值得注意的是,上级领导将权力授权给下级时并不意味着职责也全部推给了下级,而是仍然承担着实现目标的责任。

# 第五节 人员配备

随着知识经济时代的到来,人力资源开发与管理成为企业管理的重要组成部分,而人员配备是人力资源开发与管理的核心部分。人是组织目标实现的直接推动力,人员配备是组织设计的逻辑延续,也是组织职能的重要内容。

## 一、人员配备的概念

人员配备是指组织通过对工作要求和人员的素质进行分析,为每一个岗位配置合适的人员,从而完成实现组织目标所需开展的各项工作的过程。

## 二、人员配备的任务和工作内容

人员配备的主要任务是通过分析人与事的特点,谋求人与事的最佳组合,从而实现组织中员工的不断成长,实现组织的可持续发展。

人员配备的工作内容包括:以组织设计中岗位的类型定编数为依据来确定需要的人员数量和种类;通过招聘从组织内外的候选人进行筛选选配合适的人员;对员工进行培训与考核,使员工能够适应组织发展的需要,实现员工成长、组织发展的双重目的。

## 三、人员配备的重要性

人员配备是组织职能的逻辑延续,是管理人员的一项最重要工作,一个组织的能力大小,在很大程度上也取决于组织所聘用和拥有的人员素质。因此,人员配备在管理中具有非常重要的作用。

### (一) 人员配备是组织有效活动的保证

人是组织中最重要的资源,是构成组织诸要素中最活跃的要素,组织活动的进行,组织目标的实现,组织中其他资源的合理调配等,都是由人决定和控制的。因此,人员配备是否科学将直接影响活动的有效性,进而影响整个组织目标的实现。

### (二) 人员配备是做好领导与控制活动的关键

人员配备作为组织管理的一项活动,是与其他组织活动相互联系、相互依托的。计划和组织工作是人员配备的前提,人员配备是计划和组织工作的具体落实,并为领导和控制活动奠定了一定的基础。任何组织如果人员配备不当或配备不完善,再杰出的领导者也无法发挥其领导才能,也不可能创造良好的环境和氛围,使员工的积极性、主动性和创造性得到最大限度的发挥。因此就整个管理系统而言,人员配备是否合理直接关系到其他管理职能能否有效实施。

### (三) 人员配备是组织发展的关键

组织是一个动态的系统,每个组织总是处于一个不断发展变化的社会经济环境中,由目标和战略决定的组织结构不仅会发生质的改变,而且在部门和岗位的设置数量上也会发生相应的增减,因此在根据当前的组织结构设置配备相应人员时,还要预测到组织未来发展对人员配备提出的要求,一旦人员配备符合组织发展的需要,将极大地促进组织的发展。

## 四、人员配备的原则

为了达到人与事的最优组合,人员配备应该遵循以下几点原则。

### (一) 经济效益原则

任何一个经济组织经营的主要目的都是盈利,所以在人员配备的过程中应该遵循经济效益原则,在人员招聘、选拔、培训和考核的过程中要注意节约成本,配备合适的人员为组织服务。

### (二) 因事择人原则

人员的配置应以职位的空缺情况和实际要求为出发点,以岗位对人员的要求为选拔标准来选聘人员。

### （三）量才使用原则

由于每个人的特点、素质和能力不同，因此在人员配备的过程中要根据每个人的特点安排既适合又能激发其潜能的工作，充分做到扬长避短、人尽其才。

### （四）任人唯贤原则

在人员配备的过程中要避免任人唯亲的情况出现，要根据人员是否具有相应的才能和优秀的品行来决定是否予以配备，切实做到任人唯贤。

### （五）客观公正原则

在人员配备过程中，要为员工提供平等的上岗和培训机会，对员工的工作绩效和工作能力进行客观的评价，一定要做到客观公正、不偏不倚，才能以理服人。

## 五、人员配备的步骤

人员配备的目标是让每一位员工都被安排在适合的岗位上发挥作用，让每一个岗位都有适合的员工负责工作。一般而言，人员配备包括以下三个步骤。

### （一）进行人力资源规划

人员配备首先要确定组织需要人员的种类和数量，因此需要明确组织结构中的岗位设计情况。岗位设计情况包括岗位类型和岗位定编情况，岗位类型说明了需要人员应具备的能力和技能等要求，岗位定编数说明了各种岗位需要的人员数量。人员配备是在组织设计的基础上进行的，人员需要量的确定以组织设计中的岗位类型和岗位定编数为依据。

组织内设置的岗位和各岗位编制数不是一成不变的，会随着组织的变化、发展及需要而变化。人力资源规划就是为了能够为所需要的岗位配备所需要的人员，并使其能够有效地完成相应的岗位职责，而在事先所做的计划工作。

人力资源规划系统构成如图 5.13 所示。

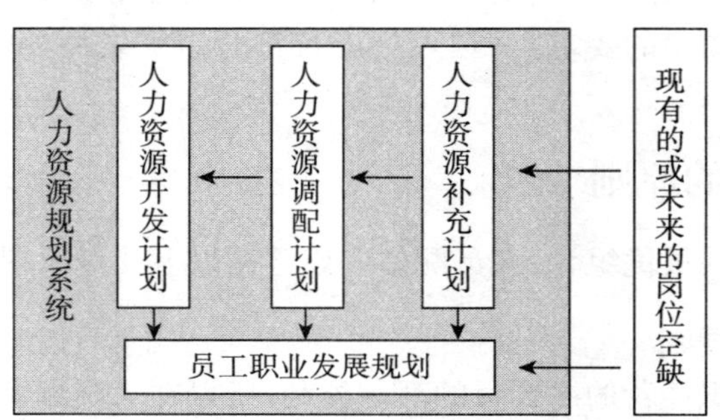


**图 5.13 人力资源规划系统构成示意图**

人力资源规划主要包括以下三项工作：①评价现有的人力资源，包括职工队伍的规模、结构和人员素质等配备情况；②根据组织任务目标和职务设计的要求来预估将来所需要的人力资源；③制订满足未来人力资源需要的行动方案，比如对外选聘、对内提拔、岗位轮换等。

### （二）选聘合适的人员

选聘是指通过一定的方式，把具有相应的管理能力、管理经验、管理技巧的人选拔安置到组织中空缺的管理岗位上的过程。一般而言，管理者的选聘主要从素质标准和能力标准两个角度来考察分析。选聘管理人员的途径主要有两种：内部选拔和外部招聘。

1. 内部选拔

内部选拔是从组织内部提拔能够胜任的人员充实到组织的各种空缺管理岗位，一般是将一些职位较低的人员选拔到更高的职位，承担更重要的任务和工作。内部选拔的优点是对选拔者的情况很熟悉，并且被选拔者一般在组织中已工作了一段时间，因此比较了解组织的相关情况，可以很快适应新工作，同时内部选拔可以调动员工的积极性，激发组织员工的工作热情。内部选拔的缺点是容易引发内部矛盾，使“近亲繁殖”，同时内部选拔有很大的局限性，往往为了内部选拔被迫滥竽充数，内部选拔也很难满足对人才的紧急需要和大量需要。

2. 外部招聘

外部招聘是从组织外部选择合适的组织管理岗位人员的过程，具体流程如图 5.14 所示。外部招聘的形式多样，既可以是通过网站、报纸等媒介发布社会招聘信息吸引人才加入，也可以是外部的人才主动要求加入组织，申请应聘。外部招聘的优点是可以引进外部竞争机制，使组织有更多选择，能招聘到优秀的专业人才，也可以避免“近亲繁殖”，为组织带来新鲜血液，同时招聘人才时可以选择有一定管理经验和培训经历的人员，从而降低企业的培训成本。外部招聘的缺点是会影响内部人员的士气，尤其是组织内部有合适人选仍从外部招聘时，并且应聘时可能因为应聘人员不熟悉环境而发挥失常，影响组织招聘到合适的人员。

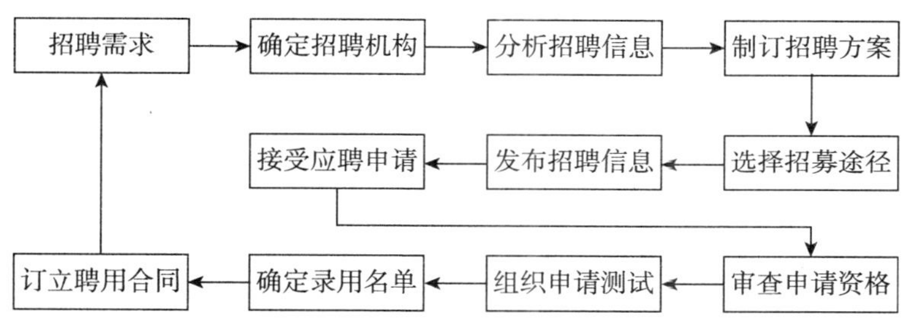


图 5.14 人员招聘的一般过程

### （三）对员工进行培训与考核

培训是指为了实现组织目标及员工个人的发展目标，有计划地为员工灌输组织文化、道德观念，工作理念、专业技能，帮助员工提高工作效率、激发员工潜力的过程。现代企业组织已经越来越重视员工培训，员工培训已经成为决定企业发展的战略性工作。员工培训首先要做好培训需求分析，可从组织分析、人员分析和任务分析三个方面进行。在做好培训需求分析之后就可以确定培训的主要目标，也就是培训希望达到的预期效果。培训的方法一般分为内行传授法、团队培训法和演示法等。具体而言,内行传授法有在职培训、案例分析、情景模拟法等;团队培训法有冒险学习法、领导技能培训法等;演示法有远程教育、视听法、讲授法等。

考核是指对员工的工作业绩和工作成效进行衡量和评价。考核是人员配备的一项非常重要的内容,考核的结果将直接影响整个组织目标的实现。考核可以为组织内部人员配备提供依据,可以为管理人员提供信息反馈,可以为员工的合理报酬提供依据,还可以帮助组织发现存在的问题。考核的基本步骤如图 5.15 所示。

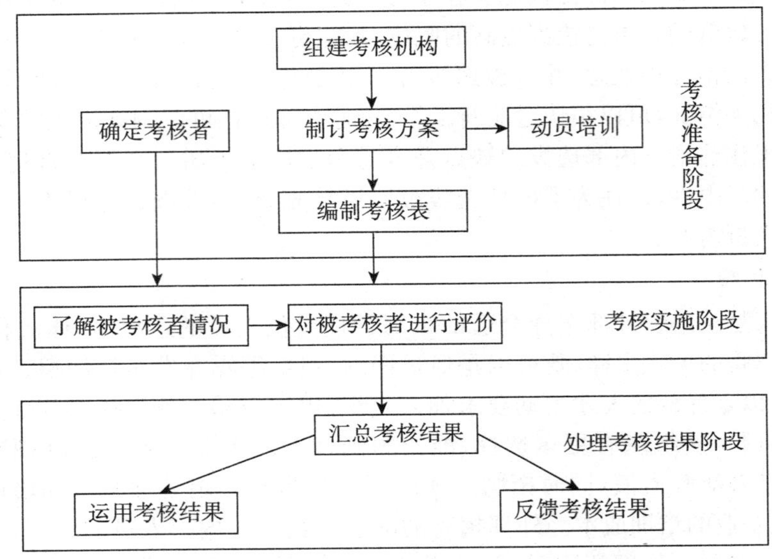


**图 5.15　考核的基本步骤**

# 本 章 小 结

本章重点内容简要概括如下。

(1) 组织。一是作为名词的组织,泛指各种企事业单位、各类社团,是按照一定的宗旨建立起来的具有系统性结构的实体;二是作为动词的组织,是指维持与变革组织结构,并使组织发挥作用、完成预期目标的过程,这个过程包含决策、计划、分工、协作、指挥、执行、控制、激励及监督等,对组织本身而言,还有从设计、展开运作到评估和改革的一系列动态行为。

(2) 组织职能是指为了有效实现活动或组织目标,建立组织结构、配备人员、使组织协调运行的一系列活动。

(3) 组织的类型。依据不同的标准,组织可以被划分成不同的类型:从是否营利的角度,可以将组织划分为营利性组织和非营利性组织;从投资主体的角度,可以将组织划分为公共组织和私人组织;从工作内容的角度,可以将组织划分为服务型组织和生产组织;从是否具有明确的机构和制度规范的分工协作系统的角度,可以将组织划分为正式组织和非正式组织。

(4) 组织环境是指对组织具有直接或潜在影响的因素。组织环境一般分为一般环境和具体环境两类。一般环境包括社会文化环境、经济环境、政治法律环境、科技环境和自然生态环境等,这些因素均可以潜在地影响组织绩效。具体环境也称为特殊环境,是指对组织目标的实现有着直接影响的因素,如顾客、供应商、压力群体和竞争者等。

(5) 组织设计是指根据组织目标及工作需要,遵循一定的规律来选择和设计组织结构的构成要素及其连接方式,从而确定组织系统,划分管理层次,选择合理的组织结构形式的过程。

(6) 组织设计涉及两方面的工作内容: 横向组织设计——部门化,纵向组织设计——管理幅度与管理层次。

(7) 组织设计的任务一般包括: 建立组织结构及组织结构图、编制部门职能说明书、编制岗位职责说明书。

(8) 组织的部门化。按各工作岗位的特征对它们进行分类,然后将相应职务的人员聚集在一个部门内,从而构成组织的各个部门,以便进行有效管理,这个过程就称为组织的部门化。

(9) 岗位设计也称为工作设计或职位设计,是指根据组织需要并兼顾个人需要,规定每个职位的任务、权力、责任及组织中与其他岗位关系的过程。

(10) 岗位设计的主要内容有工作内容、工作职责和工作关系的设计三个方面。

## 实务训练

请同学们组建成3～5人一组的小组,每个小组利用课余时间调查一个单位的部门设置和运作情况,分析该单位部门设置的合理性,并进行小组讨论,每个组员都提出自己的想法和建议。最后汇总小组讨论结果,提出小组关于该单位部门设置的改进建议。

## 思考与练习题

### 一、单项选择题

1. 在组织中将决策的权限分配给中下层组织单位贯彻的原则是(　　)。

   A. 分工原则　　B. 统一指挥原则　　C. 责权一致原则　　D. 分权原则

2. 组织环境主要是指(　　)。

   A. 组织周边的市场环境

   B. 对组织具有直接或潜在影响的因素

   C. 组织的竞争环境

   D. 组织所处地区的人文环境

3. 组织设计涉及的工作内容是(　　)。
   A. 权责利关系设计与目标设计
   B. 任务设计与人员设计
   C. 横向组织设计——部门化,纵向组织设计——管理幅度与管理层次
   D. 管理职能设计与管理岗位设计

## 二、多项选择题

1. 具体环境是对组织目标的实现有着直接影响的因素,主要有(　　)。
   A. 顾客　　B. 供应商　　C. 压力群体　　D. 竞争者
2. 职权一般来源于(　　)。
   A. 由于个人具备高级技术知识或者具有核心专长,从而拥有的技术能力职权
   B. 由于个人能够有效地影响、激励其他员工而拥有的管理能力职权
   C. 在层级组织中居于一定的职位而拥有的命令指挥权
   D. 由于个人在组织内工作的年限拥有的号召权
3. 组织部门可(　　)。
   A. 按照地域设计组织的部门
   B. 按照流程设计组织的部门
   C. 按照产品或服务设计组织的部门
   D. 按照职能设计组织的部门
   E. 按照顾客设计组织的部门

**推荐阅读:**

彼得·考夫曼编著的《穷查理宝典》。

# 第六章 领　　导

人不率则不从，身不正则不信。

——习近平

## 教学目标

学完本章后，你应该能够：

(1) 了解领导的定义与作用。

(2) 理解企业对管理者道德、能力的要求。

(3) 熟悉领导权力的来源。

(4) 了解领导的风格类型。

(5) 掌握领导的行为理论和领导权变理论的要点。

## 技能目标

(1) 掌握领导的能力要求和规范。

(2) 掌握在社会主义建设新时期，领导者需要具备的素质和技能。

## 素质目标

做事先做人，学习做一个有责任心、有担当、有梦想的人。

## 案例导入

### 什么样的领导才值得你追随

曾经看过这样一篇文章"员工辞的不是工作，而是他的BOSS"，从标题不仅可以看出领导者是造成员工离职的关键因素，更侧面体现出一个领导在团队中的重要作用，那么，到底什么样的领导才能让员工死心塌地跟着他干呢？

领导既不是魅力，也不是个人特质、性格或风格，那么，领导是什么？德鲁克认为"领导是一项工作"，一项需要脚踏实地，既不浪漫，也不稀奇的、无趣的工作。

领导的定义又是什么？引用杜鲁门总统的那句名言"责任止于此(The buck stops

here)”再恰当不过了。换句话说，领导是责任，领导的本质则是“绩效”，即领导的责任应该是“贡献”。

德鲁克观察卓有成效的领导者，发现他们都清楚四件事。

(1)“领导者”唯一的定义是拥有追随的属下，若没有遵循者，他们都不能成为领导者。

(2) 真正的“领导者”应该是引导属下做正确的事，因为领导才华是以领导者做事的成果来判定的。

(3) 言行一致，树立典范。

(4) 领导就是责任。领导并不是指阶级、头衔、特权或金钱。

领导是一项工作，领导者必须承担责任，并协助属下做正确的事，以言行一致、树立典范为要求，作出重大的贡献，才能赢得部下的追随，实现组织的使命与愿景，真正成为一位思想家或先知，这也是德鲁克一生的最佳写照。他的著作很多，创建了很多新的概念，知行合一，开明管理，作出了伟大的贡献，成了改变世界的领导者，赢得了世人的尊崇和追随。

卓越的领导者大概有下面5种类型。

1. 卓越型领导者

代表人物：华为任正非。

作为华为的创始人，任正非为人低调，被网友以睿智、低调、朴实所称道。在虹桥机场，有人发现穿着朴素的任正非在机场和车厢里的人挤在一起，同经济舱乘客一起排队等车。

他的低调和谦逊，正是今天我们要介绍的卓越型领导所具有的秉性。

“卓越型领导者——他们能够使个人的需求和私利服从于组织的需求，对企业和使命有种近乎英雄的奉献精神。他们绝不是单枪匹马，而是需要有个好的团队跟随左右，这正是领导者创建优秀团队的职责。”

柯林斯认为，谦逊是塑造卓越型领导力的关键因素。他用了一个简单的公式表达：谦逊性格＋职业意志＝卓越型领导力。

这些领导者显示出了一些独特的秉性。虽然这些秉性有助于取得卓越的结果，但是他们从不自吹自擂，宁愿避开众人的注目。

2. 真诚型领导者

代表人物：搜狐张朝阳。

在很多搜狐的老员工眼里，张朝阳是个好人，随性温和，不伤害他人，对下属宽容信任。而好人文化，也是搜狐倡导的员工企业文化。员工价值是诚信公正、以德为本，倡导诚信，做一个好人。

那么真诚型的领导者有哪些特点呢?

了解自己的目标，并对工作和目标充满热情与激情。

有坚定的价值观，比如正直、诚实，并实践这些价值观，考验自己在不同情况下的坚定性。

能够用心领导，对待员工有同情心，激励员工取得伟大成就。

能打造共同目标，建立一种密切联系，激发员工的忠诚和信任，形成并发展与员工之间的持久关系。

有这么一个真诚的领导者，意味着可以建立基业长青的企业。他们对企业目标有深刻意识并忠实于企业核心价值观，有魄力去建设能够满足所有股东需求、能认识到自己的服务对社会来说有多么重要。

3. 魅力型领导者

代表人物：阿里巴巴马云。

2000 年年底至 2001 年年初，阿里巴巴陷入自创业以来最困难、最危急的境地。

在危机之中，马云对阿里巴巴的团队说："不管多苦多累，哪怕是半跪在地下也得跪在那儿。跪着过冬，就是你站不住了也得跪着，不要躺下，不要倒。我们要学会半跪生存。"

如果没有马云的坚定和乐观，也许在遭遇互联网寒冬的阿里也将不复存在。像马云这样的领导者，就是我们所认为的典型的魅力型领导者。

魅力型领导者的魅力源于一种员工对特别的、非同一般的尊严和英雄主义的挚爱，源于领导者的典范品质，源于由他所展现的标准模式或下达的命令。

在危难时期，人们往往会期待魅力型领导者以其特有的使命感、饱满的热情和明确的目标带领他们渡过难关。

4. 积极型领导者

代表人物：褚橙褚时健。

从打造红塔集团，到被判无期徒刑(后来改判有期徒刑 17 年)，"中国烟草大王"褚时健曾跌至谷底。但他 2002 年保外就医，74 岁携妻种橙，让世上多了一种叫"褚橙"的水果，也让自己再次成为传奇。

积极型领导者无一例外都拥有积极、乐观的世界观。他们并非不切实际，而是喜欢把这个玻璃杯看成是半满的，而不是半空的。积极型领导者一般具有 3 个特点。

第一个特点是智力劳动训练。这样的训练可以帮助他们了解制定决策时的思维过程，从而更好地思考。

第二个特点是他们着力于构建内在优势，而不是改善劣势。企业必须能明确其员工和团队所具有的内在优势，并根据实际情况给他们制订合理的工作计划，既可以为员工谋福利，也有利于企业的发展。

第三个特点是专业适应性。积极领导者和其下属会将其所学运用到日常工作中。积极领导力可以促使那些在工作上取得良好绩效的专业人员摆脱工作上的一些束缚，以实现卓越的工作绩效。

5. 激励型领导者

代表人物：小米雷军。

雷军曾说，小米智能手机能取得好的成绩，在于有一个好的团队。雷军在前半年花了至少 80%时间找人，前 100 名员工每名员工入职他都亲自见面并沟通。

在公司架构上，最大限度地实现扁平化，基本上是 3 级：7 个核心创始人—部门领导—员工，而且也不会让团队太大，稍微大一点就拆分成小团队；通过加薪的方式对员工进行嘉奖;创建一个宽松的工作环境,在小米,每个人都是 6 天 12 小时工作,从未实行打卡制度,也没有 KPI 的考核制度。

激励型领导重视团队、任务和个人三者之间的平衡,雷军的这种管理方式就是代表。

激励型领导者必须兼顾 3 样东西:团队、任务和个人。他的责任在于帮助一个组织完成任务,建立团队,并发展和激励每个成员。

激励型领导者角色的一个重要部分是在这三者之间保持平衡。如果团队太过强势,则会成为委员会。如果将过多精力放在任务上,领导者最终会变成独裁者。对个人太过放松,则会出现无政府主义。

总之,真正的领导者并不是传教士,而是笃实的实践者。领导者之所以能成为领导者,不是因为他们说了什么,而是要看他们做了什么。光说不练的领导者是无法获得属下的信任的。只有通过有效的行动,才能经得起事实的检验。只有这样,才能成为一位真正的领导者。

(资料来源:湛庐文化——《领导者的本质》.)

**思考题:**

1. 如何理解"领导的责任应该是'贡献'"这句话的含义。
2. 案例中引用了五种类型的领导者,你认为卓越的领导者应该是什么样的?

# 第一节　领导与领导者

领导是一门科学,也是一门艺术,一个组织绩效的高低与领导行为有很大关系。从表面上看,领导者只是驾驭者、指挥者;实际上,领导者并不只是权力的管理者,他们用其经历、智慧、成就、人品、风度、魅力影响和带领下属为实现组织的目标而努力。

## 一、领导的含义

关于领导的内涵,表述各有不同。最近几十年来,众多学者给出了不同的定义解读。

第一个定义:领导是解决问题的初始行为。这强调解决问题而采取的最初的行动。

第二个定义:领导是对制定和完成企业目标的各种活动施加影响的过程。这着重说明了领导对企业活动施加影响。

第三个定义:领导是指挥部下的过程。这强调领导就是指挥。

第四个定义:领导是一个动态的过程,该过程是领导者个人品质、追随者个人品质和某种特定环境的函数。这侧重于领导的决定因素及动态性,但没有对领导的本质作出解释。

那么领导是什么呢?我们可以看出"领导"有两种词性含义。一是名词属性的"领导",即"领导者"的简称;二是动词属性的"领导",即"领导行为"的简称,是指"领导者"所从事的活动。

一般来说,领导是领导者为了实现预定目标,运用其法定权力和自身影响力,采用一定的形式和方法,率领、引导、组织、指挥、协调、控制其被领导者以完成既定的总任务的过程。

上述定义包含了以下三层含义。

第一层含义，领导的本质是影响力。正是靠着法定权力和自身的影响力，领导者才能指挥和率领下属实现预定的组织目标；靠着影响力，领导者能够将组织或群体中的人吸引到他周围、获取组织或群体成员的信任和支持。

第二层含义，领导包括领导者和被领导者两个方面。领导者是指能够影响他人并拥有管理的制度权力、承担领导职责、实施领导过程的人。领导是领导者和被领导者之间的一种相互依存、相互影响的关系。在领导过程中，下属都甘愿或屈从于领导者而接受其领导。

第三层含义，领导是一门艺术。领导艺术是利用领导者自身的知识、经验和智慧来处理组织中管理活动的领导技巧和能力。领导者每天会面临千变万化的组织或群体的内外部环境的变化，特别是面对各种各样的人，他们的学历不同、身份不同、背景不同、社会阅历不同、工作方式不同、文化背景不同等，他们在组织中所扮演的角色和需求各不相同，作为领导者如何去领导他们，实现组织目标呢？因此，领导需要不断地顺势而变，需要不断创新，领导者的工作效率和效果在一定程度上取决于领导艺术。

## 二、领导与管理

长期以来，人们认为领导就是管理，领导者就是管理者，其实领导不等同于管理，领导与管理之间既相互联系，又相互区别，在组织中必须处理好二者的关系。

### （一）领导与管理的联系

现实环境里，领导与管理并不是泾渭分明的。领导与管理的联系主要体现在以下两个方面：一是领导是从管理中分化出来的；二是在现实生活中，领导活动和管理活动具有较强的复合性与相容性。一个人在从事管理工作时，也在担负领导工作：管理中包含领导，一个成功的管理者缺乏鼓励和引导能力，也不会成功；领导中包含管理，尤其是在结构维度上展开的领导行为，就是汲取了管理的理性主义传统。所以，理性化过程和情感化过程是领导缺一不可的两个方面。

### （二）领导与管理的区别

虽然管理和领导都是为了实现组织的目标，但二者之间并不是等同的关系。美国哈佛大学商学院教授约翰·科特在《变革的力量——领导与管理的差异》一书中详细分析了二者之间的区别。他从企业领导和企业管理的角度，将领导与管理的区别完整地提炼出来，如表 6.1 所示。他认为，管理与领导虽然定义不同，但显然有诸多相似之处。二者都涉及对需要做的事情作出决定，建立一个能完成某项计划的人际关系网络，并尽力保证任务的完成。然而，二者之间的相似性却不能掩盖两者之间的差异。

约翰·科特认为，管理主要处理复杂的问题，优秀管理者通过制订正式计划、设计规范的组织结构及监督计划实施的结果而达到有序一致的状态。相反，领导主要处理变化的问题，领导者通过开发未来前景而确定前进方向。然后，他们把这种前景与其他人进行交流，并激励其他人克服障碍达到这一目标。约翰·科持的观点是要达到组织的最佳效果，领导与管理具有同等的重要作用，两者不可或缺。但多数组织总是过于强调管理而忽视领导的重要性，因此，更要重视开发组织中领导的作用。

**表 6.1　领导与管理的区别**

| 项　　目 | 管　　理 | 领　　导 |
|---|---|---|
| 计划制订过程 | 计划、预算过程——确定实现计划的详细步骤和日程安排，调拨必需的资源实现计划 | 确定经营方向——确立未来的，通常是遥远的、将来的远期目标，并为实现远期目标制定变革的战略 |
| 发展完成计划所需要的人力网络 | 企业组织和人员配备——根据完成计划的要求建立企业组织机构，配备人员，赋予他们完成计划的职责和权力，制定政策和程序以对人们进行引导，并采用某些方式或创建一定系统监督计划的执行情况 | 联合群众——通过言行将所确定的企业经营方向传达给群众，争取有关人员的合作，并形成影响力，使相信远景目标和战略的人们形成联盟，并得到他们的支持 |
| 执行计划 | 控制、解决问题——相当详细地监督计划的完成情况，如发现偏差点，则制订计划、组织人员解决问题 | 激励和鼓舞——通过唤起人们常未得到满足的最基本的需求，激励人们战胜变革过程中遇到的政治、官僚主义和资源方面的主要障碍 |
| 人的概念 | 管理者是把事情做正确——强调结果 | 领导者是做正确的事——强调方向 |
| 结果 | 在一定程度上实现预期计划，维持秩序 | 引起变革，通常是剧烈变革，并形成非常积极的变革潜力 |

## 三、领导的作用

领导就是指挥、带领、引导和鼓励下属为实现目标而努力的过程，因此，领导的作用归纳起来主要体现在以下几个方面。

### （一）指挥作用

领导者就好比是乐队指挥，乐队少了指挥无法演奏出动听的音乐，组织也一样，少了领导也无法实现预定的组织目标。而且，由于乐队指挥的才能不同，乐队也会有不同的反响。所以，在组织活动中，也需要有头脑清醒、胸怀全局、能高瞻远瞩、运筹帷幄的领导者帮助组织成员认清所处的内外部环境和形势，指明活动的目标和达到目标的途径。

### （二）激励作用

据研究，因上级领导人的职权而发挥出来的职工的才能约为60%，因管理人员引导和鼓励而激发出来的职工的才能约为40%。换句话说，领导至少具有两种过程：一种是利用职权指挥部下的过程；另一种是引导和鼓励部下的过程，两者缺一不可。

### （三）协调作用

在许多人协同工作的集体活动中，即使有了明确的目标，也因各人的才能、理解能力、工作态度、进取精神、性格、作风、地位等不同，加上外部各种因素的干扰，人们之间在思想上发生各种分歧、行动上出现偏离目标的情况是不可避免的。因此，需要领导者来协调人们之间的关系和活动，把大家团结起来，朝着共同的目标前进。

### （四）沟通作用

领导者在沟通方面发挥着重要作用，是信息的传播者、监听者、发言人和谈判者，在管理的各层次中起到上情下达、下情上传的作用，以保证管理决策和管理活动顺利地推进。

## 第二节　领导权力来源

权力是一种无形的力量，它看不到，摸不着，但是在工作中我们切实可以感受到权力对我们的影响。领导的核心在于权力。领导权力通常是指影响他人的能力，在组织中是指排除各种障碍完成任务、达到目标的能力。

所谓领导权力，就是领导者（权力所有人），遵循相关的法律法规，运用多种方法与手段，在实现特定目标的过程中，对被领导者（权力相对人）作出一定行为与施行一定影响的能力。

根据约翰·弗伦奇（John French）和伯特伦·雷文（Bertram Raven）等人的研究，领导的权力有五种来源。

### 一、法定性权力

法定性权力是由个人在组织中的职位决定的。个人由于被任命担任某一职位，因而获得了相应的权力和权威地位。例如，在公司里面，作为公司的总经理，有权给下属布置相应的工作任务和目标让下属去完成，下属在职责范围内必须听从总经理的指挥和命令，完成总经理交代的各项工作任务。法定性权力通常具有明确的隶属关系，从而形成组织内部的权力等级体制。

### 二、奖赏性权力

奖赏性权力是指个人控制着对方所重视的资源而对其施加影响的能力。例如，上级在其职权范围内可以决定或影响下级的晋升、提拔、奖金、表扬等，通过这种精神和物质上的激励与安抚，影响下级的态度和行为。

但是奖赏性权力虽然是一种很好的对下属施加影响力的手段，但其作用发挥得是否得当，也要看在实施奖赏时有没有真切地了解到下级的实际需要。例如，从马斯洛的需求层次来看，当前的员工处于生理需要这一层次，每天饭不饱肚，如果你在这时只给予他精神上的奖励，给其安抚、亲近，那么对其实施奖赏性权力的效用就不一定卓有成效了。人的需要是多种多样的，必须根据每个人的需要有针对性地采取奖赏的手段和方式才能取得良好的效果。

### 三、惩罚性权力

惩罚性权力是指通过强制性的处罚或剥夺而影响他人的能力。例如，在工作过程中，因下级工作开展不顺利，对下级实施批评、罚款、降职、降薪、撤职、辞退等处罚措施。

这是建立在惩罚和使其失去既得利益基础上的，对不服从命令或要求、对任务和目标的完成不切实进行的人实施的惩治措施。

但是惩罚性权力也不可滥用，如果使用不当会造成十分消极的后果。如领导在工作中随意处罚下属，会造成下属消极怠工，甚至产生工人罢工、暴力事件等恶果。因此，在使用惩罚性权力时一定要慎重，要结合实际情况科学合理地使用，以达到影响下属工作能力、提高其工作积极性、改善工作绩效的目的。

### 四、感召性权力

感召性权力是由于领导者拥有吸引别人的个性、品德、作风而引起人们的认同、赞赏、钦佩、羡慕而自愿地追随和服从他。例如，一个人的无私工作、敬业奉献、不畏艰险、开拓创新等，拥有这些优良的品德自然会吸引和影响一些人追随其工作。

从以上的分析可以看出，感召性权力的大小与一个人的职务、职位、所从事的工作高低无关，而在于这个人的个性、品德、作风这些个人所具备的素质。因此，在组织中会出现有些没有职位的人拥有一批追随者，成为公司中的非正式组织的领袖，他们对组织中的个人施加的影响力可能要大于正式职位的领导者。所以，组织要充分利用这些非正式组织的领袖，使其在施加影响力时朝着对组织有利的方向发展。

### 五、专长性权力

专长性权力是知识的权力，是指因为人在某一领域所特有的专长而影响他人的能力。例如，一位资深的工程师，有着卓越的电气自动化管理方面的技术，因而在公司里面拥有巨大的影响力；一位资深的教师，虽然没有任何职位，但是因其长期从事高精尖的科研项目，而在学校里受到其他老师的尊重和敬仰，同时在学生中也有着巨大的影响力。专长性权力都来自下级的信任，即下级感到领导者具有专门的知识、技能，并能够帮助他们排除障碍，克服困难，实现组织目标和个人目标。

组织中的各级领导者只有正确地理解领导权力的来源，精心营造和运用权力，才能成为真正有效的领导者。一个组织的成功必须依靠领导者和追随者的共同努力，不仅领导者要成为有效的领导者，追随者也要成为有效的追随者，而不是一味地盲从，只满足于循规蹈矩的工作，要有一定的创新和进取意识。

## 第三节　领导者类型与素质

组织成败的 45%～65%变异量是由领导者所决定的，领导的行为不仅对下属的表现与发展产生很大的影响，而且与组织绩效密切相关。中国有句古话“兵熊熊一个，将熊熊一窝”充分说明领导的重要性。

### 一、领导风格

在组织中，不同的领导者有着不同的领导风格。

### （一）按权力运用方式划分

按领导者在领导过程中进行制度创新的方式，可以把领导风格分为集权式领导者和民主式领导者。

1. 集权式领导者

所谓集权，是指领导者把权力进行集中的行为和过程。因此，所谓集权式领导者，就是把管理的制度权力相对牢固地进行控制的领导者。这种领导者的优势在于通过完全的行政命令，使下属听从领导者的指挥，可能获得较高的管理效率和良好的绩效。这对于组织在发展初期和组织面临复杂突变的环境时，是有益处的。但是，长期将下属视为某种可控制的工具，则不利于他们职业生涯的良性发展。

2. 民主式领导者

与集权式领导者形成鲜明对比的是民主式领导者。这种领导者的特征是向被领导者授权，鼓励下属的参与，并且主要依赖于其个人专长权和模范权影响下属。通过激励下属的需要，发展所需的知识，尤其是意会性或隐性知识，能够充分地积累和进化组织的能力，员工的能力结构也会得到长足的提高。因此，相对于集权式领导者，这种领导者更能为组织培育 21 世纪越来越需要的人力资本。

### （二）按创新方式划分

按领导者在领导过程中进行制度创新的方式，可以将领导者分为魅力型领导者和变革型领导者。

1. 魅力型领导者

魅力型领导者有着鼓励下属超越他们预期绩效水平的能力。在实际工作中，魅力型领导者对下属往往拥有某种情感号召力，可以鲜明地拥护某种达成共识的观念，有未来眼光，而且能就此和下属沟通并激励下属，如华为公司的任正非。

2. 变革型领导者

变革型领导者鼓励下属为了组织的利益而超越自身利益，并能对下属产生深远而不同寻常的影响，如阿里巴巴集团的马云。

### （三）按思维方式划分

按领导者在领导过程中的思维方式，可以将领导者分为事务型领导者和战略型领导者。

1. 事务型领导者

事务型领导者也可以称为维持型领导者。这种领导者通过明确角色和任务要求，激励下属向着既定的目标活动，并且尽量考虑满足下属的社会需要，通过协作活动提高下属的生产率水平。

2. 战略型领导者

战略型领导者的特征是用战略思维进行决策。对企业来说，21 世纪的竞争将不只是产品之间或公司之间的竞争，更是组织管理人员思维方式之间和管理框架之间的竞争。管理人力资本的能力是战略领导者最重要的技能，能干的战略领导者有能力创造产生知识资本的社会结构，能提出组织创新的思想，能推动组织不断进步创新。

## 二、领导者素质

具备怎样的条件才能做一个好的领导呢？对领导有效性的研究最早集中在对于领导特质的研究上，即学者们希望通过长期的对大量个体的观察和分析，归纳总结出对于这个问题的答案。

在早期的研究中，存在着一种关于“伟人”的学说。这类理论认为，领导者生来就具有与众不同的独特品质，于是便成为领导者，如拿破仑、丘吉尔、甘地、斯大林、毛泽东等，这些人都是天生具有一些领导的特性，才能成为有效的领导者。在这种思想的指导下，许多学者进行了大量的调查研究，以求找出领导者的共性特质。例如，吉布(Gibb)研究认为，天才的领导者应该具备以下特质：健谈、外表潇洒、智力过人、有自信心、心理健康、强烈的支配欲、外向而敏感。

作为一个领导者确实必须具备一些基本的素质和条件。

### （一）思想素质

根据社会主义核心价值观的要求，作为领导者应具有强烈的责任心、责任感和创业精神；有良好的思想作风和工作作风，能一心为公，不谋私利，谦虚谨慎，戒骄戒躁，不文过饰非，严于解剖自己，深入基层，善于调查研究，工作扎实细致，有布置、有检查，实事求是，不图虚名；艰苦朴素，与群众同甘共苦，不搞特殊化，品行端正，模范遵守规章制度和道德规范；有较高的情商，具有影响他人的魅力，平等待人，和蔼可亲，不计较个人恩怨，密切联系群众，关心群众疾苦，多为群众办好事，不拉帮结派。

### （二）业务素质

领导者应具有管理现代企业的知识和技能。领导者应掌握的业务知识包括：应懂得市场经济的基本原理，与时俱进地掌握建设中国特色社会主义的理论和思想；应懂得管理的基本原理、方法和各项专业管理的基本知识；应学习统计学、会计学、经济法、财政金融和外贸等方面的基本知识，了解国内外管理科学的发展方向；应懂得生产技术和有关自然科学、技术科学的基本知识，掌握本行业的科研和技术发展方向、本企业产品的结构原理、加工制造过程，熟悉产品的性能和用途；应懂得政治思想工作、心理学、行为科学、社会学等方面的知识，以便做好员工的工作，激发员工士气，协调好人与人的关系，充分调动人的积极性；应能熟练应用计算机、信息管理系统和网络，及时了解和处理有关信息。

### （三）心理素质

心理素质是指领导者个人的性格、气质、意识、情感价值观等心理要素。良好的心理素质是领导者工作成功的重要条件。正如法国启蒙运动的先驱者伏尔泰说的，“造就政治家的，绝不是超凡出众的洞察力，而是他们的性格。”领导者不是神，与其他人一样有喜、怒、哀、乐。但当好领导，必须善于调节自己的情绪，保持良好的心理。没有良好的心理，是难以卓有成效地开展组织管理工作的。

### （四）身体素质

领导工作的性质和特点决定了对领导自身身体素质的要求应比一般人要严格得多。作为领导者，在身体素质和强度方面，必须忍受和适应领导工作对自己提出的许多特殊要求，忍受杂乱而少规律的生活方式。这一切都像一座座山口，无时无刻不在考验着一个领导者的身体素质，要求领导人在身体健康、体魄强健及对艰苦环境的忍受方面要比一般人具备更加理想的条件。普京就是一个鲜明的形象，他每次在公共场合露面，都是一副健康的美好形象，他总能给人以一种无形的震撼力。领导者要保持良好的身体素质，除了坚持身体锻炼外，还应合理安排工作和休息时间，使生活有规律、有节奏，始终能以健康美好的形象出现在公共场合。

# 第四节　领导理论

领导才能与追随领导者的意愿都是以领导方式为基础的，从 20 世纪 40 年代起，有些学者开始研究领导者的个人行为。他们认为，领导的有效性主要取决于领导的行为方式、作风，注重考察那些成功的领导者做些什么、怎样做的、优秀的领导者行为是怎样的，试图找出能获得有效性的行为模式。

## 一、领导行为理论

领导行为理论试图从研究领导者的行为特点与绩效的关系寻找最有效的领导风格。

### （一）勒温的三种领导方式理论

美国心理学家勒温根据领导者如何运用职权，把领导者在领导过程中表现出来的极端的工作作风分为三种类型，如表 6.2 所示。

1. 专制型

具有专制型领导者从不考虑别人的意见，所有决策都由自己作出；领导者预先安排一切工作程序和方法，从不把消息告诉下级，要求下级只有服从，奉命行事；很少参加群体的社会活动，与下级保持相当的心理距离；主要依靠行政命令、纪律约束；罚多奖少，下级没有权力；没有参与决策的机会，只能服从。

2. 民主型

具有民主型领导者鼓励下属参与决策，下属个人有相当大的工作自由和灵活性；在领导工作中主要应用个人权力和威信，而不是靠职位权力和命令使人服从；在分配工作时尽量照顾到个人的能力、兴趣和爱好；积极参加团体活动；与下级没有任何心理上的距离。

3. 放任型

放任型领导者把权力完全给予组织成员或群体，自己对工作尽量不参与，也不主动干涉，毫无规章制度，工作进行几乎全赖于组织成员自行负责。

表 6.2　勒温的三种领导方式比较

| 项目名称 | 专　制　型 | 民　主　型 | 放　任　型 |
|---|---|---|---|
| 权力分配 | 权力集中于领导者个人手中 | 权力在团体之中 | 权力分散在每个员工手中,采取无为而治的态度 |
| 决策方式 | 领导者独断专行,所有的决策都由领导者自己作出,不重视下属成员的意见 | 让团队参与决策,所有的方针政策由集体讨论作出决定,领导者加以指导、鼓励和协助 | 团队成员具有完全的决策自由,领导者几乎不参与 |
| 对待下属的方式 | 领导者介入具体的工作任务中,对员工在工作中的组合加以干预,不让下属知道工作的全过程和最终目标 | 员工可以自由选择与谁共同工作,任务的分工也由员工的团队来决定,让下属员工了解整体的目标 | 为员工提供必要的信息和材料,回答员工提出的问题 |
| 影响力 | 领导者以权力、地位等因素强制性地影响被领导者 | 领导者以自己的能力、个性等心理品质影响被领导者,被领导者也愿意听从领导者的指挥和领导 | 领导者对被领导者缺乏影响力 |
| 对员工评价和反馈的方式 | 采取"个人化"的方式,根据个人的感情对员工的工作进行评价,采用惩罚性的反馈方式 | 根据客观事实对员工进行评价,将反馈作为对员工训练的机会 | 不对员工的工作进行评价和反馈 |

勒温根据实验认为,放任型领导效率最低,只能达到社交目标,而完不成工作目标。专制型领导虽然通过严格管理达到了工作目标,但组织成员没有责任感,情绪消极、士气低落。民主型领导工作效率最高,不但完成了工作目标,而且组织成员关系融洽,工作积极主动,有创造性。

### (二)"工作中心"与"员工中心"理论

1947 年以后,美国管理学家利克特及密执安大学社会研究所的有关研究人员曾进行一系列的领导研究,其对象包括企业、医院及政府各种组织机构。

1961 年,他们把领导者分为两种基本类型,即"以工作为中心"(job-centered)的领导与"以员工为中心"(employee-centered)的领导。前者的特点是:任务分配结构化、严密监督、工作激励、依照详尽的规定行事。而后者的特点是:重视人员行为反应及问题,利用群体实现目标,给予组织成员较大的自由选择的范围。

据此,利克特倡议员工参与管理。他认为,有效的领导者是注重面向下属的,他们依靠信息沟通使所有部门像一个整体那样行事,群体的所有成员(包括主管人员在内)实行一种相互支持的关系,在这种关系中,他们感到在需求价值、愿望、目标与期望方面有真正共同的利益。由于这种领导方式要求对人采取激励方法,因此利克特认为,它是领导一个群体的最为有效的方法。利克特假设了四种管理方法,以此研究和阐明他的领导原则。

第一种管理方法是"利用—命令式"方法。这种管理方法由领导发布指示,决策中没有下属参与;主要用恐吓和处分,偶尔用奖赏去激励人们;惯于由上而下地传达信息,把决策权局限于最高层;等等。

第二种管理方法是"温和—命令式"方法。这种管理方法用奖赏兼某些恐吓及处罚的方法去鼓励下属；允许一些自下而上传递的信息；向下属征求一些想法与意见，并允许把某些决策权授予下属，但加以严格的政策控制。

第三种管理方法是“商议式”方法。使用这种管理方法，领导在决策时征求、接受和采用下属的建议；通常试图去酌情利用下属的想法与意见；运用奖赏并偶尔兼用处罚的办法和让员工参与管理的办法来激励下属；既使下情上传，又使上情下达；由上级主管部门制定主要的政策和运用于一般情况的决定，但让较低一级的主管部门作出具体的决定，并采用其他一些方法商量着办事。

第四种管理方法是“集体参与”方法。领导向下属提出挑战性目标，并对他们能够达到目标表示出信心；在诸如制定目标与评价目标所取得的进展方面，让群众参与其中并给予物质奖赏；既使上下级之间的信息畅通，又使同级人员之间的信息畅通；鼓励各级组织作出决定，或者将他们自己与其下属合起来作为一个群体从事活动。

利克特发现，那些用第四种管理方法从事管理活动的管理人员，一般都是极有成就的领导者；以此种方法来管理的组织，在制定目标和实现目标方面是最有成效的。他把这些主要归之于员工参与管理的程度，以及在实践中坚持相互支持的程度。

### （三）二维构面理论

美国俄亥俄州立大学的研究者们从1945年起，对领导问题进行了广泛的研究。他们发现，领导行为可以利用两个构面(dimensions)加以描述——关怀(consideration)和定规(initiating structure)，一般称为俄亥俄学派理论或二维构面理论(two dimension theory)。这种理论把领导行为归纳为“抓组织”和“关心人”两个因素。

(1)“抓组织”：即注重组织设计、规章制度、责权关系等，要求员工遵守规章制度。

(2)“关心人”：即注重组织气氛、尊重下级、信息交流等。

这两类因素的具体组合就形成四种领导行为，即低组织高关心人、高组织低关心人、高组织高关心人和低组织低关心人。所谓关心，是指一位领导者对其下属所给予的尊重、信任及互相了解的程度。从高度关心到低度关心，中间可以有无数不同程度的关心。而所谓组织，也就是指领导者对于下属的地位、角色与工作方式，是否都制定有规章或工作程序。这也可有高度的定规和低度的定规。因此，二维构面可构成一个领导行为坐标，大致可分为四个象限或四种领导方式，如图6.1所示。

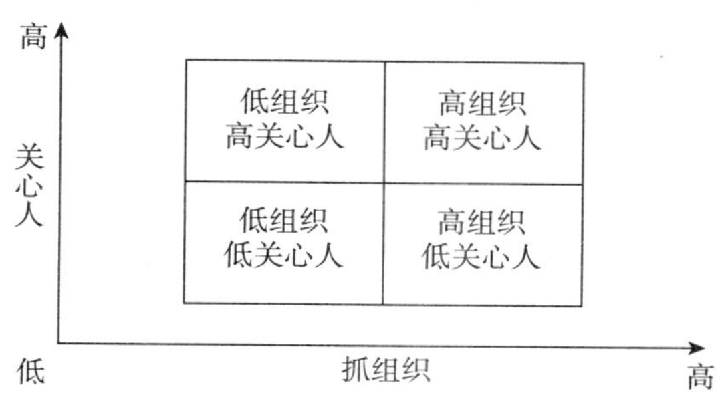


**图6.1　二维构面理论**

这些学者企图发现这些领导方式与一些绩效指标之间的关系。他们发现，在生产部门内，工作技巧评定结果与定规程度呈正相关，而与关心程度呈负相关；在非生产部门内，这种关系恰恰相反。一般来说，高组织低关心人的领导方式效果最差。

### （四）管理方格论

密歇根大学和俄亥俄州立大学的研究结果发表后，引起了对理想的领导方式的广泛讨论。美国得克萨斯大学的布莱克(Blake)和莫顿(Mouton)提出一种二维的领导风格理论——管理方格论。在管理方格论中，首先把管理人员按他们的绩效导向行为(称为对生产的关心)和维护导向行为(称为对员工的关心)进行评估，给出等级分值。然后以此为基础，把分值标注在两个维度坐标界面上，并在这两个维度坐标轴上分别划出 9 个等级，从而生成 81 种不同的领导风格，如图 6.2 所示。

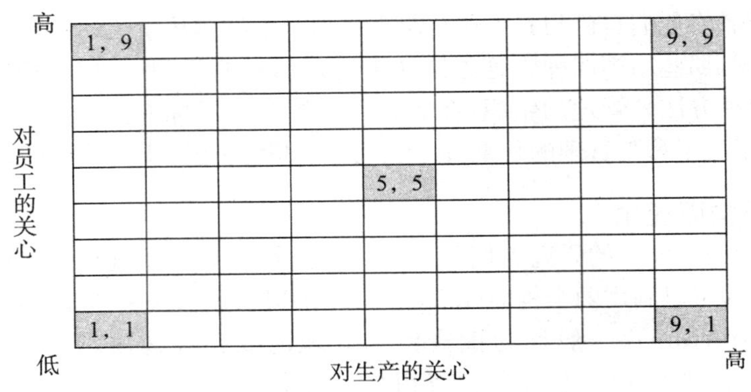


**图 6.2 管理方格图**

从图 6.2 中可以看到，比较典型的有 5 种领导风格。

(1,1)贫乏型领导风格。领导者仅付出最低限度的努力以完成任务和维系组织成员的关系，既不关心员工，也不关心任务，在这种领导风格之下，很难产生良好的绩效。

(1,9)乡村俱乐部型领导风格。对员工关怀备至，创造一种舒适、友好的组织环境和工作氛围，维持成员身份，但不关心任务和效率。

(9,1)任务型领导风格。领导者只重视任务效果，而不重视下属的发展和士气，对员工漠不关心。

(9,9)团队型领导风格。领导者对员工和任务都极为关心，把员工的利益和实现组织的目标高度地结合起来，大家齐心协力地完成工作。

(5,5)中庸型领导风格。力图去维持这样的平衡，在完成工作的必要性和必要的员工满意水平下，维持员工的士气，使组织绩效目标能够得以实现。

布莱克和莫顿认为，(9,9)型领导风格是效率最高的领导风格，虽然这种领导风格对领导者要求比较高，但是可以通过接受一个(9,9)型领导人的培训来提高管理者的领导能力。应该指出，管理方格理论并未对如何培养管理者提供答案，只是为领导方式的概念化提供了框架，且在实践中很难出现纯之又纯的典型领导方式。被誉为最好的(9,9)型的领导风格并不是在任何时候都是最有效的，还要根据实际情况进行系统的分析和领导。

## 二、领导权变理论

领导行为理论没有解决领导风格问题，即什么样的领导方式是有效的(促使员工产生高绩效)？为什么一种领导风格在一种特定的环境下有效，在另一种环境下失效？领导权变理论(contingency theories of leadership)给出了比较满意的答案。

领导权变理论又称领导情境理论。与之前领导风格理论相比，领导权变理论的优点在于其核心观点：在不同情境下，领导行为所发挥的作用效果是不同的。在某种特定的情境下，领导者应该具备恰当的领导风格，才能有效发挥领导作用。研究者认为，不同的环境要求运用不同的领导风格，所以领导者必须培养以多种方式开展工作，以及根据所面临的形势和员工而改变领导风格的能力。领导权变理论认为，应该使用哪种领导风格完全取决于具体环境和追随者的性质。领导权变理论研究成果中以菲德勒的权变模型、领导生命周期理论和路径—目标理论最为典型。

### (一) 菲德勒的权变模型

菲德勒是最早承认有效领导取决于领导者的特点和他所处的情景特征的领导研究者之一。该模型解释了为什么在一种环境中是有效的领导者，而在另一种环境中却成了低效的领导者。

菲德勒的权变模型将特质和行为理论结合起来。它假设个人特质影响着领导的有效性。他用领导风格来指代不同的领导行为特点，并将领导风格分为关系导向和任务导向两类，而且领导无法做到在不同的环境中实行不同风格的领导。

为研究领导者的基本领导风格，菲德勒设计了一系列针对领导者维度的问卷来评价他们最难共事的同事(least-preferred co-worker，LPC)，以此来测量领导者的风格。LPC问卷含有一系列表示极端的形容词，分为八个等级。这些形容词包括自信、犹豫，开放、封闭，冲突、和谐等反义词。关系导向型领导倾向于用相对积极的语言来刻画最难共事的同事，因为他们对良好关系的关心促使他们从积极的方面看待别人；而任务导向型领导则倾向于用相对消极的语言来形容最难共事的同事，因为他们关心的是任务的完成情况，这使他们总是从消极的方面看待那些难以完成工作的人们。因此，关系导向型领导者和任务导向型领导者有时候也被称为高LPC领导者和低LPC领导者。值得注意的是，菲德勒认为个人的领导风格是固定的，它不随情境的变化而发生改变。

菲德勒提出了三种权变维度或称为情境因素。

(1) 领导者—成员关系。这表示下属信任和尊重领导者的程度，以好和差两个维度度量。

(2) 任务结构。这表示下属被分配工作的规范化和结构化程度，以明确和不明确两个维度度量。

(3) 职位权力。这表示领导者对下属在聘用、加薪、提拔、惩罚和解聘等方面的影响程度，以强和弱两个维度度量。

菲德勒模型如表6.3所示。

表 6.3 菲德勒模型

| 上下级关系 | 好 | | | | 差 | | | |
|---|---|---|---|---|---|---|---|---|
| 任务结构 | 明确 | | 不明确 | | 明确 | | 不明确 | |
| 职位权力 | 强 | 弱 | 强 | 弱 | 强 | 弱 | 强 | 弱 |
| 情境类别 | 1 | 2 | 3 | 4 | 5 | 6 | 7 | 8 |
| 领导所处的情境 | 有利 | | | 一般 | | | 不利 | |
| 有效的领导方式 | 任务导向 | | | 关系导向 | | | 任务导向 | |

菲德勒将上述三种情境因素组合成八种情况。三种条件都具备或基本具备的，即领导成员关系良好、有任务结构（工作任务明确）、职位权力强，是有利的领导情境（1、2、3）；三者有一项或两项具备，是领导的一般情境（4、5、6）；三种条件都不具备，是不利的领导情境（7、8）。在对领导者的行为变量和情境因素进行描述之后，菲德勒进一步定义了具体哪种情境对某一种领导者来说更加有效。他分析比较了 8 种情境下的关系导向型领导风格和任务导向型领导风格，并给出了这样的结论：任务导向型领导者在情境非常有利或非常不利的条件下，均表现出较高的有效性，而一般环境条件下，关系导向型领导者则显得效果更好。

根据菲德勒的观点，要想实行有效的领导，就要把管理者放在适合他们领导风格的情境中，或是通过改变领导情境来适应管理者的风格。有效的领导者要学会根据所处环境的不同变换自己的领导风格和领导方式，从而适应社会的变革和发展。

### （二）领导生命周期理论

领导生命周期理论是由美国管理学家保罗·荷西（Paul Hersey）和肯尼斯·布兰查德（Kenneth Blanchard）在俄亥俄州立大学领导行为理论的基础上发展起来的，如图 6.3 所示。

在综合考虑对员工的关心和对工作的关心后，该理论将领导方式分成四种：命令式领导、说服式领导、参与式领导和授权式领导。

1. 命令式（高工作—低关系）领导

命令式领导者对下属进行分工并具体指点下属应当干什么、如何干、何时干，它强调直接指挥。因为在这一阶段，下属缺乏接受和承担任务的能力与愿望，既不能胜任又缺乏自觉性。

2. 说服式（高工作—高关系）领导

说服式领导者既给下属以一定的指导，又注意保护和鼓励下属的积极性。因为在这一阶段，下属愿意承担任务，但缺乏足够的能力，有积极性但没有完成任务所需的技能。

3. 参与式（低工作—高关系）领导

参与式领导者与下属共同参与决策，领导者着重给下属以支持及其内部的协调沟通。因为在这一阶段，下属具有完成领导者所交任务的能力，但没有足够的积极性。

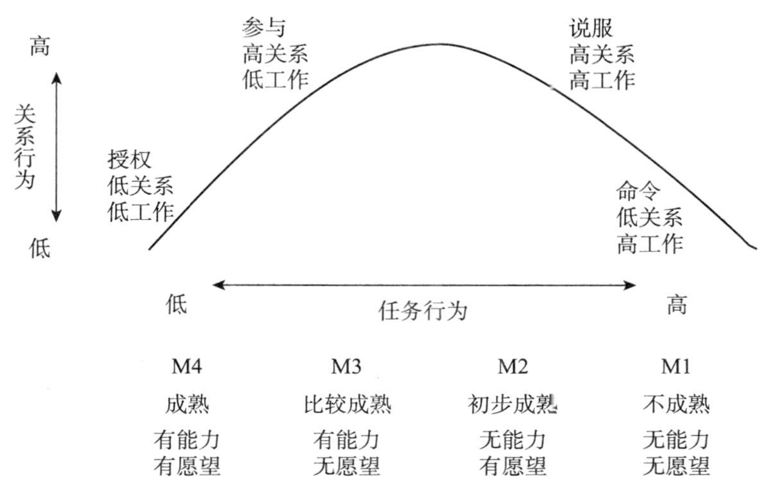


**图 6.3 领导生命周期理论**

4. 授权式(低工作—低关系)领导

授权式领导者几乎不加以指导,由下属自己独立地开展工作、完成任务。因为在这一阶段,下属能够而且愿意去做领导者要他们做的事。

所谓成熟度,是指人们对自己的行为承担责任的能力和愿望的大小。它取决于两个要素:工作成熟度和心理成熟度。工作成熟度包括一个人的知识和技能,工作成熟度高的人拥有足够的知识、能力和经验完成它们的工作任务而不需要他人的指导。心理成熟度是指一个人做某事的意愿和动机,心理成熟度高的人不需要太多的外部激励,它们靠内部动机激励。员工成熟度水平可以分为四个阶段:不成熟—初步成熟—比较成熟—成熟。面对分别处于这四个阶段的员工,领导行为不能一成不变,而应该随他们的成熟度的变化而变化。

## (三) 路径—目标理论

路径—目标理论是由加拿大多伦多大学的领导研究学者罗伯特·豪斯于 1971 年提出的,如图 6.4 所示。该理论认为,领导者的工作是帮助下属达到他们的目标,并提供必要的指导和支持,以确保各自的目标与群体或组织的总体目标一致。所谓"路径—目标",是指有效的领导者既要帮助下属充分理解工作目标,又要指明实现目标所应遵循的路径。

路径—目标理论被归为权变理论,因为它包含了三个权变因素:领导风格、情景因素、激励方式。

帮助下属实现目标所采取的激励措施和领导风格取决于以下两点。

(1) 下属的特征,包括能力、技能、需要和动机等。

(2) 工作环境特征,包括任务结构化的程度、规章制度对员工行为的约束程度、员工与同事之间的关系等。

有效领导通过以下几种方式来激励下属实现目标。

(1) 明确下属希望从他们所从事的工作和所在的组织中得到哪些结果。这些结果包

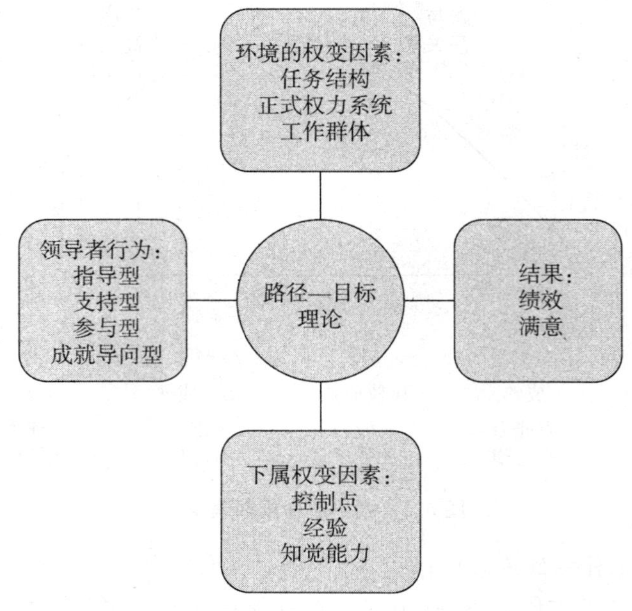


**图 6.4 路径—目标理论**

括令人满意的薪酬、工作保障、合理的工作时间及富有挑战性的工作安排等。

(2) 用其期望的结果来奖励那些取得高绩效和完成工作目标的下属。

(3) 为下属指明完成工作目标的途径，清除任何有碍取得高绩效的障碍。这意味着管理者应该确保下属清楚自己应该努力完成的目标是什么，确保他们拥有取得成功所需要的能力、资源和信心。

路径—目标理论区分了四种领导风格。

(1) 指导型。帮助下属设定目标、布置工作、明确对下属的期望和要求。

(2) 支持型。考虑下属的需要，对他们的切身利益表示关切，并努力营造和谐的组织氛围。

(3) 参与型。领导者经常与下属沟通信息、商量工作，虚心听取下属的意见，让下属参与决策、参与管理。

(4) 成就导向型。制定具有挑战性的目标，相信下属有能力完成任务。管理者使用何种行为取决于下属和工作。

如果下属是教条的和权力主义的，任务是不明确的，组织的规章制度和程序是不清晰的，那么，指导型领导风格最合适。对于结构层次清晰、令人不满意或是令人感到灰心的工作，那么，领导者应该使用支持型领导风格。当下属从事机械重复性的和没有挑战性的工作时，支持型领导风格能够为下属提供工作本身所缺少的“营养”。当任务不明确时，参与型领导风格效果最佳，因为参与活动可以明晰达到目标的路径，帮助下属懂得通过什么路径和实现什么目标。另外，如果下属具有独立性、具有强烈的控制欲，参与型领导风格也具有积极影响，因为这种下属喜欢参与决策和工作建构。如果组织要求下属履行模棱两可的任务，成就导向型领导风格效果最佳。在这种情境中，激发挑战性和设置高标准的领导者，能够提高下属对自己有能力达到目标的自信心。事实上，成就导向型领导可以帮助下属感受到他们努力将会导致有效的成果。

## 第五节 新时期领导者特质

当今中国正在进行深刻变革，对于各级领导干部来说，全面深化改革需要鉴往知来，攻坚克难离不开人的作用。同时，中国加入世贸组织，全面融入全球经济体系，中国经济也在飞速发展，新时期中国的建设需要各企业的不断发展，其中，企业领导人发挥着尤为重要的作用。《世界经理人文摘》总结世界经理人网站的广大用户、中国企业领导人应对新时期不确定性的十大特质为：建立愿景、信息决策、配置资源、有效沟通、激励他人、人才培养、承担责任、诚实守信、事业导向、快速学习。

(1) 建立愿景。确立企业发展方向是领导人最主要的职责之一。建立愿景的能力如果很糟糕，甚至不具备该能力，产生的后果就不仅仅是员工得不到激励，更严重的是他们会因此迷失方向或者怀疑目前的方向。当今经济环境不确定性因素的增加，给方向确立带来了新的挑战。中国企业对企业愿景需要有更多的认识。有了正确的愿景，就可以“以不变应万变”。

(2) 信息决策。在复杂多变的经营环境中，企业领导人放弃信息分析与理性决策成为一种倾向。但是，高度不确定性不应该成为企业领导人“拍脑袋”的借口。领导人必须能够在充满不确定的模糊情景下进行有效决策，如果等到状态变得清晰，极有可能已经失去了最好的机会。

(3) 配置资源。把有限的资源配置到能够产生最大效益的人员、项目与任务中，是企业运行的一项基本任务。合理配置有限的资源本身就是一种策略。配置资源中特别要讲究领导技巧，远离市场的企业领导人不应该直接指令所有资源的配置过程，而是放下权力，允许资源被“吸引”到直接面对市场的人员和他们发现的市场新机会上。

(4) 有效沟通。领导的真正工作就是沟通。优秀的领导人在沟通中应该具有一种化繁为简的才能，能把很复杂的事情通过简洁通俗的语言表达出来。沟通不能总是采取自上而下的模式，领导者需要成为倾听大师。在组织变革方面的沟通，要求领导人具备足够的耐心和热情。领导人应该选择好不轻易放弃的事业，遇到挫折不气馁，并经常在不同场合宣传这项事业。

(5) 激励他人。激励机制一直是中国企业的一块“软肋”。在持续的竞争压力或企业变革中，员工需要不断地激励。成功的领导者必须在企业内部建立起有效的激励体制、透明的赏罚制度，实行绩效付酬，让优秀的员工得到更多的认可，使他们产生归属感。

(6) 人才培养。在成功的企业中，培养他人的能力是判断领导成熟度的重要标准。如果一个领导人害怕自己的下属比自己厉害，而把可能超过自己的下属“淹死”，这样的领导者手下不会有能干的人才。因此，不遗余力地培养人才的领导者，才会拥有很多人才，成功的机会才会更多、更大。

(7) 承担责任。即使是一个优秀的企业领导人，在不确定的经营环境中也不可能总是一次就把事情做成功。在遭遇挫折和失败时，只要勇于负起责任，认真总结，从头再来，就会有成功的机会。企业领导人的岗位赋予了他们承担责任的义务。决定性的决策往往具有风险性，但是无论如何，在不确定性情形下进行决策，总比不决策好。这些时候，领导人肯定要承担风险和责任。

(8) 诚实守信。有效的领导者是那些有效地管理不确定性的人，诚实守信是有效地管理不确定性的第一条原则。成功领导者们“最大的成功”在于号召力不只是他们手中的权力，或是施以实惠，更多的是依靠自我纪律与诚信。只有诚信才能使自己在人际关系中保持吸引力，建立广泛而良好的社会、人际关系，从而吸引、保留企业需要的各种优秀人才。

(9) 事业导向。成功的企业领导者一定具有强烈的事业心，把企业的事业当作自己的事业，全身心地投入事业中。

(10) 快速学习。许多成功的企业家都曾经历过各自事业的低潮或逆境，其实，失败并不可怕。成功之路往往不是简单地写在管理大师们的书籍中，而是由企业家们在一次次失败中领悟、学习出来的。

## 本章小结

领导是一门科学，也是一门艺术，一个组织绩效的高低与领导行为有很大关系。从表面上看，领导者只是驾驭者、指挥者；实际上，领导者并不只是权力的管理者，他们用其经历、智慧、成就、人品、风度、魅力影响和带领下属为实现组织的目标而努力。

(1) 领导通过对被领导者行使示范、说服、命令等领导职能，促成被领导者努力地实现既定的组织目标。管理和领导既有联系，又有区别。

(2) 领导者的影响力主要来自两个方面：一是来自职位权力，包括支配权、强制权和奖励权；二是来自个人权力，包括专长权和感召权。拥有权力的领导者在实际工作中应该正确地运用组织所赋予的权力，从而提高自身的影响力。

(3) 对人的认识包括对人本身特性即人性的认识和对人所处的环境特性即客观存在的周围环境的认识。对组织中人的不同假设，将直接影响主管人员对下级的激励行为。本章主要介绍了经济人、社会人、自我实现人、复杂人的假设。

(4) 领导理论主要有领导行为理论和领导权变理论。

(5) 新时期领导者的十大特质：建立愿景、信息决策、配置资源、有效沟通、激励他人、人才培养、承担责任、诚实守信、事业导向、快速学习。

## 实务训练

**【实训项目】**

凭直觉挑选出三位你认为是优秀成功的领导者(如朋友、亲属、政府官员、知名公众人物等)，分析与探讨你觉得这些人是优秀成功的领导者的原因。

**【实训目标】**

(1) 比较凭直觉得出的领导特质和领导理论中的领导特质。

(2) 具备良好特质的人不一定会成为优秀的领导者，但优秀的领导者都具有一些良好的特质，让学生初步培养一些良好的特质。

**【实训形式】**

(1) 实地调查与访问。

(2) 网上搜集资料进行分析。

**【实训要求】**

(1) 对挑选出的三位优秀成功的领导者，分别列举出你认为他们优秀的原因。

(2) 将对三位领导者的列表进行比较，如果有，哪些特质是三位领导者共同具备的?

(3) 针对相应列表展开关于领导特质的讨论，学生讲出自己的看法。

(4) 思考要想成为一名杰出的领导者，该如何培养一些良好的特质。

**【成果与检测】**

列表内容记录结束后，组织一次课堂讨论。讨论需澄清下列问题，教师根据学生表现进行评估打分。

(1) 哪些特质总是出现在学生的列表中?

(2) 这些特质更多的是行为导向还是特质导向?

(3) 在何种情境下，这些特质是有用的?

(4) 如果有，这项练习表明了领导的哪些特性?

以上问题均以学生个体为单位进行，让部分学生代表口头述评，教师最后点评，在讨论的基础上，每个同学把自己概括提炼的文字材料信息汇总之后交教师存档。

## 思考与练习题

### 一、选择题

1. 针对当前形形色色的管理现象，某公司的一位老处长深有感触地说：“有的人拥有磨盘大的权力，捡不起一粒芝麻；而有的人仅有芝麻大的权力，却能推动磨盘。”这句话充分反映出(　　)。

A. 个人性权力所产生的影响力有时会大于职务性权力所产生的影响力

B. 个人性权力所产生的影响力并不比职务性权力所产生的影响力大

C. 非正式组织越来越盛行，并且正在发挥越来越大的作用

D. 这里所描述的只是一种偶然的管理现象，并不具有任何实际意义

2. 上午 8 点 30 分，公司常务副总经理、董事老杜接到市政府电话，通知企业开展冬季消防检查；10 分钟后，老杜打电话给保卫部，通知他们去处理这件事情；9 点 15 分，老杜接到成品库房的电话，被告知房屋后墙再次被人敲了个洞，又有几十箱产品被偷走；8 分钟后，老杜打电话给市公安局请他们改善本地治安情况……整个上午，老杜接电话、

打电话，倒也挺忙。根据管理方格理论，你认为老杜最接近(　　)的领导者。

A. (1,1)型　　B. (5,5)型　　C. (9,1)型　　D. (1,9)型

3. 你的部门因预算的限制有必要进行整编。你请本部门中一个经验丰富的人负责这项工作，他在你部门的每个领域都工作过，你觉得他有能力完成这一任务，可他却似乎对这项任务的重要性反应漠然。此时，你应当采取的领导方式是(　　)。

A. 高任务高关系　　B. 高任务低关系　　C. 低任务高关系　　D. 低任务低关系

4. 总经理办公室的王翔受命组建企业的信息中心。为此，他在企业内挑选了一些人员作为新兴中心的工作人员，包括小陈、小蔡和老林等。其中小陈是王翔的中学同学，在王翔看来，小陈人比较朴实，但能力实在有限，做工作不至于犯什么错误，但动作太慢。尽管如此，王翔觉得小陈其他方面，如为人等还是不错的，又是老同学，便选中他到信息中心工作。据此可以判断，王翔属于(　　)领导者。

A. 任务导向型　　B. 关系导向型　　C. 民主型　　D. 专制型

5. 某管理者认为，现代社会条件下，人们更需要得到尊重、体谅、关心和支持。在日常管理中，他非常注重对下属做好这些工作。天长日久，他们部门的群体意识最强，成员的满意程度也最高，但是他们总也得不到上级的表扬，因为业绩总是平平。该管理者面临的主要问题是(　　)。

A. 该管理者的管理水平有限，不能带领大家取得好成绩

B. 该部门人员素质太低，能力有限，不能很好地完成任务

C. 该管理者的领导方式存在问题，单纯的关心体谅未必能使下属的工作效率自然而然地提高

D. 不一定是人的问题，有可能是所处的环境对他们不利

## 二、判断题

1. 领导本质上是一种影响力，使被领导者追随和服从。(　　)

2. 勒温根据研究指出，民主作风的领导工作效率最低。(　　)

3. 根据领导生命周期理论，当下属的成熟度处于成熟阶段应采取的领导方式是低关系低工作。(　　)

4. 按照管理方格理论，对工作和人都高度关心的领导行为类型是任务型管理方式。(　　)

5. 菲德勒的权变领导理论认为，在团体情况极为有利和极为不利的情况下，效果最好的领导类型是任务导向型。(　　)

## 三、简答题

1. 领导者与管理者的本质区别是什么？

2. 领导的实质和作用是什么？如何实现这种作用？

3. 企业经理人在实际领导工作中应如何体现领导艺术？

4. 你认为领导风格是固定不可改变的还是可以调整的？为什么？

5. 有的领导认为，我尽心尽责，一心为大家，问心无愧，上级知不知道没关系，没有必要到上级那里去表现自己。你的看法如何？

6. 从所学的领导行为及其理论中，你得到哪些启示？

## 四、案例分析题

### 离开华为三年，我才真正认同狼性文化

所谓狼性，其实核心无非八个字：目标导向，杜绝借口。

三年前的现在，我离开了华为，裸辞。彼时，这家公司已然处在电信业塔尖。5月，我就已提离职。拖到9月，是因为领导希望我能待到下半年，替部门背一个考核C的指标。华为绩效考核体系里，多数部门都会硬性分配绩效A/B/C的考核比例。就算全部门全年表现都很好，也无可避免有人要被打C。A次年大幅涨薪＋职级提升；C不涨薪甚至降职降薪。连续两年C直接辞退。我的团队就曾发生过连续打C被辞退事件。同事为与家人团聚，想调来我们办事处。第一年没调成，但因流露要走，被部门领导毫不客气打C；第二年调来了，考核按规定仍在原部门手上，又是C。我和我领导为他的事向上级申诉。中国区某大领导回应：制度就是这样的，谁知道你们有没有猫腻和包庇？谁都这样来闹，这么大一家公司还怎么运作？于是，一个勤勉踏实的技术骨干，即被辞退。一点儿转圜余地都没有。

我的离职或多或少也受了这事影响，觉得华为制度太不讲人性，再加上一些因素，我的离开多少带着情绪。可以说，那时我看华为，偏颇而片面。之后三年，我玩自媒体、写小说、传记、文案策划，又和朋友合伙创业，开了家文化公司，彻底告别通信圈。现今，复盘犯过的错和走过的弯路，我却不得不承认——对于创业者来说，华为的狼性文化在某种程度上，非常值得借鉴和学习。

1. 少谈情怀多给钱

2016年年底，我和合伙人老杨创立文化公司。我和他都是跨界——我是通信行业，他是保险和制药业。我俩脑门一热做文化，纯粹出于爱好。

那时候，500强的光环还没褪去，我还带着一厢情愿的乐观和一叶障目的自负，心想这并没有什么难的。

开业第一件事，我们就给公司树了个貌似很有品格的定位——做一家有温度、有情怀、有归属感、有幸福感的新型创业公司。

为落实“四有”，我们决定不加班、不打卡，甚至每周只开工四天半。经常性团建聚餐、每周分享会、按员工意愿与特长分配工作、老父亲般慈祥地对待员工失职的借口。我还亲手在公司搭健身角，鼓励大家多锻炼身体，保持良好的状态。

这些噱头的确一开始吸引了不少眼球，很多人慕名而来。一切看起来都很美好。

但这种状态并没有持续多久，应该是才过了几个月，就有员工提出辞职。

我当时有些惊讶。我对这名员工相当不错，悉心培养、无私传授，一周工作两三天就能完成。

员工直言不讳：工资有点低。可她不好意思提涨，一是工作量不重；二是知道公司业务情况不是很理想。思来想去，另谋高就。

这事让我跟老杨吃惊并反省。

我们用了太多时间去构建所谓的公司文化，却没把主要精力放在拓展业务和渠道

上,每个月,公司账面都是不小的赤字,自然没法给员工涨工资。此时要是去跟人空谈什么情怀,未免显得可笑又华而不实。

在华为期间,我就很少听人谈及情怀。我的领导曾多次说:“大家来华为,包括我自己,就是来赚钱的。加班是辛苦,但是有钱赚啊。其他的,一概都是扯淡。”这话听来糙,但我现在觉得,的确是真理。对中高层核心员工,或许还可以谈谈愿景、战略、职业规划,但对大多数基层员工,这太远太飘了。有能力给钱,甚至能给超出他们预期的钱,这才是一家公司最能体现情怀的地方。

2. 老板不作为,是对员工最大的犯罪

头一年业务量小,多数员工比较闲。除了外接的工作,也有内部的活,如运营公司自媒体、宣传推广我的小说。

内部的活不直接产生盈利,我和老杨也就不做任何考核。有时候他们忘了做,我们也只是温和地提醒一声。

这样造成的情况就是,因为我负责绝大部分内容输出,倒变成了公司最忙的人。每天来得最早,晚上也只有我加班,员工们 17 点 30 分就都按时下班了。

我偶尔会跟老杨吐槽,说咱们公司真奇葩,你见过哪家创业公司是员工每天优哉,只有老板加班码字到吐血的?但这能怪员工吗?不,还是怪我们自己。

作为内容创作者,我的创作水平有了长足进步,但作为老板,我明显没有任何作为。

管理的失度及制度的松散,就是我的不作为。

员工多数是刚毕业的大学生,也有尚未毕业的实习生。他们从没真正走上过社会,自然没有什么成熟的工作观。

我们最初无意的熏陶和错误的引导,让有追求的人——比如前面那个员工选择离开,而更多的则开始习以为常。他们会觉得,原来“工作”就是这样子,还挺轻松的。

后来当我意识到问题,跟老杨说,这样子不行,还是要定绩效考核,但已经晚了。

推出绩效体系的当月,就有三名员工提出离职。离职后,他们立即删除了我和老杨的微信。

其中一名员工时不时发朋友圈骂前老板(我和老杨),说要求如何变态、如何对她苛刻。

一个比较认可我们的在职员工截了图,发给老杨。

老杨很郁闷:她在时,咱俩对她都不错啊,怎么睁眼说瞎话?白眼狼啊!

我说,人家华为养的是狼,我们却养出白眼狼,难道还不该好好反省吗?

几个月后,据“线人”说,这名前员工已陆续换了好几份工作,每次时间都不长,每次也都无一例外在朋友圈骂老板。大意都是,工作没法弄,老板很变态。

听到这消息,我一点儿不觉得幸灾乐祸,反而觉得很难过。

这名员工当初是以应届毕业生的身份进入公司的,是一张白纸。她变成现在这样,我和老杨的不作为,或许真的是原罪。

痛定思痛,我们对公司业务进行重大调整,收缩重心,裁掉非核心向的员工。

还记得当时我对那些被辞退的员工,首先说的是抱歉。

我说,原本想创造一个宽松舒适的环境,却给了你们一个完全不该有的错觉。我们的放任、疏忽和不作为，没让你们锻炼出良好的核心竞争力，这很不利于你们的将来。真正的工作不该是这样子的。我们真的很抱歉。

我说这番话时，既想到那名习惯在朋友圈骂前老板的前员工，更想到了我曾在华为的岁月。

当年，严苛的考核制度，总是鞭策我竭尽全力往前跑——没有人想被打C。

华为掌门人任正非说，烧不死的鸟就是凤凰。

就我目前接触的数百名离职华为人来说，提到华为，他们最高频的一个词，是感谢。

狼性文化，深刻塑造了前华为人坚韧拼搏、永不言败的奋斗精神。这种精神，令他们能在新领域披荆斩棘，无往不利。所以，这些涅槃重生的凤凰的感谢，发自肺腑。相比而言，我们的不作为，才是对员工最大的犯罪。我不知道那些被我和老杨辞退的员工，如今都怎么样了，但愿，他们最终都收获了各自的成长。

3. 杜绝借口，才是最职业化的体现

我刚离开华为时写过一篇文章，里面有我个人对狼性文化的理解。

所谓狼性，是极度敏锐的嗅觉，强烈的目标导向，不达目的不罢休的精神，为达目的不择手段的狠辣，达不成时毫不留情的问责。

在华为期间，身边最令我印象深刻的事，是丽江古城4G网络建设。当时，丽江网络属别的厂家。因为古城是核心景区，物业极难协调，站址根本谈不下来，建设工作寸步难行。按照工作界面划分，站址物业协调应是运营商负责，工作开展不了，厂家也没有办法。华为获知了这信息，敏锐地意识到这是扩大市场份额极好的突破点。我们办事处代表第一时间召集相关部门最高负责人开紧急大会，下达了死命令：必须攻下丽江古城的4G网络建设及运维，顺利达成，所有人升职加大幅涨薪，同时向中国区申请各类奖项、奖金；完不成，所有人下课。

各中高层领了军令状，也都玩了命。不管风吹日晒，不计工作界面，天天蹲守古城，与各方势力斗智斗勇，大有“不破楼兰终不还”的气魄。全民皆兵的阵仗，令顽固的古城物业人员惊呆了，一见华为的人都掉头跑。毕竟，从没见过这么能死缠烂打、软磨硬泡的，还团伙作战、围追堵截，简直太可怕了。

最终结果，当然是顺利打进去了。凭借这个里程碑式的项目，我们办事处彻底在中国区火了一把，代表也兑现了承诺，每个参与者都按照贡献程度给了相应的重赏。

华为的狼性，在这个项目上，当真体现得淋漓尽致。

相比起来，很长一段时间里，我们的员工都太惯于为自己找借口了。都是为自己的懒惰与不肯死磕找借口。而我和老杨对员工不合时宜的一再宽容，也是借口不断滋生的温床。放到现在，我会直接对实习的公众号运营小编下达任务：一个月为限，新号无投入开通流量主，做到转正，否则离开，请给我结果。销售则更加简单，一个月内如果连达到你月薪的订单都签不来，那请另谋高就吧。

所谓狼性，其实核心无非八个字：目标导向，杜绝借口。这，才叫作职业化。

以上算是我创业以来小小的心路与反思。

盈利是公司最核心甚至初期唯一的目的。人情与关怀可以有，但永远不该凌驾于此目的之上。

身为老板真正要做的，首先是最大限度地确保公司的存活，其次筛选出合适的同路人，给予充足的物质与精神奖励，进而激发他们为公司创造更大的利益。

想起很多年前，我尚是初入社会的职场新人时，我的人力总监 River 先生在谈到员工管理时曾说过一句话，我至今记忆犹新。他说："Be tough, in a soft way."

直译过来就是：保持严苛，用一种柔软的方式。

这是一直过于柔软的我，需要再次认真学习领会的。

正如直到今天，我才真正理解并从心底认同了华为狼性文化的可贵之处。

（资料来源：新华网.）

**思考题：**

1. 在企业管理过程中，领导者扮演了怎样的角色，发挥了怎样的作用？
2. 对企业来讲，什么样的领导是成功的领导？

**推荐阅读：**

彼得·德鲁克编著的《卓有成效的管理者》。

# 第七章 激　　励

一个经理人能够激励他人，便是很大的成绩。要使一个单位有活力、有生气，激励就是一切。

——艾可卡

## 教学目标

学完本章后，你应该能够：

(1) 了解激励的含义，理解激励在管理实践中的作用。

(2) 明确激励的过程。

(3) 掌握常用的激励理论及其在管理实践中的运用方法。

## 技能目标

(1) 具备制订激励计划的基本能力。

(2) 具有在实践中运用激励理论的能力。

## 素质目标

知晓并明白激励在个人和团队成长中的重要性，要善于通过正向激励帮助团队及自身树立自信心。

## 案例导入

### 海尔集团的员工激励

韩愈曰："世有伯乐，然后有千里马。"海尔集团总裁张瑞敏却认为，企业领导者的主要任务不是去发现人才，而是去建立一个可以出人才的机制，并维持这个机制健康持久地运行。这种人才机制应该给每个人相同的竞争机会，把静态变为动态，把相马变为赛马，充分挖掘每个人的潜质。海尔明确地提出"人人是人才，赛马不相马"，即为海尔人提供公平竞争的机会和环境，尽量避免"伯乐"相马过程中的主观局限性和片面性。

关于海尔的“赛马不相马”用人理念，张瑞敏有着一些精辟的阐述“每个人都可以参加预赛、半决赛、决赛，但进入新的领域时必须重新参加该领域的预赛”——参赛机会人人均等，只要有参赛的想法，无论是何资历和学历，都可报名参加；但是，入选机会只给有能力、有业绩的人，只有通过实战，预赛才能进入新的领域。“给你比赛的场地，帮你明确比赛的目标，比赛的规则公开化，谁能跑在前面，就看你自己了”——海尔有广阔的发展空间，提供目标和规则，方向清晰、机制完善，个人能否成功，全凭自己的能力。

海尔不相信“伯乐”，“相马”可能会错失良才、误用庸才。“千里马”不能看出来，而要在赛场中赛出来。能力决定业绩，业绩说明一切。

海尔的在位监控有两项主要内容：第一，干部主观上要有自律意识，能够自我控制、自我约束；第二，集团客观上要建立控制体系，控制工作方向、工作目标，避免犯方向性错误，控制财务，避免违法违纪。

海尔有严格的监督控制机制，任职人员要接受三种监督：自检，进行自我约束和监督；互检，所在团队进行相互约束和监督；专检，业绩考核部门的约束和监督。干部的考核指标分为五项：自清管理；创新意识及发现、解决问题的能力；市场的美誉度；个人的财务控制能力；所负责企业的经营状况。五项指标根据重要程度给予不同权重，每项得分结合该项权重算出最终得分。分数分为三个等级，用于区别干部的工作表现。每月考评中，那些工作没有失误但也没有起色的干部同样被归为批评之列，这种持续不断的压力杜绝干部不思进取。

海尔集团实现了持续壮大，但内部的发展却并不平衡。企业之间不仅有差距，有的差距还非常巨大。整体的发展，并不意味着所有的局部也跟进发展。一位领导如果长期不动，很容易让他所领导的企业、团队思想僵化、模式固化，甚至导致企业守旧不前。

针对这种情况，海尔提出“届满轮流”，在特定岗位任期满后，集团根据全局目标和个人发展需要，调到其他岗位任职。“届满轮流”不但避免了在原有领域故步不前，还为海尔培养了一批了解多个领域、能把握全局的综合管理人才。

（资料来源：百度网络整理.）

**思考题：**

1. 海尔集团采取一系列措施的目的是什么？
2. “届满轮流”的模式你觉得是否有效？

## 第一节 激励概述

企业是由人组成的，“企”字少了“人”就是“止”，“止”则代表了企业的消失和死亡。

激励是管理中的核心问题，实质上是探讨人的行为动力，即探讨如何有效地调动人的积极性的问题。管理水平的高低很大程度上体现在激励员工水平的高低上，有效激励是有效管理的关键和核心。对于企业来说，最重要的激励就是让员工满意，施展才华与抱负。

## 一、激励的概念

所谓激励，就是激发和鼓励的意思。激发是对人的动机而言的，鼓励是指对人的行为趋向加以控制。人的行为来自人的动机，而人的动机又产生于人的需要。需要是人的一种必不可少的主观心理状态，是生活与实践中各种相关事物在头脑中的具体反映。动机是对需要的满足程度，是由需要引发的内在动力。而行为是人在动机支配下的外在表现。如果说行为的产生是靠激发内在动机，那么行为的保持和巩固，就需要强化内在动机，没有强化，一个行为就很难持续到底。

所谓员工激励，简单讲就是一个激发和强化的过程，也就是在管理过程中，采用激励的理论和方法对工作人员的各种需要给予不同程度的满足或限制，以此引起他们心理状况的变化而达到激发动机、引起行为的目的，再通过正反两方面的强化，对行为加以控制和调节。

## 二、激励的基本过程

人们做什么事都是有理由的，一切人类活动即行为都具有一定的目的和目标，这种行为又总离不开人们的动机和愿望，而这种动机和愿望又产生于人们的需要。需要产生动机，动机导致行为，这就是人类行为的共同特征。任何人、任何社会的人都是如此。这就构成了人类行为模式，反映了人类行为的共同规律。激励过程如图 7.1 所示。

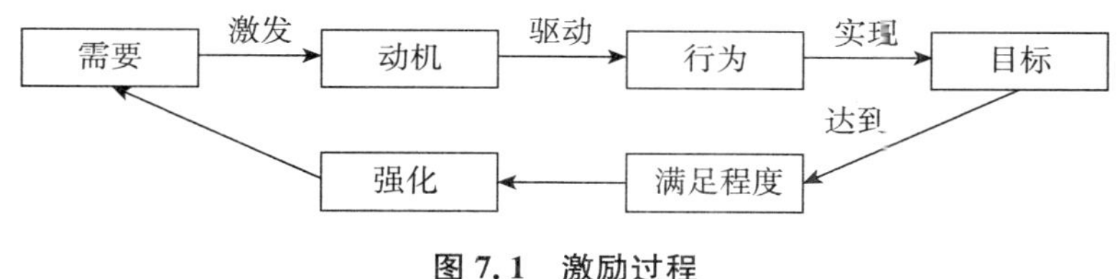


图 7.1 激励过程

### （一）需要

需要是指人对某种事物的追求或欲望。当人们缺乏所需事物从而产生生理或心理紧张现象时，需要就产生了，与此同时为了满足需要，人们会采取相应的行动。因此，需要是一切行为的原动力。但需要并不是单纯指生理需要（吃、穿、住、用、行），人的需要更多时候会受到外界环境的影响。例如，同事加薪会激起我们对更高薪酬的向往；一个有挑战性的项目会激发我们解决它的欲望；一个人独居久了，会产生一种与人交往的冲动。

### （二）动机

动机是在需要的基础上产生的，引起和维持着人的行为，并将其导向一定目标的心理机制。在人的行为过程中，需要具有原动力的作用，但是需要作为一种潜在的心理状态，并不能直接引起行为。只有当需要指向特定目标，并与某种客观事物建立起具体的心理联系时，才能由潜在的状态转为激发状态，成为引发人们采取行动的内在力量。动机的产生依赖于两个条件：一个是个体生理或心理需要；另一个是能够满足需要的客观事物，又称为外部诱因。在组织中，职工的各种积极或消极行为同样受到各种动机的支配。运用激励手段调动职工的积极性，就是利用动机对行为的这种驱动和支配作用，通过外部诱因激发动机，直接引导职工产生积极行为。

### （三）目标

目标是行为所要实现的结果。人们采取的一切行为总是指向特定的目标。目标在行为过程中具有双重意义：一方面，目标表现为行为的结果，目标达到，需要得到满足，行为即结束；另一方面，目标又表现为行为的诱因，在管理实践中利用目标对行为的诱导作用，通过合理选择和设置目标，可以有效地激励和改善职工的行为。

由此可见，需要、动机和目标作为激励的三大主要要素分别处于行为的不同阶段。三者既彼此独立，又相互依存，依次对行为发挥激励功能，由此构成一个完整的激励过程。管理者应善于识别下属未满足的需要，有针对性地设置目标，通过适当的激励措施和手段，满足下属的需要，并把下属的行为导向组织目标的实现轨道。

## 三、激励的目的与作用

激励的目的是提高员工的工作积极性，积极性的高低是通过员工的行为表现的。一般来说，可以通过以下几方面衡量一个人的积极性。

（1）干劲。干劲的高低可以通过考察职工是否愿意从事某种工作进行衡量。它主要通过出勤率、工时利用率、员工流失率、要求调动率等指标及日常工作中员工遇到比较艰苦、困难的任务时的态度反映出来。

（2）责任心。责任心是指员工对待工作的尽心程度，可以从是否遵守操作规程、重视质量、爱护设备工具、节约费用、认真记录和传递工作信息等方面衡量。

（3）主动性。主动性是指员工与监督、分工有关的表现，可以通过在不同监督程度下员工的干劲与责任心的高低，对待“分内”“分外”工作的不同态度，以及完成“无指令”任务的多少等方面衡量。积极性高的员工，不管领导有无指令，是“分内”还是“分外”，是否有人监督，只要是对组织有利，都会干劲十足，认真、负责地完成任务。

（4）创造性。创造性是指员工与改进工作有关的表现。完成同一任务可有许多方式与方法，按常规经验和既有规定去干，既省力又保险，但积极性高的员工为了提高经济效益，总是努力探索新的理论和新的操作方法、研究新产品和新工艺，或主动向上级提出合理化建议，因此，根据工作中这些创新表现来判断员工的积极性，也是一个重要方面。

激励具有十分重要的作用。管理包括人力、物力、财力的管理，其中以人力资源管理最为重要，而在人力资源的管理中，又以如何激励人、调动人的积极性最为关键。人的生产力的高低在很大程度上取决于他们的积极性。通过激励，可以把有才能的、组织需要的人吸引过来；通过激励，可以使已经在职的职工充分发挥其技术和才能，保证工作有效率和效果；通过激励，可以进一步激发他们的创造性和革新精神，大大提高工作绩效。

# 第二节 激励理论

从20世纪30年代以来，国外许多管理学家和心理学家就从不同的角度，就如何激励人的问题展开了大量的研究和调查，并在此基础上提出了许多相关的激励理论。由于这些理论研究的侧重点及其与行为之间的关系不同，因此，把各种激励理论归纳为内容型激励理论、过程型激励理论、行为改造型激励理论和综合型激励理论。

## 一、内容型激励理论

内容型激励理论也称为需要理论，着重对引发动机的因素，即激励的内容进行研究，主要包括需要层次理论、ERG理论、成就需要理论和双因素理论。

### （一）需要层次理论

关于激励最简单的解释之一是：人们愿意花更多的精力实现目标，因为该目标满足了他们某些重要的需要。以临床心理医生的工作经验为基础，亚伯拉罕·马斯洛(A. H. Maslow，1908—1970年)在1943年出版的《人的动机理论》一书中提出了需要层次理论，他将人的需要分为五个层次：生理的需要、安全的需要、社会的需要、尊重的需要、自我实现的需要。他认为：人的需要具有层次性；只有尚未满足的需要才具有激励力量；人在每个时期都可能存在多种需要，但其中必有一种需要占支配地位，起主导作用；在高层需要受到刺激之前，低层需要必须得到满足。

1. *需要层次理论的主要内容*

马斯洛将人的需要安排在一个金字塔的模型中，底层为生理的需要，顶层为自我实现的需要，如图7.2所示。底层需要又称为缺乏需要，是保证人类存在、安全和沟通所必须满足的需要。高层需要或称为成长需要，关心个人的发展和实现个人的潜能。

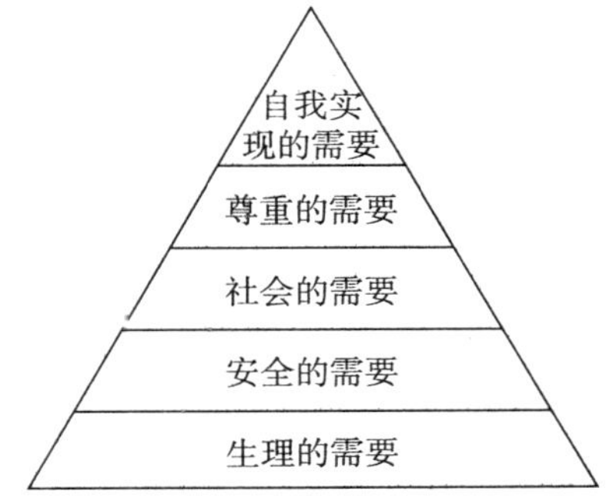


**图7.2 马斯洛的需要层次**

下面对五种需要进行描述。

(1) 生理的需要。生理的需要即人类对食物、水、服装、空气和住房等的需要。生理的需要是人类最基本和最原始的需要。具体来说，这意味着对一个生活中一无所有的人来说，他的最主要的动机可能是满足其生理的需要而不是其他需要。生理需要的满足是其他需要产生的基础，只有当生理需要满足之后，其他更高级的需要才会产生。但必须强调的是，人们长期处于生理需要得不到满足的时候很少。

(2) 安全的需要。安全的需要是指身体和精神免受伤害的需要，可以概括为人类对生命安全、财产安全、劳动安全和就业安全(工作稳定)等方面的需要。人们的生理需要得到满足后，安全需要就会产生。例如，希望生命不会遭受疾病的威胁；财产不会遭受他人的侵犯;能有一份稳定的工作,不会失业;在工作中能有安全的工作环境;希望生病时能有医疗保险;退休时能享受退休福利待遇等。

(3) 社会的需要。社会的需要是指对爱情、归属和被接纳的需要。在生理需要和安全需要满足之后,社会需要就会出现,成为激励人们产生某种行为的主导因素。社会需要与前面两个层次的需要的性质不同。生理需要和安全需要主要表现为人类对物质方面的追求,而社会需要则表现为人们对心理层面和精神层面的需要。例如,很多员工把自己的工作看作满足自己社会需要的主要来源。

(4) 尊重的需要。尊重的需要是一种对成就、地位和声望的追求及希望自己受到他人的赏识、尊敬和重视等方面的需要。在生理需要、安全需要和社会需要得到满足之后,尊重的需要就会成为人类行为的主要激励因素。对尊重的需要表现强烈的人,希望自己的工作具有重要性和责任感;希望自己的工作能使自己拥有一定的权利和较高的社会地位,并且有提升的机会。尊重的需要和社会需要一样,同属于心理和精神层面的需要。高的工作职位是满足尊重需要的主要途径。此外,管理者也可以通过适时适当的表扬下属实现员工受人尊重的需要。

(5) 自我实现的需要。自我实现的需要是指发挥个人潜力的愿望。它包括自我实现和个人发展的需要。真正的自我实现是主动产生努力奋斗的理想,而不是由于工作本身就具有挑战性而自动产生的。自我实现是指那些能成为他们自己想成为的人。管理者可以通过给团队成员们富于挑战性的工作和提高自身素养的学习机会来帮助他们向自我实现的方向前进。

马斯洛需要层次理论的要点归纳起来有以下几方面。

(1) 人是有需要的。

(2) 人的基本生理需要位于需要层次结构的最底层,生理需要的满足是其他需要发展的基础。

(3) 不同的需要可以顺序分为不同的层次。在不同时期,各种需要对行为的支配力量不同。当最重要的需要得到满足后,这个需要便不再是激励因素,失去了对行为的刺激作用,人们会转而追求下一个更重要的需要。

(4) 需要层次越高,可塑性、变异性越大,也越长久。

(5) 高层次需要的具体表现形式更为丰富,与他人和社会的关系更密切。

*2. 需要层次理论对管理实践的启示*

(1) 掌握员工的需要层次,满足员工不同层次的需要。管理者在实践中应该根据不同层次的需要,采取相应的组织措施,以引导和控制人的行为,使之与组织的或社会的需要相一致。

(2) 了解员工的需要差异,满足不同员工的需要。员工不但有着不同层次的需要,而且其职业、年龄、个性、物质条件、社会地位等不同,需要层次的排列及需要特点也各有差异。

(3) 把握员工的优势需要,实施最大限度的激励。在同一时期,员工可能存在着多种需要,但必定有一个占主导地位的优势需要支配、推动人的行为。而且随着时间、条件的改变,人的优势需要的内容也在变化。

### （二）ERG 理论

ERG 理论是耶鲁大学著名学者奥尔德弗(C. Alderfer)于 1969 年提出的一种新的人本主义需要理论。他在大量实证研究的基础上，对马斯洛的需要层次理论进行了修正。奥尔德弗认为，生存的需要、相互关系的需要和成长发展的需要是人们的三种核心需要，形成一种递进的层级结构。

1. ERG 理论的主要内容

(1) 生存的需要是人最基本的需要，它包括人全部的生理需要和物质需要，与需要层次理论中的全部生理需要和部分安全需要相对应，如人的衣食住行、报酬、工作环境等方面的需要。

(2) 相互关系的需要主要是指人在工作中相互间的关系和交往的需要，与需要层次理论中的部分安全需要、全部社会需要和部分尊重需要相对应，如安全感、归属感、友情、受人尊重等方面的需要。

(3) 成长发展的需要主要是指个人自我发展和自我完善的需要，与需要层次理论中的部分尊重需要和全部自我实现需要相对应，如使自己在事业、能力上有所成就和提高的需要。

2. ERG 理论对管理实践的启示

人的各种需要一般来说是由低向高逐步发展的，而且低层次需要的满足程度越高，对高层次需要就越渴望，这是一种“满足—前进”的逻辑。但同时还存在着“受挫—倒退”，即当较高层次的需要受到挫折时，需要的重点就可能退到较低的层次。而且，各种需要也可能同时出现。此外，人的需要除了受先天因素的影响外，还受到后天因素的影响，如生活的环境、个人价值观等。

ERG 理论比需要层次理论更新、更有效地解释了组织中的激励问题。它更加侧重地体现出了个体需求之间的差异性，而马斯洛的需要层次理论只是揭示了人类需要的一般规律。但是，作为管理人员，不应只局限于用一两个理论来指导他们对员工的激励工作，但通过对需要层次理论和 ERG 理论的了解，应看到人的需要的侧重点是各不相同的，当某种需要得到满足后，人们可能会改变他们原有的行为方式。

### （三）成就需要理论

美国哈佛大学教授戴维·麦克利兰(D. C. McClelland，1917—1998 年)通过对人的需要和动机进行研究，于 20 世纪 50 年代提出了成就需要理论。该理论又称为“三种需要理论”。即成就需要、权力需要和社交需要。

1. 成就需要理论的主要内容

(1) 成就需要。即争取成功，希望做得最好的需要。具有高成就需要的人往往渴望将事情做得更完美，工作效率更高，获得的成就更大。成就需要强烈的人，他们追求的是在争取成功的过程中克服困难、解决难题、努力奋斗的乐趣，以及成功之后的个人成就感，他们并不看重成功所带来的物质奖励。通过大量研究，麦克利兰发现高成就需要的人有以下主要特征：①有个人承担责任、解决问题、寻求答案的需要；②寻求挑战，趋向于寻求适度困难的目标，即既有风险，但又是现实的、能达到的目标；③需要具体的、即时的反馈；④对工作热诚，执着于自己所从事的工作。

(2) 权力需要。即影响或控制他人且不受他人控制的需要。不同人对权力的渴望程度也有所不同。权力需要较高的人对影响和控制别人表现出很大的兴趣，喜欢对别人“发号施令”，注重争取地位和影响力。他们常常表现出喜欢争辩、健谈、直率和头脑冷静；善于提出问题和要求；喜欢教训别人并乐于演讲。他们喜欢具有竞争性和能体现较高地位的场合或情境，他们也会追求出色的成绩，但他们这样做并不像高成就需求的人那样是为了个人的成就感，而是为了获得地位和权利或与自己已具有的权利和地位相称。权力需要是管理成功的基本要素之一。

(3) 社交需要。即与他人建立友好亲密的人际关系的需要。高社交需要的人更倾向于与他人进行交往，至少是为他人着想，这种交往会给它带来愉悦感。高社交需要的人渴望亲和，喜欢合作而不是竞争的工作环境，希望彼此之间沟通与理解，他们对环境中的人际关系更为敏感。有时，社交需要也表现为对失去某些亲密关系的恐惧和对人际冲突的回避。社交需要是保持社会交往和人际关系和谐的重要条件。麦克利兰的社交需要与马斯洛的社会的需要、奥尔德弗的相互关系的需要基本相同。麦克利兰指出，注重社交需要的管理者容易因为讲究交情和义气而违背或不重视管理工作原则，从而导致组织效率下降。

2. *成就需要理论对管理实践的启示*

在大量的研究基础上，麦克利兰对成就需要与工作绩效的关系进行了十分有说服力的推断。首先，高成就者喜欢能独立负责、可以获得信息反馈和中度冒险的工作环境。他们会从这种环境中获得高度的激励。麦克利兰发现，在小企业的经理人员和在企业中独立负责一个部门的管理者中，高成就需要者往往会取得成功。其次，在大型企业或其他组织中，高成就需要者并不一定就是优秀的管理者，原因是高成就需要者往往只对自己的工作感兴趣，并不关心如何影响别人去做好工作。再次，社交需要和权力需要与管理的成功密切相关。麦克利兰发现，最优秀的管理者往往是权力需要很高而社交需要很低的人。如果一个大企业的经理，他的权力需要与责任感、自我控制相结合，那么他就很有可能成功。最后，可以对员工进行训练来激发他们的成就需要。如果某项工作要求高成就需要者，那么，管理者可以通过直接选拔的方式找到一名高成就需要者，或者是通过培训的方式培养自己原有的下属。

因此，麦克利兰的成就需要理论在企业具有极高的应用价值。首先，在人员的选拔和安置上，通过测量和评价一个人动机体系的特征对于如何分派工作和安排职位有重要的意义。其次，由于具有不同需要的人，其需要的激励方式也不相同，了解员工的需要和动机有利于建立合理的激励机制。最后，麦克利兰认为动机是可以激发和训练的，因此，可以训练和提高员工的成就动机，从而提高生产效率。

### （四）双因素理论

20 世纪 50 年代后期，美国心理学家弗雷德里克·赫茨伯格(F. Herzberg，1923—2000 年)与他的同事，在匹兹堡地区的 11 个工商业机构中，向近 200 名白领工作者进行访谈调查，这一调查研究的重点是组织中个人与工作的关系问题，试图证明个人的工作态度在很大程度上决定任务者的成败。通过对调查结果进行研究,赫茨伯格发现,引起人们不满意的因素往往是一些工作的外在因素,大多数同他们的工作条件和工作环境有关;而能给人们带来满意的因素通常都是工作内在的因素,是由工作本身所决定的。在此结论的基础上,赫茨伯格提出了双因素理论,又称“保健—激励理论”。

1. 双因素理论的主要内容

赫茨伯格提出,影响人的行为的因素主要有两类:保健因素和激励因素。

保健因素是与人的不满情绪有关的因素,一般与工作环境或条件相关。如公司的政策和管理、人际关系、工作环境的条件、工作的安全性、工资和福利等。保健因素处理不好,会引发对工作不满情绪的产生;处理得好,可以预防和消除这种不满,但这类因素并不能对员工起激励的作用,只能起到保持人的积极性、维持工作现状的作用,因此保健因素又可称为维持因素。

激励因素是指与人的满意情绪有关的因素,一般与工作本身相关,包括工作的成就感、工作的挑战性、工作中得到的认可与赞美、工作的发展前途、个人成才与晋升的机会等。当人们得到这些方面的满足时,会对工作产生浓厚的兴趣,产生很大的工作积极性。但如果这种因素处理不当,是不会导致员工产生不满情绪的。这两类因素与员工对工作的满意程度之间的关系如图 7.3 所示。

| 保健因素（有） | 缺乏激励因素 | 有激励因素 |
|---|---|---|
| 有 | 积极<br>不满意 | 积极<br>满意 |
| 缺乏 | 不积极<br>不满意 | 不积极<br>满意 |

**图 7.3 激励因素与保健因素的组合关系**

2. 双因素理论对管理实践的启示

双因素理论解释了内在机制的作用,它为管理者如何更好地激励员工提供了新的思路,具有重要的指导价值。管理者应注意以下三个方面。

(1) 注重对员工的内在激励。消除工作中的不满意因素并不一定能使员工得到激励而表现出最佳的工作积极性,但可消除员工的消极不满。要想真正激励员工工作,就要注重激励因素,通过这些因素的运用,满足员工较高层次的需要,才可能把员工的感受提升到满意阶段。因此,管理者若想更有效、更持久地激励员工,就必须注重工作本身对职工的激励。

(2) 正确处理保健因素与激励因素的关系。在对员工的激励中,不应忽视保健因素,但也不应过分注重改善保健因素。由双因素理论可知,满足员工的保健因素,只能防止不满,而并没有形成有效激励。而对于保健因素,当员工达到某种满意程度后其激励作用将会放缓,在饱和点以后将会出现衰减。因此,同其他企业相比,提供有竞争力的报酬对维持员工的积极性、消除不满情绪是有效的,但过高的报酬并不一定能得到工作效率的相应提高。

(3) 善于把保健因素转化为激励因素。保健因素和激励因素是可以转化的,不是一成不变的。例如,员工的工资、奖金,如果同个人工作业绩相联系,就会产生激励作用,变为激励因素。如果两者没有联系,奖金发得再多,也构不成激励;一旦停发或少发,还会造成员工的不满。因此,有效的管理者,既要注意保健因素以消除员工的不满,又要努力使保健因素变为激励因素。

## 二、过程型激励理论

过程型激励理论是研究人的动机如何导致最终行动的理论。有效地将员工的行为和需要联系起来,会使员工表现出企业期望的行为。典型的过程型激励理论包括期望理论、公平理论和目标设置理论。

### (一) 期望理论

期望理论是由美国心理学家维克多·弗鲁姆(Victor H. Vroom)于 1964 年提出的。该理论认为,一种行为倾向的强度取决于个体对这种行为可能带来的结果的期望强度,以及这种结果对行为者的吸引力。人们之所以采取某种行为,是因为他们觉得这种行为可以有把握达到某种结果,并且这种结果对他们有足够的价值。

1. 期望理论的主要内容

期望理论认为,在较高的动机水平下,员工能够自动产生高强度的行为动力,进而形成强大的激励动力。而提高动机水平的主要途径在于提高适宜的目标诱因,使员工能够选择符合自身需要并更具有成功可能性的目标,以便为实现该目标采取相应的行动。

根据这一理论,员工对待工作的态度依赖于对下列 3 种联系的判断。

(1) 努力与绩效的关系。即员工感觉到通过一定程度的努力而达到工作绩效的可能性。例如,需要付出多大努力才能达到某一绩效水平?是否真能达到这一绩效水平?概率有多大?

(2) 绩效与奖赏的关系。即员工对于达到一定工作绩效后即可获得理想的奖赏结果的信任程度。例如,当达到这一绩效水平后会得到什么奖赏?

(3) 奖励与个人目标的关系。即如果工作完成,员工所获得的潜在结果或奖赏对他的重要性程度。例如,奖赏能否满足个人的目标?吸引力有多大?

在这 3 种关系的基础上,员工在工作中的积极性或努力程度是效价和期望值的乘积,即

$$M = V \times E$$

其中,$M$ 表示激励力;$V$ 表示效价;$E$ 表示期望值。

效价 $V$ 是指一个人对这项工作及其结果(可实现的目标)能够给自己带来满足程度的评价,即对工作目标有用性(价值)的评价。同一个目标,由于个人所处的环境不同,需要不同,其需要的目标价值也就不同。同一个目标对每一个人可能有三种效价:正、零、负。如果个人喜欢其可得的结果,则为正效价;如果个人漠视其可得的结果,则为零值;如果个人不喜欢其可得的结果,则为负效价。效价越高,激励力量就越大。

期望值 $E$ 是指人们对自己能够顺利完成某项工作可能性的估计,即对工作目标能够实现概率的估计。目标价值的大小直接反映人的需要动机的强弱,期望概率反映人实现需要和动机的信心强弱。弗鲁姆认为,人总是渴求满足一定的需要并设法达到一定的目标。这个目标在尚未实现时,表现为一种期望,期望的概念是指一个人根据以往的能力和经验,在一定时间里希望达到目标或满足需要的一种心理活动。

效价和期望值的不同结合会产生不同的激励力量,一般存在以下几种情况。

$$高\ E \times 高\ V = 高\ M$$

$$中E \times 高V = 中M$$
$$低E \times 低V = 低M$$
$$高E \times 低V = 低M$$
$$低E \times 高V = 低M$$

这表明，组织管理要想收到预期的激励效果，就要以激励手段的效价（能给激励对象带来的满足）和激励对象获得这种满足的期望值都同时足够高为前提。只要效价和期望值中有一项的值较低，都难以使激励对象在工作岗位上表现出足够的积极性。

在实际生活中，每个目标的效价与期望常呈现负相关。难度大、成功率低的目标既具有重大社会意义，又能满足个体成就需要，具有高效价；而成功率很高的目标则会由于缺乏挑战性，做起来索然无味，从而导致总效价降低。因此，设计与选择适当的外在目标，使其既给人以成功的希望，又使人感到值得为此奋斗，就成了激励过程中的关键问题。

2. 期望理论对管理实践的启示

期望理论提出了目标设置与个人需求相统一的理论。期望理论假定个体是有思想、有理性的人。对于生活和事业的发展，他们有既定的信仰和基本的预测。因此，在分析激励员工的因素时，我们必须考察人们希望从组织中获得什么，以及他们如何能够实现自己的愿望。

因此，期望理论的关键是正确识别个人目标和判断三种联系，即努力与绩效、绩效与奖励、奖励与个人目标的关系。

期望理论对管理者的启示是：管理人员的责任是帮助员工满足需要，同时实现组织目标。管理者必须尽力发现员工在技能和能力方面与工作之间的对称性。为了提高激励，管理者可以明确员工个体的需要，界定组织提供的结果，并确保每个员工有能力和条件（时间和设备）得到这些结果。通常，要达到使工作的分配出现所希望的激励效果。根据期望理论，应使工作的能力要求略高于执行者的实际能力，即执行者的实际能力略低于（既不太低又不太高）工作的要求。

## （二）公平理论

公平理论又称社会比较理论，由其代表人物美国心理学家亚当斯于 1963 年正式提出。该理论侧重于研究工资报酬分配的合理性、公平性及其对员工工作积极性的影响。在日常工作和生活中，人们通常都有一种要求受到公平对待的需要。人们不仅会把自己的努力与所得报酬作比较，而且还会将自己和其他人进行比较，并通过增减自己付出的努力或投入的代价，来取得他们所谓的公平与平衡。

1. 公平理论的主要内容

公平理论的基本观点是：当一个人作出成绩并取得了报酬以后，会把他的付出（包括所做努力、用于工作的时间和精力、教育程度、经验、资历、地位等）及获得（薪水、福利、赞美、肯定、升迁、被提升的地位等）与相应的参照对象进行比较，从而判断自己所获报酬的公平性，并进一步作出相对应的反应。也就是说人们不仅关心自己所得报酬的绝对量，而且关心自己所得报酬的相对量。

公平理论可用以下关系式表示。假设有当事人 a 和被比较对象 b，则当 a 感觉到公平时有下式成立：

$$o_p/i_p = o_c/i_c$$

其中，$o_p$ 指自己对所获报酬的感觉；$o_c$ 指自己对他人所获报酬的感觉；$i_p$ 指自己对个人所作投入的感觉；$i_c$ 指自己对他人所作投入的感觉。

当上式为不等式时，可能出现以下两种情况。

(1) $o_p/i_p < o_c/i_c$，在这种情况下，他可能要求增加自己的收入或减少自己今后的努力程度，以便使左边增大，趋于相等；第二种办法是他可能要求组织减少比较对象的收入或者让其今后增大努力程度以便使右边减小，趋于相等；此外，他还可能另外找人作为比较对象，以便达到心理上的平衡。

(2) $o_p/i_p > o_c/i_c$，在这种情况下，他可能要求减少自己的报酬或在开始时自动多做些工作，但久而久之，他会重新估计自己的技术和工作情况，最终觉得他确实应当得到这么高的待遇，于是产量就回到过去的水平。

除了横向比较外，人们也经常会纵向比较，即把自己目前投入的努力与目前所获得报酬的比值，同自己过去投入的努力与过去所获报酬的比值进行比较。只有相等时他才会认为公平，如下式所示：

$$o_p/i_p = o_h/i_h$$

其中，$o_p$ 指自己对现在所获得报酬的感觉；$o_h$ 指自己对过去所获得报酬的感觉；$i_p$ 指自己对个人现在投入的感觉；$i_h$ 指自己对个人过去投入的感觉。

当上式为不等式时，也可能出现以下两种情况。

(1) $o_p/i_p < o_h/i_h$，在这种情况下，人也会有不公平的感觉，这可能导致工作积极性下降。

(2) $o_p/i_p > o_h/i_h$，在这种情况下，人不会因此产生不公平的感觉，但也不会觉得自己多拿了报酬而主动多做些工作。

2. 公平理论对管理实践的启示

公平理论对管理人员具有以下几点启示。

(1) 影响激励效果的不仅有报酬的绝对值，还有报酬的相对值。

(2) 激励应力求公正，使等式在客观上成立，尽管有主观判断的误差，也不致造成严重的不公平感。

(3) 在激励过程中应注意对被激励者公平心理的疏导，引导其树立正确的公平观，使大家认识到绝对的公平是没有的，不要盲目攀比，多听听别人的看法，也许会客观一些。

(4) 不要按酬付劳，按酬付劳是在公平问题上造成恶性循环的主要杀手。

公平理论的主要贡献在于提出了人们对于公平与否的感受并不只是取决于绝对收入的多少，还取决于自己的收入与付出的比率和参照对象比较的结果。就一个组织内部来说，不考虑贡献大小，简单化普遍增加薪金报酬，其激励作用很有限。

### (三) 目标设置理论

目标设置理论是由美国心理学家艾德文·洛克(Edwin A. Locke)于 1967 年提出的。

洛克认为目标本身就具有激励作用,目标是引起行为的最直接的动机。因此,设置合适的目标会使人产生想要达到该目标的成就需要,从而使人们的行为朝着一定的方向努力,并将自己的行为结果与既定的目标相对照,及时进行调整和修正,从而能实现目标。所以,目标对人有强烈的激励作用,重视并尽可能设置合适的目标是激发动机的重要过程。

1. 目标设置理论的主要内容

通过大量的研究发现,目标设定与工作表现之间存在以下相关性。

(1) 明确的目标往往比普通的目标得到更高的绩效。告诉某个人"尽全力"是一个普通目标。一个明确的目标可以是"将顾客调查的周期缩短为两个工作日"。

(2) 绩效通常与目标的困难程度正相关。一个人的目标越困难,他所达到的绩效水平也就越高。但是,如果目标极其困难,便会出现意外。一方面,目标困难导致沮丧,沮丧反过来又会降低绩效。另一方面,崇高的目标能够激发人的斗志。尼古拉斯说过,现实的目标导致无聊的、安逸的生活。即使你现在不能实现你的梦想,你也可以先设定一些低级目标以获得进步。

(3) 只有那些员工能够接受的目标才能够提高绩效。如果你拒绝接受某个目标,你就不会把它放入你的计划。正出于这个原因,与员工讨论目标才更有帮助,而不能将目标强加在员工身上。参与目标设定,对工作绩效的水平并没有多大影响,除非它能够提高目标的可接受性。但是参与目标设定也有一定的价值,因为人们在目标设定过程中能获得更大的满足。

(4) 当目标可以用来评价绩效时将更为有效。当员工得知他们的绩效将采用他们达到目标的程度来进行评价时,目标的影响将增加。

(5) 目标应该与反馈和奖励联系起来。员工如果有所进步,应得到一定的反馈,比如因他们实现目标而获得一些奖励。奖励那些实现目标的人可能是很容易被接受的管理原则。反馈也很重要,因为它本身就是一种激励理论。接受肯定的反馈可以鼓励人们继续重复该行为;接受否定的反馈,则是告诉人们不要再继续这种行为。在目标设定过程中加入更多的反馈,可以通过设定一些可实现的短期的目标来实现。通过这种方式,可以更频繁地衡量进展程度,能够为目标设定者提供定期的反馈。由于很多人缺乏耐心和自我约束力,所以如果他们不能在短期内看到结果,就不能坚持长期努力地工作。所以说,短期目标可以增强激励作用。

(6) 团队的目标设定与个人的目标设定同等重要。让员工为实现团队目标而工作比仅仅为自己的个人目标而工作更能提高生产率。另外,将团队和个人目标连接在一起比单纯的团队目标或个人目标更为有效。

2. 目标设置理论对管理实践的启示

目标设置理论对管理人员的启示如下。

(1) 目标设置必须符合激励对象的要求。激励对象的工作成就应同其正当的获得期望相联系,使激励对象表现出积极的目的性行为。员工只有真正认识到设置的目标合乎自己的期望和需要时,才会在目标实现的过程中付出大量而有效的努力,否则不会对员工的工作产生激励作用。

(2) 注意目标设置的具体性。目标的内容要具体明确,能够有定量要求的目标更好,切忌笼统抽象。具体的目标更接近于员工自己的利益,并使员工能够在不断的反馈中体验到成就感。但过于具体的目标又显得组织混乱,造成管理上的困难,也不利于企业对目标的宏观调控。因此,企业只有在某个整体目标的指导下,设置适当的具体的目标,这样更能提高工作绩效。

(3) 鼓励员工参与个人目标和企业目标的设置。参与目标设置的员工比被领导者分配目标的员工更能设置较高的目标并取得较高的工作绩效,因为参与目标设置本身就增强了员工对目标的承诺,而员工被动地接受目标会导致出现设置的目标与自身需要不一致的地方。因此,可能影响工作效率和目标的实现。

(4) 注意目标大的阶段性。实现一个短期目标可以使人较快地看到自己的进步,看到自己的努力和成绩之间的关系,并产生不断进取以达到下一个目标的愿望。目标制定的时间上,既有近期目标,又要有远期目标。应将长远目标分解为阶段目标,要把长远目标与阶段目标有机结合起来,将长远的理想同近期的需要结合起来,掌握工作节奏,分段达到预期的目标。

(5) 目标的难度拟定要适当。设置的目标既要切实可行,又要振奋人心。同一目标对不同人有着不同的难度,企业员工可以根据不同的任务难度调整自己的努力程度。针对不同岗位上的员工及员工能力间的差异设置合适的目标,将目标难度的设立与员工能力的高低和目标承诺结合起来,即有足够的能力和高度的目标承诺时,可以设置难度较大的目标,否则要作出适当调整。

(6) 合理运用反馈机制。从心理学上分析,取得结果被承认后反馈于劳动者,使其产生积极的情绪反应,而激励个人持续不断地以更高的热情进行工作,其结果形成一个正反馈的连锁反应和产生性循环,使两终端互为能量补充。如果不让员工意识到他们的工作绩效并没有达到预期绩效的要求,则绩效不会有所改善,有效的管理者应当以一种能够诱发积极的行动反应的方式来向员工提供明确的绩效反馈。

(7) 目标设置应注重对员工努力程度的反映,进行个性化的工作衡量。员工存在着能力、资历、性格等各方面的个体差异,所以目标设置应个性化。而要达到目标设置的个性化,就应注意反映各个员工进行工作的努力程度的衡量,而不是用一个尺子去衡量所有的人,这样才能最大限度地激发每个员工的工作积极性。

## 三、行为改造型激励理论

行为改造型激励理论着重对达到激励的目的,即调整和转化人的行为进行研究。它主要包括强化理论和挫折理论。

### (一) 强化理论

强化理论又称为行为修正理论或行为矫正理论。该理论是由美国的心理学家和行为科学家斯金纳提出的。该理论认为在操作条件作用的模式下,如果一种反应之后伴随一种强化,那么在类似环境里发生这种反应的概率就增加。而且,强化与实施强化的环境一起,都是一种刺激,人们可以以此来控制反应。因此,管理人员可以通过强化的手段,营造一种有利于组织目标实现的环境和氛围,使组织成员的行为符合组织的目标。

1. 强化理论的主要内容

根据强化的性质和目的可把强化分为正强化和负强化。在管理上，正强化就是奖励那些组织上需要的行为，从而加强这种行为；负强化就是惩罚那些与组织不兼容的行为，从而削弱这种行为。正强化的方法包括奖金、对成绩的认可、表扬、改善工作条件和人际关系、提升、安排担任挑战性的工作，给予学习和成长的机会等。负强化的方法包括批评、处分、降级等，有时不给予奖励或少给奖励也是一种负强化。

强化的具体方式有四种。

(1) 正强化。正强化是指奖励符合组织目标的行为，以便使这些行为进一步加强，重复地出现。

(2) 惩罚。当员工出现一些不符合组织目标的行为时，采取惩罚的办法，可以约束这些行为少发生或不再发生。惩罚是力图使不希望的行为逐渐削弱，甚至完全消失。

(3) 负强化。负强化强调的是一种事前的规避。俗语"杀鸡儆猴"形象地说明了两者的联系与区别。对出现了违规行为的"鸡"加以惩罚，意欲违规的"猴"会从中深刻地意识到组织规定的存在，从而加强对自己行为的约束。

(4) 忽视。忽视是对已出现的不符合要求的行为进行"冷处理"，达到"无为而治"的效果。

强化的主要功能就是按照人的心理过程和行为规律，对人的行为予以导向，并加以规范、修正、限制和改造。它对人的行为的影响，是通过行为的后果反馈给行为主体这种间接方式来实现的。人们可根据反馈的信心，主动适应环境，不断调整自己的行为。

2. 强化的原则

(1) 要依照强化对象的不同，采用不同的强化措施。人们的年龄、性别、职业、学历、经历不同，需要就不同，激励员工最好的方法是为他们提供他们所希望得到的奖励。

(2) 分阶段设立目标，并对目标予以明确规定和表述。对于人的激励，首先要设立一个明确的、鼓舞人心而又切实可行的目标，只有目标明确而具体时，才能进行衡量和采取适当的强化措施。同时，还要将目标进行分解，分成许多小目标，完成每个小目标都及时给予强化，这样不仅有利于目标的实现，还可以通过不断的激励增强信心。如果目标一次定得太高，会使人感到不易达到，这就很难充分调动人们为达到目标而作出努力的积极性。

(3) 及时反馈。所谓及时反馈，就是通过某种形式和途径，及时将工作结果告诉行动者。要取得最好的激励效果，就应该在行为发生以后尽快采取适当的强化方法。一个人在实施了某种行为以后，即使是领导者表示"已注意到这种行为"这样简单的反馈，也能起到正强化的作用。如果领导者对这种行为不予注意，这种行为重复发生的可能性就会减小以致消失。所以，必须利用及时反馈作为一种强化手段。

(4) 正强化比负强化更有效。负强化及惩罚可以引起一定的副作用。斯金纳通过系统的实验观察得出一条重要结论：惩罚就是企图呈现消极强化物或排除积极强化物去刺激某个反应，仅是一种治标的方法，它对被惩罚者和惩罚者都是不利的。他的实验证明，惩罚只能暂时降低反应率，而不能减少消退过程中反应的总次数。

(5) 不固定时间和频率间隔的强化效果好。有机体在强化到来之前的反应率会有所提高。在这样的强化程序下，个体不知道什么时候会出现强化，但总有一种强化即将出现的期待。长此以往自然会形成习惯。也就是说，全部强化的结果，如果不继续强化，反应就消失了。反过来，部分强化的，即使后来不强化时，反应仍不会减弱。显然不强化竟会起积极作用。也就是说不强化会起着警戒作用，即遇到没有强化的条件时，不强化会使人学习到：一时没有结果以后还是有结果的。所以不强化同样可以收到学习的效果。全部强化，没有失败的教训，遇到挫折便不会继续努力，反而起到消极的作用。

3. 强化理论对管理者的启示

(1) 应以正强化方式为主。在企业中设置鼓舞人心的安全生产目标，是一种正强化方法，但要注意将企业的整体目标和员工个人目标、最终目标和阶段目标等相结合，并对在完成个人目标或阶段目标中作出明显绩效或贡献者，给予及时的物质和精神奖励，以求充分发挥强化作用。

(2) 采用负强化(尤其是惩罚)手段要慎重。负强化应用得当会促进安全生产，应用不当则会带来一些消极影响，可能使人由于不愉快的感受而出现悲观、恐惧等心理反应，甚至发生对抗性消极行为。因此，在运用负强化时，应尊重事实，讲究方式方法，处罚依据准确公正，这样可尽量消除其副作用。将负强化与正强化结合应用，一般能取得更好的效果。

(3) 注意强化的时效性。采用强化的时间对于强化的效果有较大的影响。一般来说，强化应及时，及时强化可提高安全行为的强化反应程度，但须注意及时强化并不意味着随时都要进行强化。不定期的非预料的间断性强化，往往可取得更好的效果。

(4) 因人制宜，采用不同的强化方式。由于人的个性特征及其需要层次不尽相同，不同的强化机制和强化产物所产生的效应会因人而异。因此，在运用强化手段时，应采用有效的强化方式，并随对象和环境的变化而相应调整。

(5) 利用信息反馈增强强化的效果。信息反馈是强化人的行为的一种重要手段，尤其是应用安全目标进行强化时，定期反馈可使职工了解自己参加安全生产活动的绩效及其结果，既可使职工得到鼓励、增强信心，又有利于及时发现问题、分析原因、修正行为。

### (二) 挫折理论

挫折理论可追溯到20世纪极负盛名的奥地利心理学家弗洛伊德创立的精神分析学说。该理论着重研究人因挫折感而导致的心理自卫。

1. 挫折和挫折感

人们在实现目标的过程中，常常由于客观原因导致行为受阻，未能达到目标，即遭受挫折是常有的事。挫折理论所注意的不是挫折而是挫折感受，后者是行为主体对挫折的心理感受或称知觉。

挫折是客观存在的，但挫折感是主观的，即挫折的产生是不以人的意志为转移的，然而由此导致的挫折感及其对行为的影响却是因人、因情景而异的。一方面，挫折使人失望、痛苦，使某些人消极、颓废乃至一蹶不振；另一方面，挫折又可以给人以教益，使人们变得聪明起来，或者使人努力，在逆境中奋起。挫折的上述两种特性是对立统一的，共存于同一体之中，又能在一定条件下相互转化，其转化的机制即心理自卫。因挫折和挫折感而导致心理紧张，为消除或缓解心理紧张则会出现防卫性的心理反应，称为心理自卫。

2. 心理自卫及机制

因为受挫折的人各有特点，所以其受挫折后因心理自卫而导致的行为表现也总有差异。一般有两类：一类是建设性的心理自卫，采取积极进取的态度；另一类是破坏性的心理自卫，采取消极的态度，甚至是对抗的态度。

（1）建设性的心理自卫。

一是增强努力：是指当个体在追求某一目标受挫时，不放弃原有目标，而是加倍努力，尝试其他方法和途径，最终达到目标。

二是重新解释：即重新解释目标，是指当个体达不成既定目标时，则延长完成期限、修订或重新调换目标。

三是补偿：是指当个体追求实现某一目标受挫时，则改为追求其他的目标，以补偿和取代原来未能实现的目标。

四是升华：是指当个体遭受挫折时，把敌对、悲愤等消极因素转化为积极进取的动力，从而取得更有意义的成就。这是建设性程度最高的心理自卫。

（2）破坏性的心理自卫。

一是推诿：是指人受到挫折后会想出各种理由原谅自己或为自己的过失辩解。

二是逃避：是指人受到挫折后不敢面对挫折，而是逃避到安全的地方或幻想。

三是忧虑：是指一个人连续遭到挫折，便慢慢失去了自尊和信心，不知所措，终于形成一种由紧张、不安、焦急、恐惧感交织而成的复杂情绪状态。忧虑严重者，生理上还会出现头昏、心发慌、冒冷汗、胸闷、脸色苍白等反应。

四是攻击：也称为侵犯、侵略，是指一种无理智的、消极的、带有破坏性的公开对抗的行为。这种攻击可针对受挫折者所认为的挫折源而发，也可迁怒于无关的旁人或折磨自己，甚至自杀。前者称为直接攻击，后者称为转向攻击。这是破坏性程度最高的心理自卫。

五是冷漠：是指当一个人受到挫折后由于压力过大，无法攻击或攻击无效，或因攻击而招致更大的痛苦，于是将愤怒的情绪压抑下来，采取冷漠行为。从表面上看，受挫折似乎对挫折漠不关心，表示冷漠退让，但实际上受挫折的内心痛苦更甚，严重者将变成忧郁型精神病人。

## 四、综合型激励理论

综合型激励理论试图将各种激励理论归纳起来，克服各种理论的片面性，全方位地理解人的行为激励问题。勒温的早期综合激励理论、波特和劳勒的综合激励理论是影响较大的综合激励理论。

### （一）勒温的早期综合激励理论

最早期的综合激励理论是由心理学家勒温提出的，称作场动力理论，用函数关系可以表示为

$$B = F(P \times E)$$

式中，$B$ 为个人行为的方向和向量；$F$ 为某个函数关系；$P$ 为个人的内部动力；$E$ 为环境的刺激。

根据勒温的理论，外部刺激是否能够成为激励因素，还要看内部动力的大小，两者乘积才能决定个人的行为方向。如果个人的内部动力为零，那么外部环境的激励就不会发生作用；如果个人的内部动力为负数，外部环境的刺激就有可能产生相反的作用。

### （二）波特和劳勒的综合激励理论

美国学者波特和劳勒于 1968 年提出了一种综合激励理论，综合考虑了个人努力、绩效、能力、环境、认知程度、奖酬和满足等变量，并将其相互关联描述如图 7.4 所示。

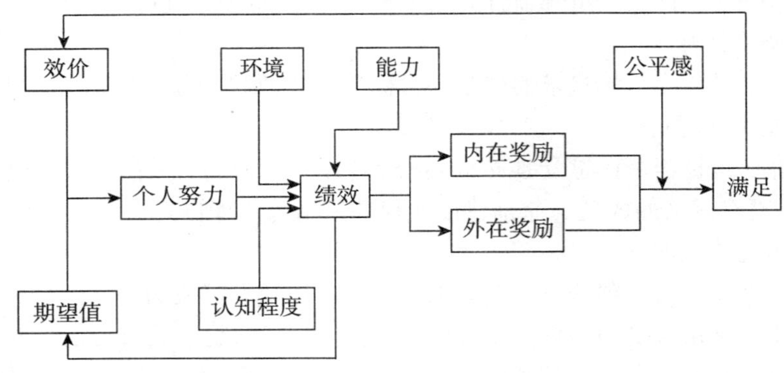


**图 7.4　综合激励理论**

综合激励模型包括员工努力程度、工作绩效、工作奖励、满足感四个变量，其基本关系为激励导致努力，努力产生绩效，绩效导致满足。

(1) 员工努力程度，即员工由于激励而发挥出来的力量，取决于员工对目标价值的看法及通过努力实现目标的可能性的主观估计。报酬价值的大小决定激励程度的高低。员工每次行为得到的满足会反过来影响他对这种报酬的价值估计。同时，努力程度与经过努力得到报酬的可能性大小成正比。员工每一次行为所形成的绩效也会反过来影响他对这种可能性的估计。

(2) 工作绩效。工作绩效不仅取决于员工努力程度，还取决于环境、员工自身的能力及他对所需完成的任务的理解程度。

(3) 工作奖励。工作奖励包括内在奖励和外在奖励，它们和员工主观上的公平感一起影响员工的满足感。

(4) 满足感。满足感的大小取决于所得到的报酬同所期望得到的结果之间的一致性，当实际报酬大于或等于预期时，满足感强；反之，员工则会产生不满。

波特和劳勒在期望理论的基础上，将双因素理论、公平理论及强化理论整合起来，强调了激发员工工作动机的重要性，指出需要对员工的工作绩效给予公平合理的奖励；公平导致的满足感将成为新的激励因素，进一步激发员工的工作动机，促使员工更努力地工作，以此实现良性循环。

# 第三节 激励的原则与方法

管理者以科学的方法激励人内在的潜力，发展人的能力，充分发挥人的积极性，从而使组织成员为有效地实现组织目标而努力工作，这里不仅需要了解和研究激励理论，还要在运用这些理论的同时，掌握好激励的原则与方法。

## 一、激励的原则

### （一）组织目标与个人目标相结合

在激励机制中，设置目标是一个关键环节。目标设置必须同时体现组织目标与员工需要的要求。个人目标表现为组织成员希望通过他们在组织中的努力所要达到的目标，主要包括职位晋升、增加工资、改善环境、实现抱负、被社会承认等。组织目标反映的则是组织成员共同的利益，而个人目标则是组织成员之所以愿意在该组织中工作的主要原因。个人目标与组织目标相辅相成。组织目标的实现是个人目标得以实现的前提，个人目标的实现是组织目标得以实现的保证。

### （二）物质激励与精神激励相结合

物质激励是基础的激励手段，也是最古老、最传统的激励方式。随着生产力水平和人们素质的提高，人的精神需求越来越多，应更加注重满足人们较高层次的精神需要。实践证明，单纯的物质激励与单纯的精神激励都有局限性，只有物质激励与精神激励相结合，才能充分调动员工的积极性。

### （三）正激励与负激励相结合

所谓正激励，就是对员工的符合公司目标的期望行为进行奖励，使这种行为更多地出现，提高员工的积极性，主要表现为对员工的物质奖励和表扬等。所谓负激励，就是对员工的违背公司目标的非期望行为进行惩罚，使这种行为不再发生，使员工积极性朝正确的目标方向转移，具体表现为纪律处分、经济处罚、降级、降薪、淘汰等。在企业管理中，我们需要肯定积极因素和否定消极因素，赏罚分明，使组织形成良好的风气。

### （四）差异化与多样化相结合

所谓差异化，是针对不同的人采取不同的激励方式。所谓多样化，是视情况不同，灵活运用多种激励方式。激励的起点是员工的需要，但员工的需要千差万别，因人而异，因时而异，只有满足员工的迫切需要，才能取得最好的激励效果。

### （五）公平与公正

根据激励的原理，人们在企业环境中需要公平，公平又是通过比较获取的，员工们不光关注绝对公平也在意相对公平。所以，管理者应该充分考虑一个内外结合的激励员工的方法，确保公平性。在激励过程中要赏罚分明，一视同仁。

## 二、激励的方法

### （一）目标激励

目标激励是指设置适当的目标来激发人的动机和行为，达到调动人的积极性的目的。目标激励要求以明确的组织目标为依据，对其进行纵向和横向的层层分解，形成各层次、各部门乃至每一位员工的具体目标。各层次、各部门及每一位员工都以目标为标准，在实施目标的过程中，实行自我激励和自我控制。在目标激励过程中，要特别注意以下几点。

(1) 员工个人目标的设置，应结合其岗位工作的特点，充分考虑员工个人的特长、爱好和发展，将个人目标与组织目标相结合，使组织目标包含较多的个人目标，使个人目标的实现离不开为实现组织目标所做的努力。

(2) 目标必须具有明确性、可达性、挑战性和连续性，借以培养员工创造价值的成就感。

(3) 无论是组织目标还是个人目标，一经确定，就应大张旗鼓地进行宣传，让全体员工深刻认识到自己工作的意义和前途，激发员工强烈的事业心和使命感，使员工在工作过程中自我激励、相互激励。

(4) 在目标考核和评价中，要在员工自我评价的基础上，从德、能、勤、绩等方面，定性和定量相结合，客观公正地进行评价，及时进行奖惩，并做到赏罚分明。

### （二）任务激励

任务激励就是利用工作本身来激励员工。任务激励属于内在激励，其付出的代价小，作用持久。任务激励的方式如下。

(1) 合理分配工作，尽可能地使分配的工作适合职工的兴趣和工作能力。

(2) 合理进行职务设计。在职务设计中充分考虑技能的多样性、任务的完整性及工作的独立性。尤其需要阐明每项任务的结果，从中产生高度的内在激励作用。

(3) 工作丰富化。工作丰富化的具体方式包括：让员工完成一件完整的、更有意义的工作；让员工在工作方法、工作程序、工作时间和工作进度等方面拥有更大的灵活性和自主性；赋予员工一些原本属于上级管理者的职责和控制权，促进其成就感和责任感；及时评价与反馈，让员工对工作进行必要的调整；自建自主性工作团队，独立自主地完成重大的、复杂的工作任务。

### （三）荣誉激励

荣誉激励是一种终极的激励手段。这里所说的形象激励，包括组织中领导者、模范人物的个人形象与优秀团队的集体形象等。无论哪一种形象，都能激发员工的荣誉感、成就感和自豪感，从而达到激励人的作用。为此，企业的领导者应把自己的学识水平、品德修养、工作能力、个性风格贯穿于自己的日常工作之中，以自己良好的个人形象对被领导者的思想和行为进行激励。同时，对于在工作中表现突出、具有代表性的新人、优秀员工、劳动模范及工作团队等，采用照片、资料张榜公布，开会表彰并发放荣誉证书，在电视、互联网上宣传等精神奖励方式，深入宣传和展现其良好的形象，号召和引导员工模仿学习。

### （四）信心激励

期望理论认为，一个人在工作中受到的激励程度与个人对完成工作的主观性评价及工作报酬对自己的吸引力等有很大关系。当个人认为自己无论付出多大的努力都不能完成工作时，其工作的积极性肯定很低。出现这种情况，有些时候是因为工作确实超出了个人的能力范围，但更多的时候是由于个人对自己缺乏信心所致。他们往往不能清楚地认识和评价自己，不清楚自己的优势和劣势所在，怀疑自己的能力，因而错误判断了实现目标的可能性大小。这时，就需要管理者在相信自己员工的基础上，及时进行心理疏导，让他们充分认识到自己的优点和潜力，给予充分的鼓励，让他们看到未来的机会和希望，帮助他们树立“我能做好”的信心。员工有了良好的心态、必胜的信念和动力，就能激发出巨大的创造力。

### （五）绩效薪金制

绩效薪金制是一种最基本的激励方法，其要点就是将绩效与报酬相结合，完全根据个人绩效、部门绩效和组织绩效来决定各种工资、奖金、利润分成和利润分红等的发放。实行绩效薪金制能够减少管理者的工作量，使员工自发努力工作，不需要管理者的监督。现在许多企业对上至总经理下至普通员工的薪金报酬，都采用了底薪（月薪或年薪）加提成的方式，其结果既增加了营业额，也增加了个人收入，充分体现了绩效薪金制的优越性。在实施绩效薪金制时，需要注意以下几点：①必须明确组织、部门和个人在一定期限内应达到的绩效水平；②必须建立完善的绩效监督、评价系统，以正确评价实际绩效；③严格按照绩效来兑现报酬，所给报酬必须尽可能满足员工的需求。

### （六）组织激励

组织激励是指运用组织责任及权力对职工进行激励。实施组织激励要求能够尽可能地明确每个工作人员应负的责任，让他们承担更多的责任，并享有更多的权力，为此，组织在建立严格的责任制的同时，应当实现各种形式的民主管理，如让职工或其代表参与组织重大决策的审议，督促各级领导干部的工作，广泛开展班组民主管理及合理化建议活动等。

### （七）危机激励

危机激励的实质是树立全体成员的忧患意识，做到居安思危，不盲目乐观，在发生危机时能够上下一心，共渡难关。

### （八）尊重激励

尊重是一种最人性化、最有效的激励手段之一。以尊重、重视自己的员工的方式来激励他们，其效果远比物质上的激励要来得更持久、更有效。可以说，尊重是激励员工的法宝，其成本之低，成效之卓，是其他激励手段都难以企及的。

### （九）文化激励

用企业文化熏陶出好员工。企业文化是推动企业发展的原动力。它对企业发展的目标、行为有导向功能，能有效地提高企业生产效率，对企业的个体也有强大的凝聚功能。优秀的企业文化可以改善员工的精神状态，熏陶出更多的具有自豪感和荣誉感的优秀员工。

实际上，激励的具体方式远远不止本书所介绍的这些，还有很多，这里仅仅只是介绍了其中最基本的主要的方法。但有一点是肯定的，无论什么激励方法，都不是最有效或最无效的。有效的激励是与需要相联系，各种激励方法综合运用的结果。因此，在激励工作中必须坚持以需要作为激励的起点，在物质激励的基础上，重点进行精神激励。此外，必须充分考虑员工的个体差异，激励方式因人而异；必须结合不同时间和地点的具体条件和具体情况，随机制宜地进行激励；必须坚持以正面激励为主，通过表扬、奖励等激励始终保持员工队伍的蓬勃朝气，形成团结向上、奋发有为、开拓进取的良好局面；必须处理好个体激励与团队激励的关系，在个体激励的基础上，加强对团队的激励，充分发挥个体和团队的积极性、主动性和创造性。

## 本章小结

激励就是激发人的动机，使人产生内在动力的过程，激励的首要目的是调动组织员工的积极性，激发组织成员的主动性和创造性，以提高组织的效率和企业的效益。

本章重点内容简要概括如下。

(1) 激励的过程。激励过程从需要或动机出发，由此产生了要求，这种要求一时不能得到满足时，心理上会产生一种不安和紧张的状态，这种不安和紧张的状态会成为一种内在驱动力，导致某种行为或行动，进而去实现目标，一旦达到目标就会带来满足，这种满足又会为新的需要提供强化。

(2) 激励的作用。组织的绩效取决于员工的工作绩效，而员工的工作绩效又取决于组织成员的能力、被激励情形和工作环境条件。因此，适时适当的激励有利于组织提高效率和效益。

(3) 激励的理论。按照各个激励理论所研究的激励侧面的不同及其与行为的关系不同，可以把各种激励理论归纳总结为：内容型激励理论、过程型激励理论、行为改造型激励理论和综合型激励理论。

① 内容型激励理论着重对引发动机的因素，即对激励的内容进行研究，主要包括需要层次理论、ERG 理论、成就需要理论和双因素理论。

② 过程型激励理论着重对行为目标的选择，即对动机的形成过程进行研究，主要包括期望理论、公平理论、目标设置理论。

③ 行为改造型激励理论着重对达到激励的目的，即对调整和转化人的行为进行研究，主要包括强化理论、挫折理论。

④ 综合型激励理论主要是将上述几类激励理论相结合，把内、外激励因素都考虑进去，系统地描述激励全过程，以期对人的行为有更为全面的解释，克服各种激励理论的片面性，主要包括勒温的早期综合激励理论、波特和劳勒的综合激励理论。

(4) 激励的原则。激励的原则为管理者对员工进行激励时,提供了基本的指导思想。激励原则主要包括:组织目标与个人目标相结合;精神激励与物质激励相结合;正激励与负激励相结合;差异化与多样化相结合;公平与公正。

(5) 激励的方法。激励的方法主要包括目标激励、任务激励、荣誉激励、信心激励、绩效薪金制、组织激励、危机激励、尊重激励、文化激励等。

# 实务训练

## 让参与者勇于承担责任

1. 游戏准备

人数:不限。

时间:不限。

场地:不限。

材料:无。

2. 游戏步骤

让参与者相隔一臂站成几排(视人数而定),主持人站在队列前面,面向大家,主持人喊一时,大家向右转;喊二时,向左转;喊三时,向后转;喊四时,向前跨一步;喊五时,原地不动。

当有人做错时,就要走出队列,站到大家面前先鞠一躬,举起右手高声说:"对不起,我错了!"

主持人喊数时节奏可以由慢到快。渐做渐快时,错的人也越多。如果有人做错了,想蒙混过关,主持人要提醒:"刚才有人错了。请承认。"直到做错的人认错为止。

**【游戏心理分析】**

面对错误时,有人不愿承认自己犯了错误。虽然也有人认为自己错了,但没有勇气承认,因为很难克服心理障碍。当错误发生时,有些人会试图为自己开脱责任,蒙混过关。勇于面对自己的错误,需要很大的勇气。一个人的责任心不仅是勇于面对错误的一种责任,承担错误还需要一种力量。这也是一种心理的自我认可。

# 思考与练习题

## 一、单项选择题

1. 提出公平理论的是(　　)。

A. 马斯洛　　B. 卢因　　C. 弗鲁姆　　D. 亚当斯

2. 马斯洛提出的需要层次理论属于(　　)。

A. 归因型激励理论　　B. 过程型激励理论

C. 强化型激励理论　　D. 内容型激励理论

3. 处于需要最高层次的是(　　)。

A. 生理的需要　　B. 安全的需要

C. 感情的需要　　D. 自我实现的需要

4. 激励的主要对象是(　　)。

A. 组织目标　　B. 组织范围内的员工或领导对象

C. 员工的需要　　D. 组织范围内员工的利益

5. 双因素理论研究的重点(　　)。

A. 人的需要是如何满足的　　B. 组织中个人与工作的关系问题

C. 影响人的需要的主要因素　　D. 人的需要层次

6. 张宁在大学计算机系毕业以后，到了一家计算机软件公司工作。三年来，他工作积极，取得了一定的成绩。最近他作为某项目小组的成员，与组内其他人一道奋战了三个月，成功地开发了一个系统，公司领导对此十分满意。这天，张宁领到项目经理亲手交给他的红包，较丰厚的奖金令他十分高兴，但当他随后在项目小组奖金上签字时，目光在表上注视了一会儿后，脸便很快阴沉了下来。对于这种情况，(　　)可以较恰当地给予解释。

A. 双因素理论　　B. 期望理论　　C. 公平理论　　D. 强化理论

7. 中国企业引入奖金机制的目的是发挥奖金的激励作用，但到目前，许多企业的奖金已成为工资的一部分，奖金变成了保健因素，这说明(　　)。

A. 双因素理论在中国不怎么适用

B. 保健和激励因素的具体内容在不同的国家是不一样的

C. 防止激励因素向保健因素转化是管理者的重要作用

D. 将奖金设计成为激励因素本身就是错误的

8. 假如你是一个企业的老板，发现近来企业的各项工作开展都没有创业阶段有声有色，经调查，发现员工没有不满情绪，但对工作不满意，为此，你可以采取的措施是(　　)。

A. 给工人提供更多的升迁机会

B. 改善员工的工作条件

C. 增加工作的工资

D. 以上都不是

## 二、多项选择题

1. 激励的关键要素包括(　　)。

A. 努力　　B. 成果　　C. 组织目标　　D. 需要

2. 根据激励对象的不同方面，可以将激励分为(　　)。

A. 激励的内容理论　　B. 激励的过程理论

C. 激励的结果理论　　D. 激励的强化理论

3. 激励的过程理论包括(　　)。

A. 需要层次论　　B. 公平理论　　C. 双因素理论　　D. 期望理论

4. 常用的激励方式有(　　)。

A. 工作激励　　B. 成果激励　　C. 批评激励　　D. 培训教育激励

5. 2002 年 8 月，五名登山爱好者在攀登西藏雪峰时，遇到雪崩不幸遇难，人们在赞扬他们精神的同时，也在思考如下问题：是什么力量鼓舞他们不畏艰险，努力攀登？你认为主要的因素有(　　)。

A. 外在性激励，如领导的鼓励、支持、表扬等

B. 内在性激励，如目标任务的巨大吸引力

C. 内在性激励，如完成任务的自豪感、自尊感

D. 外在性激励，如物质利益的奖励与满足

6. 双因素理论中的"双因素"分别具有的特征是(　　)。

A. 激励因素与工作内容和工作本身有关

B. 保健因素与工作环境和工作条件有关

C. 保健因素能够起到直接激励的作用

D. 激励因素可以产生使职工满意的效果

E. 保健因素的改善只能防止职工的不满情绪

## 三、简答题

1. 说明激励的过程及动因。
2. 解释波特和劳勒的激励理论。
3. 简述激励理论的基本种类。
4. 简述当代激励计划。

## 四、案例分析题

### 关于员工激励的对话

20 世纪 90 年代以来，人事管理职能变得越来越重要。如何调动员工的积极性，成为摆在各人事部门面前的一个重要问题。下面的对话是一个公司的三位高层主管就公司人才流失问题的原因的争论。

A——公司总经理；B——公司人力资源部副总；C——公司业务部副总。

背景：公司业务部的两位员工辞职，因此，C 总要求为业务部的骨干管理人员增加 20%的工资。B 总却不同意这种做法。

C："B 总，我认为我们对这个问题存在着根本性的分歧，你觉得我们部的管理人员还年轻，经验不足，不该拿这么高的报酬。可我认为决定一个人报酬应该根据他们的能力而不是他们的资历，他们这些年轻人使我们业务部迅速发展，并为公司作出了巨大贡献，而且他们是公司今后发展的骨干力量。目前我们部已有两个人辞职，这两个人工作表现非常出色，但他们对我们的分配方案表示不满意，认为这样的报酬不足以激励他们努力工作。现在他们已被另一家公司以更高的报酬聘用。对这两个人的辞职，该怎么办？如果他们都走了，我们将无法完成公司制定的目标任务。所以，我想提高这些出色的管理骨干的收入，使他们继续为我们公司效力。"

B："我认为你那几位骨干在公司的收入已经够可以的了，我们公司的经济分配政策

是由董事会讨论批准的，而且每一年根据公司的经济效益作出及时的调整，以保证我们公司职工的收入水平高于市场平均水平。你知道，我们的报酬在人才市场上很有吸引力和竞争力。如果有人因为收入未得到满足而辞职，我们可以以现有的报酬水平到人才市场去招聘替代者。”

“本月初，我们对业务部的员工进行了一次问卷调查，在这次调查中我们发现，那两位辞职的员工并未对他们的收入不满，而是他们对工作不满意，认为他们的工作目标没有挑战性，工作不足以调动他们的积极性。同时我们也发现，你们部门的其他人员对现行的收入较满意，但都认为工作有些让他们厌倦。”

两个人不欢而散。B总越想越觉得C总的要求不合理，于是他们去找A总商谈此事，并讲了昨天事情的经过。

B：“A总，根据我们的调查，我们公司的报酬水平相比同类型和同规模的企业来说，是略高一些的。C总建立的业务部，为我们公司前期发展作出了很大贡献，但随着公司的发展，业务部的任务复杂而且艰巨，人员也由原来的3人发展到30多人，人员素质也在不断提高，部门职能也发生变化，这就对部门主管提出了更高的要求。但据我们的调查和观察，C总在领导下属完成任务方面的表现不够理想，我认为他的领导方法有待于改进，管理水平有待于提高，他并没有充分发挥部门员工的积极性，致使他们感到工作乏味，缺乏挑战性。因此，导致有人辞职。”

A：“那么你的结论是什么？”

B：“我认为，对员工来说，一份有挑战性的工作比报酬显得更重要。C总在分配下级工作时做得不够好，他没有注意到用挑战性工作激励员工，我认为他在领导方面有问题。作为人事部，我们不能满足C总给员工增加报酬的要求，如果我们这样做，就会打乱整个经济分配计划，还必须调整其他很多管理人员的工资，我认为我们的分配政策必须保持公平。尽管业务部提出辞职的员工的工作极为出色，但我们人事部有能力找到合适的替代者。”

A：“是的，以我们公司的实力，我们可以找到替代者。但如果他们留下来会不会更好呢？人才流失的问题在每个公司都会发生，问题是我们如何对待。如果不把有经验、高素质的员工留在企业，似乎他们走了我们也能找到人接替，并且认为这是公司强大的表现，这可能就有点自欺欺人。假如优秀的人才被我们的竞争对手所用，这可能就成为我们公司发展的阻力。现实中已经有不少这样的实例。另外，如果我们认为每一个人都能找到替代者，那么有些具有特殊价值的人就可能被我们忽视。”

B：“A总，您说得对。但在企业的经营过程中经常会有人离职，包括优秀的企业也会有优秀的人才离开的。如果不计代价地挽留他们，则会有很大的耗费，不利于我们公司的发展。”

A：“刚才你谈到C总不能给下属分配挑战性工作，却要求我们公司增加报酬。也许，这就表现出我们的经济分配制度对出色工作人员的奖励还不够。在某种程度上我们不得不在公平与奖励出色贡献两个方面作出选择。如果将报酬与工作绩效相联系，我们就会发现：一些人与另一些人做同样的工作，但收入较少，他们就会感到不公平。我知道，我们公司的经济分配制度是经过精心设计的，对广大员工来说是公平的，并在市场平均水平以上，也是合理的。但是业务部确有一些优秀的人才，他们为公司发展作出了贡献，现在公司发展比较关键，正需要这样的业务骨干。如果这些优秀人才离开公司，那我们的业务工作能否做好?”

B:“但如果我们不让他们走，他们会提出增资的条件。如果他们走了，我们还可以提升其他人员到他们的位置上，这也许是一件好事。”

A:“是的。但让优秀的人才离开我们到其他地方去，尤其是到竞争对手那里施展才能，无论如何对我们不是一件好事。C总挽留人才是对的。”

B:“业务部两个人的辞职也给该部一个信号，表明他们对工作已感到乏味，也许C总应该知道他在领导职能方面出现了问题。他或许应该将部门重新加以组织，让部门的主要管理人员有更多挑战性的工作。”

A:“可以让他这样做。但这是解决问题的全部吗? 仅靠挑战性的工作就能留住他们吗? 难道他们不想报酬再高些吗?”

“你知道，经济分配是最难处理、最不灵活的一类事情，我们公司现在这么复杂的分配制度，就是为了适应各类情况。”

“一些优秀的人才看起来是因为工作乏味而离开公司，实际上我认为他们是嫌报酬不合理才离开的。如果我们用挑战性工作取代增加报酬，这就会使员工感到，我们要求员工更加努力地工作而不必付给他们更多的报酬。我们的报酬制度对优秀人才是否合理，现在是应该考虑一下了。C总的做法应该引起我们对人才流失现象的注意。”

B总似乎改变了看法，说:“好吧，我们要好好研究一下这类问题，考虑一下多给一些人报酬。”

**思考题:**

1. 在本案例中，所使用到的激励理论有哪些?
2. 根据理论联系本案例，你认为员工辞职的原因是什么?
3. 若该公司人力资源部副总利用报酬激励员工，应该针对哪几类员工?
4. 假如你是本公司总经理，你认为应该采用什么样的措施调动员工的积极性?

**推荐阅读:**

余进编著的《管理的真相》。

# 第八章 沟　通

管理者最基本的功能是发展和维系一个畅通的沟通管道。

——巴纳德

## 教学目标

学完本章后，你应该能够：

(1) 掌握沟通的概念，了解沟通的基本过程。

(2) 掌握沟通的渠道、方法和原则。

(3) 理解沟通的障碍与控制方法。

## 技能目标

(1) 具备有效沟通的基本能力。

(2) 掌握有效沟通的基本技巧。

## 素质目标

有良好的沟通及公众表达的能力，能做到主动与人交流。

## 案例导入

### 华为创始人、CEO任正非在深圳华为总部与《面对面》记者董倩的对话

在中美贸易战剑张拔弩之时，华为作为处境最尴尬的中国企业，正处于发展的关键时期。针对现阶段华为和中国企业面对的一系列问题，2019年5月21日下午，华为创始人、CEO任正非在深圳华为总部接受了《面对面》记者董倩的采访。

在大家都在关注华为生死问题之时，任正非在采访中却对华为现状十分自信从容，并没有很担心，而是用大量的篇幅强调了中国基础教育的现状和科技的重要性，其中就老师的待遇问题提出了自己的观点和见解。

有网友说从他身上集合了伟人的两个精神特质：绝对的独立自主、全面的改革开放。

看过采访视频的人应该都知道，这个一直拼搏在中国经济前线的老企业家，格局绝不仅仅局限于中国和现在，而是世界与未来。

1. 不死的华为

记者：当外界都在担忧华为如此生死攸关的一个时刻，您反而有点超然物外要谈教育，教育还是您最关心的事情，为什么？

任正非：第一点，我们从来没觉得我们会死亡，我们已经做了两万枚金牌奖章，上面题词是“不死的华为”。我们根本不认为我们会死，我们为什么把死看得那么重？

所以，我们认为，我们梳理一下我们存在的问题，哪些问题去掉，哪些问题加强，胜利一定是属于我们的。一些高端的产品美国也没办法，因为我们完全靠自己不靠美国。

我关心教育不是关心华为，是关心我们国家。如果不重视教育，实际上我们会重返贫穷的。

2. 贸易竞争的根本还是教育水平

在任正非看来，从华为遭遇美国禁令到近期不断升级的中美贸易摩擦，实质是科技实力的较量，根本问题还是教育水平。

任正非：因为这个社会最终要走向人工智能的，未来我们几百条上千条的生产线完全是自动化的，所以我们的人的文化素质不够，做工人的机会都不存在。从我们公司的缩影就要看到国家，放大来看国家，国家也要走向这一步，否则国家是没有竞争力的。

任正非：灵魂在于文化、在于哲学、在于教育，一个国家有硬的基础设施，一定要有软的土壤，没有这层软的土壤，任何庄稼不能生。

3. 再穷不能穷老师和再穷不能穷未来

任正非：因为我父母是乡村教师，父母跟我们讲，今生今世不准当老师！但是老师是人类灵魂的工程师，没有老师这个社会怎么办，问题就要改变对老师的政策。所以我才说再穷也不能穷老师，就是说再穷也要对未来投资，就像我们战略投资一样！

记者：所以在您看来再穷不能穷老师和再穷不能穷未来是一个道理？

在中美贸易战升级，华为遭受明显不公正打压的当下，任正非对国家基础研究基础教育的焦虑越加强烈。

**思考题：**

1. 中美贸易站打响，华为的处境变得十分尴尬。各种外部声音对华为的未来充满了疑问，任正非第一时间接受央视访谈，你从任正非身上看到了什么精神？

2. 通过对话，你看到了华为作为一家伟大的企业成功的原因有哪些？

## 第一节　沟通概述

沟通在管理中发挥着重要的作用。通过沟通，组织的目标和实现目标的途径才能为人们所理解，不同部门、不同岗位的职责分担才能得以明确，计划实施过程中发生的偏差才能够反映给相关的人员。管理者要对人们施加影响，就更加需要沟通。

在企业管理活动中，沟通是管理者必备的一项技能，拥有良好沟通技巧的管理者可以引导员工事半功倍地达到组织的目标；反之，缺乏有效的沟通，即使组织拥有优秀的员工和良好的条件也会陷入困境。在企业的管理、专业技术和销售等各方面的工作中，有效的沟通对员工的晋升也起着至关重要的作用。一般情况下，沟通能力较弱的员工基本与晋升无缘。所以沟通对于管理人员和普通的员工都十分重要。

## 一、沟通的概念

沟通来源于拉丁语 communicate，在英语中也有“社交”或者“交际”的含义。沟通其实是信息、思想与情感凭借一定的符号载体，在个人或群体间从发送者到接收者进行传递，并获取理解达成协议的过程。

一般而言，沟通有两种类型：人际沟通和管理沟通。人际沟通是人与人之间的沟通。管理沟通是指一定组织中的人为达成组织目标而进行的管理信息交流的行为和过程。因此，作为管理的重要技能之一，沟通是计划、组织、领导、控制等管理职能顺利开展的前提与基础。

## 二、沟通的作用

沟通是组织得以生存、运行和发展的必要条件之一，自然也是管理的重要内容。在一个组织中，沟通的作用主要表现在以下几个方面。

### （一）沟通是保证科学决策的基本前提

决策的依据是信息，科学的决策离不开及时、完整、准确的信息。领导者能否及时获取完整、准确的信息，关键在于沟通的效率。

### （二）沟通是改善人际关系的基本手段

组织内人际关系的好坏，很大程度上与是否能形成良好的沟通有直接的关系。如果组织内部有着畅通的沟通渠道、畅所欲言的氛围，互相信任、互相帮助、互相尊重、和睦相处，就容易形成一个令人心情舒畅的工作环境，提高员工的工作积极性与责任心，进而增加组织的凝聚力。

### （三）沟通是改变员工行为的重要方法

理解是接受的前提，在一个组织内部，一项决策、一项措施能否得到切实的贯彻落实，关键在于下级是否真正接受，这就需要良好的上下沟通，获取广大职工的理解、支持。否则，就会出现上有政策下有对策的现象，即使下级违心接受，也只会消极地执行，不可能有积极性和创造性。

### （四）沟通是适应外部环境的重要途径

组织同外部的沟通是沟通的重要内容之一，通过沟通，组织可以从外界环境中获得生存和发展的信息。这一点对所有正处在信息化时代的各类组织都是十分重要的。比如，企业要想在市场经济中求生存、谋发展，就必须了解顾客的需要，遵循市场的规律，把握市场的动态，才能生产出适销对路的产品。此外，还必须让市场了解本企业的产品，激发用户的购买欲望。所有这些,都需要企业与市场进行充分的信息交流,也正因为如此,当今广告业才兴旺发达,它是企业与用户间沟通的重要手段。

## 三、沟通的过程

沟通过程就是发送者将信息通过选定的渠道传递给接收者的过程。该过程涉及发送者、接收者、通道与噪声、反馈等要素,以及两个子过程:一个是发送者对信息的编码过程,另一个则是接收者对信息的解码过程。这两个过程通常被视为黑箱过程,主要是因为无法监测而且难以控制这两个过程,这是人脑的思维和理解过程。前者是反映事实、事件的数据和信息如何经过发送者的大脑处理、理解并加工或双方共知的语言的过程,而后者是接收方如何运用自己已有的知识,将其理解,还原成事实、事件的过程,如图 8.1 所示。

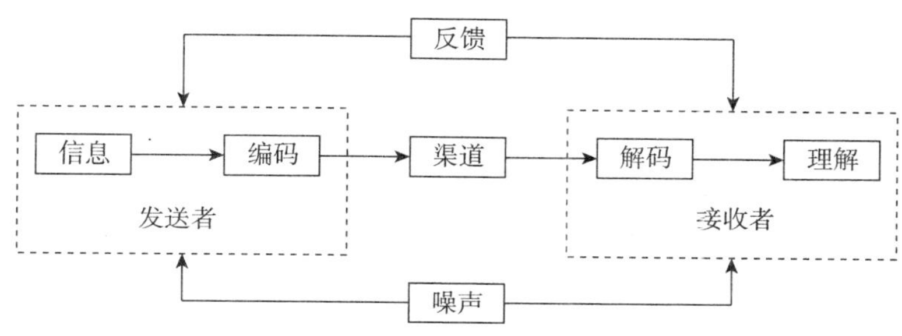


**图 8.1 沟通的过程模型**

发送者把意图编码成信息,通过媒介物——通道传送至接收者;接收者对接收到的信息加以解码,并对发送者作出相应的反应,成为反馈;在沟通过程中不可避免地会存在各种噪声干扰,导致沟通效果不理想,同时由于每次沟通都处于一定的环境背景中,不同的时空背景下,沟通效果也会有所不同。从沟通过程模型可以看出,信息沟通必须包含几个要素。

### (一)发送者和接收者

沟通的主体是人,任何形式的信息交流都需要两个或两个以上的人参加。由于人与人之间的信息交流是一个双向互动的过程,所以把一方定义为信息的发送者,而另一方定义为信息的接收者。但需要指出的是,信息的发送者与接收者是相对而言的,双方身份是可以相互转换的。发送者作为信息的传递者,是整个沟通过程的起点,在沟通过程中,其作用是提供用于交流的信息,处于主动地位。而接收者是信息达到的客体,是被告知的对象,处于被动地位。发送者和接收者这种地位对比的特点对于信息交流有着至关重要的影响。

### (二)信息

信息是发送者要传递的内容,是沟通传递的客体。接收者通常不能直接领会发送者内心的思想、观点和想法,他只有通过发送者所传递的信息来领会对方的情感、想法及观点。因此,实际上信息是传递者真正意图的物化。在沟通过程中,人们只有通过“符号—

信息”的联系，才能理解传递内容的真正含义。由于不同的沟通主体所建立起来的“符号—信息”系统有所差异，接收者与发送者之间的沟通才会存在偏差。信息涵盖的范围十分广泛，可以是图形图像、文字组合，也可以是声音信号、建筑造型，甚至可以是一种思想文化。

### （三）编码与解码

编码是将所要传递的信息、思想与情感等内容转化成相应的语言、文字、图形或者其他非语言形式翻译成接收者可以理解的一系列符号的过程。因此，沟通过程中信息是否能够被接收者所正确理解，这个环节是非常重要的。如果信息发送者编码清晰、逻辑严谨，那么信息接收者能够正确理解信息的概率就高。

解码也称为译码，即信息接收者对所获取的信息（包括中性信息、思想、情感）的理解过程。简单来说，就是信息接收者将信息传递者所传递的内容转化成自己理解内容的过程。

编码和解码这两个过程是沟通成败的关键。最理想的沟通，应该是通过编码和解码两个过程后接收者形成的信息与发送者的意图完全吻合，也就是说，编码和解码完全“对称”。“对称”的前提条件是双方拥有类似的知识、经验、态度、情绪和感情等。如果双方对信息符号和内容缺乏共同经验，则容易缺乏共同的语言，无法达到共鸣，从而使双方在编码和解码过程中不可避免地出现误差和障碍。

### （四）渠道

渠道也称通道或是沟通媒介，是信息传递的媒介或桥梁。信息传递的媒介物主要有两种：一种是语言符号；另一种是非语言符号。其中，语言符号又可以分为口头和书面两种形式。非语言符号可以通过人的眼神、表情、动作和空间距离等来进行人与人之间的信息交流。在企业管理环境中，信息发送者要根据信息的性质选择合适的传递渠道。

### （五）噪声

噪声是沟通过程中对信息传递和理解产生干扰的一切。根据噪声的来源，可以将噪声分为内部噪声、外部噪声、语义噪声。内部噪声来自沟通主体身上，外部噪声是指来源于环境的各种阻碍接收和理解信息的因素，语义噪声是指沟通的信息符号系统差异所引发的沟通噪声。个体的差异往往会导致人们内在的信息符号代码系统不能完全一致，因此也就在客观上留有产生系统差异噪声的可能性。

### （六）反馈

反馈是指接收者把收到并理解的信息返回给发送者，以便发送者对接收者是否正确理解了信息进行核实。通过反馈，双方才能真正把握沟通的有效性，可以让沟通的参与者知道思想和情感是否按照他们计划的方式分享，有助于提高沟通的准确性、减少出现误差的概率。为了检验信息沟通的效果，反馈是必不可少和至关重要的。与信息的传递一样，反馈的发生有时是无意的。

# 第二节　沟通的类型

在组织内，沟通的类型和方式多种多样。按照沟通渠道或途径不同，可将沟通分为语言沟通与非语言沟通、正式沟通与非正式沟通、单向沟通与双向沟通等。

## 一、语言沟通与非语言沟通

### （一）语言沟通

组织中最普遍使用的语言沟通方式有口头沟通、书面沟通和网络沟通。

1. 口头沟通

口头沟通就是面对面地以口头传递信息的沟通方式。这种沟通方式以肢体语言、声音语言、文字语言全面地传递信息，是人际沟通中的主体沟通方式。在生活中可以通过面谈、小组讨论、演讲、会议等方式与人进行口头沟通，以此来获取所需的信息。

与其他沟通方式相比较，口头沟通具有全面、直接、互动、及时反馈的特点。口头沟通与其他沟通方式相比较，其优点在于：沟通过程中，信息发送者与信息接收者当面接触，有亲切感，并且可以运用一定的肢体语言、表情和语气等增强沟通的效果，使信息接收者能更好地理解、接收所沟通的信息。其不足之处在于：沟通范围有限；沟通过程受时间和空间的限制；沟通完成后缺乏反复性；对信息传递者的口头表达能力要求比较高；口头沟通的信息难以保存。

2. 书面沟通

书面沟通是指采用书面文字形式进行的沟通，包括信函、各种出版物、传真、平面广告、浏览网页、电子邮件、即时通信、备忘录、报告和报表等任何传递书面文字或符号的手段。

书面沟通的优点：书面沟通有形而且可以核实；与其他沟通方式相比，容易保存，使沟通的双方都拥有沟通记录，沟通的信息就可以无限期地保存下去。如果对信息的内容有疑问，可以查询记录。对于复杂或长期的沟通来说，这一点尤为重要。另外，书面沟通还可使人更周密地思考。书面的形式往往会更为严谨、逻辑性强，而且条理清楚。一个新产品的市场推广策划可能需要几个月的大量工作，书面记录下来，可以使计划的构思者在整个计划的发展过程中不断考量、修正。

书面沟通的缺点是耗费了更多的时间，缺乏及时反馈。

3. 网络沟通

随着时代的进步，信息技术的发展、网络的流行改变了人们原有的沟通方式。网络沟通现在变成了最常用的一种沟通方式。网络沟通是指在网络上以文字符号为主要语言信息，以交流思想和抒发感情为主要目的的一种沟通手段，常见的网络沟通方式有E-mail（电子邮件）、BBS（网上论坛）、IRC（网上聊天）、虚拟社区发表评论等，其中运用最多的就是 E-mail 和网上聊天。

### （二）非语言沟通

非语言沟通是相对于语言沟通而言的，是指通过身体动作、体态、语气语调、表情、空间距离等方式交流信息、进行沟通的过程。在沟通中，信息的部分内容往往通过语言表达，而非语言则作为提供解释内容的框架，表达心底的相关部分。

## 二、正式沟通与非正式沟通

在一个组织中，既有正规的权力系统，又有非正式的人际关系存在。因此，组织沟通分为两类：正式沟通和非正式沟通。

### （一）正式沟通

所谓正式沟通，就是按照组织结构所规定的路线和程序进行的信息传递与交流，如组织间的信函往来、组织内部的文件传达、汇报制度等。一般来说，将官方、有组织或书面的沟通视为正式沟通，它具有精确、内敛、技术性和逻辑性强、内容集中、有条理、信息量大、概括性强、果断、着重于行动、重点突出、力度大等特点。沟通越正式，对内容的精准性和对听众定位的准确性要求就越高。但是正式沟通往往比较刻板，沟通速度很慢，层层传递之后存在着信息失真或扭曲的可能。

正式沟通网络是通过正式沟通渠道建立起来的网络，反映了一个组织的内部结构，通常同组织的职权系统和指挥系统相一致。组织内部的正式沟通渠道有以下 5 种形态，分别是链式、环式、Y 式、轮式和全通道式网络。

1. 链式沟通网络

链式沟通网络呈现链条形状，是一种平行沟通网络，如图 8.2 所示。其中居于两端的人只能与内侧的一个成员联系，居中的人则可分别与两人沟通信息。在一个组织系统中，它相当于一个纵向沟通网络，代表一个五级层次，逐渐传递，信息可自上而下或自下而上进行传递。在这个网络中，信息经层层传递、筛选，容易失真，各个信息传递者所接收的信息差异很大，平均满意程度有较大差距。此外，这种网络还可表示组织中主管人员和下级部属之间中间管理者的组织系统，属控制型结构。

在管理中，如果某一组织系统过于庞大，需要实行分权授权管理，那么，链式沟通网络是一种行之有效的方法。

2. 环式沟通网络

环式沟通网络可以看成链式形态的一个封闭式控制结构，如图 8.3 所示。表示 5 个人之间依次联络和沟通。其中，每个人都可同时与两侧的人沟通信息。在这个网络中，组织的集中化程度和领导人的预测程度都较低；畅通渠道不多，组织中成员具有比较一致的满意度，组织士气高昂。如果在组织中需要创造出一种高昂的士气来实现组织目标，环式沟通网络是行之有效的。这种沟通网络适合于分散小组，经常用于突击队、智囊咨询机构或特别委员会等组织形式之间的沟通。

3. Y 式沟通网络

Y 式沟通网络呈现大写英文字母 Y 的形状。它是在链式沟通网络的基础上发展而来的。同样，这也是一个纵向沟通网络，如图 8.4 所示。信息在不同层次之间逐级进行沟通，两位领导者通过一个人或一个部门进行沟通。该沟通网络的效率特征与链式沟通网络基本相似，只是Y式沟通网络容易产生多头领导的局面，同时面对两个上级指令的下属，当上级所发指令不一致时，下属容易陷入左右为难的困境。因此，组织内部的正式沟通，一般不采用Y式沟通网络来进行。

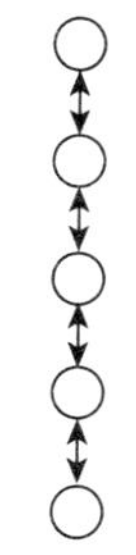

**图 8.2　链式沟通网络**

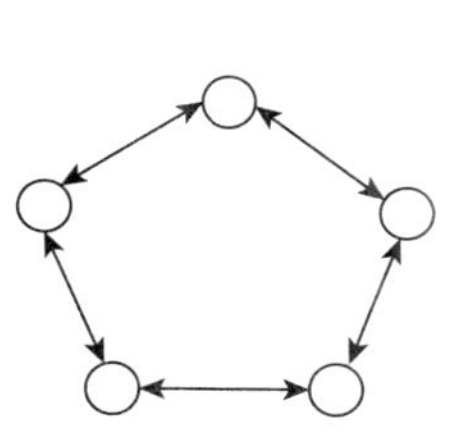

**图 8.3　环式沟通网格**

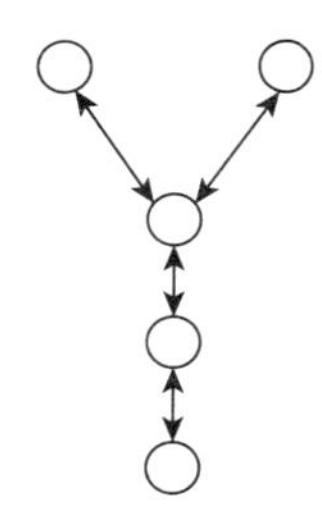

**图 8.4　Y 式沟通网络**

4. 轮式沟通网络

轮式沟通网络的形状呈现出车轮状，属于控制型网络，如图 8.5 所示。其中只有一个成员是各种信息的汇集点与传递中心。该成员与其他 4 个成员之间保持双向沟通，而另外这 4 个成员之间没有相互沟通的现象。在组织中，大体相当于一个主管领导直接管理几个部门的权威控制系统。此网络的集中化程度高，解决问题的速度快。主管人的预测程度很高，而沟通的渠道很少，组织成员的满意程度低，士气低落。轮式沟通网络是加强组织控制、争时间、抢速度的一个有效方法。如果组织接受紧急攻关任务，要求进行严密控制，则可采取这种网络。

5. 全通道式沟通网络

全通道式沟通网络是一个开放式的网络系统，这种网络允许所有成员之间彼此进行沟通，是一种没有正式机构也没有以某种领导者的身份处于网络中心位置的沟通，如图 8.6 所示。这种沟通不受任何限制，所有成员都是平等的。在这种网络中，集中化程度很低，可能采取的沟通渠道很多，各个沟通者之间是完全开放的，因此，成员的平均满足程度很高，团体民主气氛浓厚，士气高昂，合作精神强。在组织中，如果需要加强民主气氛和合作精神，采取全通道式网络是行之有效的方法。但是这种网络的沟通渠道太多，易于造成混乱，而且很费时，影响工作效率。

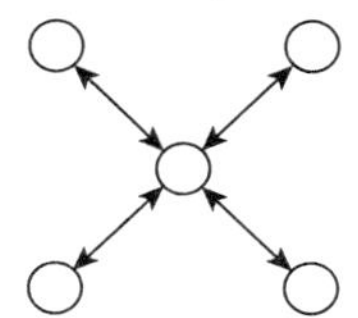

**图 8.5　轮式沟通网络**

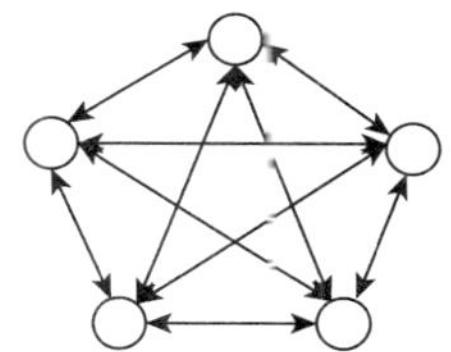

**图 8.6　全通道式沟通网络**

上述五种沟通网络各有其优缺点。作为一名主管人员，在管理工作实践中，要进行有效的人际沟通，就需发挥其优点，避免其缺点，使组织的管理工作水平逐步提高。

### （二）非正式沟通

所谓非正式沟通，就是运用组织结构以外的渠道所进行的信息传递与交流，如员工私下交谈、朋友聚会时的议论及小道消息等。一般来说，随意、口头或即兴的沟通被视为非正式沟通。非正式沟通具有迅速、交互性强、反馈直接、有创造力、开放、流动性强、较灵活等特点，可以提供正式沟通难以获得的"内幕新闻"。其缺点是沟通难以控制，传递信息不确切，容易失真，而且还有可能导致小集团、小圈子的滋生，影响组织的凝聚力和向心力。

群体中信息的传播不仅通过正式沟通渠道进行，还通过非正式沟通渠道进行。非正式沟通有四种传播方式，如图 8.7 所示。

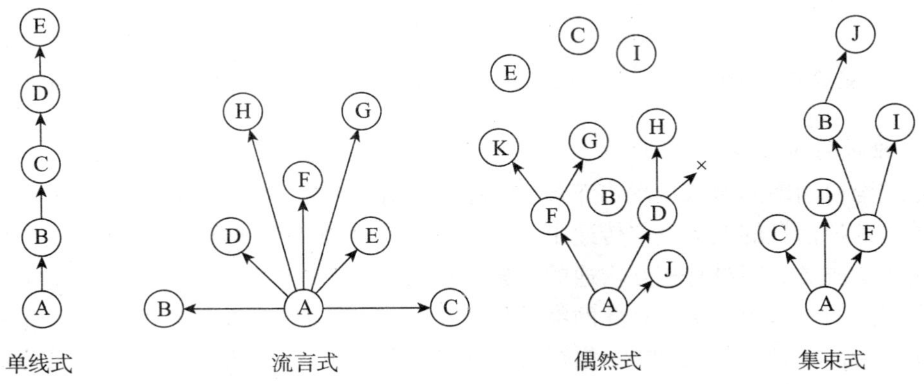


**图 8.7　非正式沟通渠道**

（1）单线式。通过一长串的人把信息传给最终的接收者。

（2）流言式。一个人主动地把信息传递给其他许多人。

（3）偶然式。按偶然的机会传播小道消息。

（4）集束式。把小道消息有选择地告诉自己的朋友或有关人。集束式又称葡萄藤式。

非正式沟通几乎存在于所有的正式组织中，一个组织的正式沟通渠道越是有限，小道消息越可能盛行。小道消息有五个特点：①新闻越新鲜，人们议论越多；②对人们工作越有影响，人们议论越多；③越为人们熟悉的，人们议论越多；④人与人在生活上有关系者，最可能牵涉到同一谣传中；⑤人与人在工作中常有接触者，最可能牵涉到同一谣传中。

## 三、下行沟通、上行沟通与平行沟通

组织内部沟通的渠道多种多样，按照划分标准的不同，可以划分出多种不同类型的沟通渠道。根据沟通信息的流向划分，可以分为下行沟通、上行沟通、平行沟通。

### （一）下行沟通

下行沟通又称为向下沟通，是指信息自上而下的沟通，也就是信息从组织的较高层次向组织较低层次传递的过程，是位居高位者向下属传达意见、发号施令等，即通常所说的上情下达。自上而下的沟通方式一般用来传递以下几种信息：①企业的战略目标；②企业的管理制度和政策；③对工作内容的具体指示；④对下属的工作绩效进行反馈；

⑤提醒下属了解各项工作之间的相互关系。

自上而下的沟通方式能够加强上下级之间的联系，其主要优点有：①可以帮助下级主管部门和组织成员明确工作任务、组织目标要求和领导意图，增强员工的责任感和归属感。②可以增强上下级之间的联系，协调组织内部各个层次的活动，加强组织原则和纪律性，使组织各项工作正常地进行下去。同样，该种沟通方式的缺点也是显而易见的。下行沟通过程中，信息在传递时，往往会发生信息的遗漏和曲解，最高管理层发布的命令和知识有时根本没有被下属接受和理解，发下去的文件下属可能看也不看。因此，在进行下行沟通时，建立有效的反馈系统是非常有必要的。此外，采用下行沟通传递信息，一般需要花费的时间比较长，时间上的延误可能会耽误工作的最佳时机。所以为了快速传递信息，有些高层领导人采取直接把信息交给接收者的办法，绕开不必要的中间环节，以此来提高信息传递的效率和准确性。

### （二）上行沟通

上行沟通又称为向上沟通，即信息自下而上的传递过程。在这种沟通形式下，信息沿着组织层次向上流动。居下者向居上者陈述实情、表达意见，即人们通常所说的下情上传。上行沟通有两种表达形式：一种是层层传递，即依据一定的组织原则和组织程序逐级向上级反映，即下属和自己的直接上级领导进行沟通；另一种是越级反映，是指组织员工向比自己职位高两级或两级以上的领导反映。

自下而上的沟通方式容易提高员工的工作积极性，其主要优点有：员工可以通过上行沟通的方式直接把自己的意见向领导反映，获得一定程度的心理满足，并且使问题得到实际的帮助和解决；管理者也可以利用这种方式了解企业的经营状况，与下属形成良好的关系，改进自己的工作，提高管理水平。

但由于上级和下属之间思考问题的方式及地位差别，这种信息沟通方式容易受到身份差别和其他一些人为因素的影响。上行沟通的不足之处主要表现在：在沟通过程中，下属因级别差异造成心理距离，从而形成了一些心理障碍，在沟通过程中不能畅所欲言；还有些员工由于担心自己的意见会遭到领导的嘲笑或打击报复，不愿反映工作中出现的各种问题。有时，由于特殊的心理因素，经过层层过滤，导致信息严重失真甚至扭曲，出现适得其反的结果。因此，在上行沟通常常效果不佳。只有上行沟通畅通无阻，各层次管理人员才能及时了解工作进展的真实情况，了解员工的需要和要求，体察员工的不满和怨言，了解工作中存在的问题，从而有针对性地作出相应的决策。因此，在上行沟通过程中，应防止信息层层“过滤”，尽量保证信息的真实性和准确性。

### （三）平行沟通

平行沟通是指同阶层人员的横向联系，如公司内部同级部门之间都需要平行沟通，以促进彼此的了解、加强合作，以免产生隔阂、影响团结。横向沟通是在分工基础上产生的，是协作的前提。做好横向沟通工作，在规模较大、层次较多的组织中尤为重要，这有利于及时协调各部门之间的工作、减少矛盾。横向沟通的目的是交换意见，以求心意相通。横向沟通与下行沟通、上行沟通有所不同，不管是下行沟通还是上行沟通，沟通主导者明确。而横向沟通，由于是平级之间的沟通，大家一样大，所以很容易产生“谁怕谁”的心态，对沟通十分不利。在这种情况下，要想进行顺利的沟通，需先从自己做起，尊重对方，对方才会用同样的态度对待你。

在企业管理过程中，横向沟通的优点有：①横向沟通可以使办事程序、手续简化，节省时间，提高工作效率；②横向沟通可以加强各部门之间的联系、了解、协作与团结，减少各部门之间的矛盾和冲突，有助于培养整体观念和合作精神；③横向沟通可以增加员工之间的互谅互让，培养员工之间的友谊，改善人际关系，满足职工的社会需求，使员工提高工作兴趣、改善工作态度。其不足之处在于：横向沟通头绪过多，信息量大，易于造成混乱。

## 四、单向沟通与双向沟通

根据信息沟通的可逆性可将信息沟通分为单向沟通与双向沟通。

### （一）单向沟通

单向沟通是指信息沟通时，一方发出信息，另一方接收信息，不反馈意见，这就是单向沟通，如图 8.8 所示。例如，上级发文件、作报告，组织向外单位发信函等即属此类。单向沟通一般比较适合以下情况：①沟通的内容简单，并要求迅速传递的信息；②下属易于接受和理解解决问题的方案；③下属没有了解问题的足够信息，反馈不仅无助于澄清事实反而容易出现沟通障碍；④情况紧急而又必须坚决执行的工作和任务。

### （二）双向沟通

双向沟通是指信息沟通时，接收人接收到信息后，再把自己的意见反馈给发送者，如图 8.9 所示。双向沟通是发送者和接收者相互之间进行信息交流的过程，在沟通中双方位置不断变换，沟通双方往往既是发送者又是接收者。双向沟通中的发送者以协商和讨论的姿态面对接收者，信息发出以后还需及时听取反馈意见，必要时双方可进行多次重复商谈，直到双方共同明确和满意为止。双向沟通比较适合于以下情况：①沟通时间充裕，沟通的内容复杂；②下属对决绝问题的方案的接受程度非常重要；③上级希望下属对管理中的问题提供有价值的信息和建议；④除了前述的一些原因外，领导者个人的素质对单向沟通和双向沟通的选择也有影响。

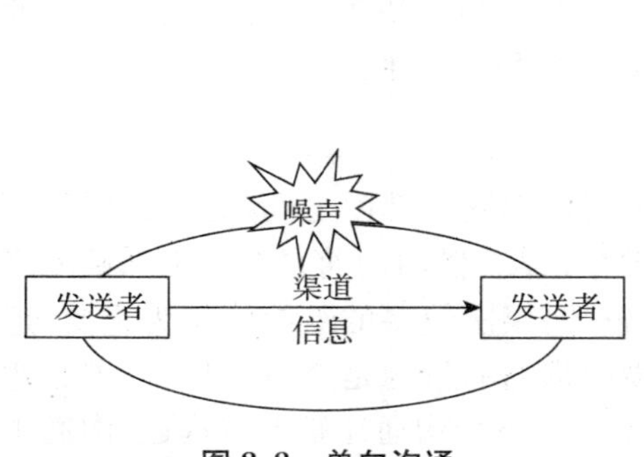


图 8.8 单向沟通

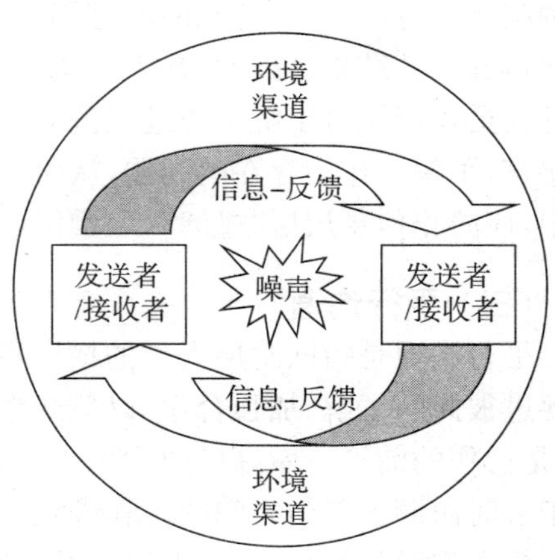


图 8.9 双向沟通

### （三）单向沟通与双向沟通的比较

单向沟通与双向沟通的比较如表 8.1 所示。

表 8.1　单向沟通与双向沟通的比较

| 项　　目 | 比　　较 |
| --- | --- |
| 时间 | 双向沟通比单向沟通耗费更多的时间 |
| 信息准确度 | 双向沟通中，信息发送和接收的准确性大大提高 |
| 沟通者的自信度 | 双向沟通的接收者产生平等感和参与感，增加自信心和责任心，双方都比较相信自己对信息的理解 |
| 满意度 | 双向沟通的双方对沟通过程的满意度一般更高 |
| 噪声 | 双向沟通中与主题无关的信息较容易进行过滤，双向沟通的噪声比单向沟通大得多 |

由于单向沟通和双向沟通的特点各不相同，所适用的范围也不同，因此，管理者要学会在不同情景下选择不同的沟通方式。一个组织如果只重视工作的快速与成员的秩序，宜用单向沟通；大家熟悉的例行公事、低层的命令传达，可用单向沟通；如果要求工作的正确性高、重视成员的人际关系，则宜采用双向沟通；处理陌生的新问题、上层组织的决策会议，双向沟通的效果较佳。从领导者个人来讲，如果经验不足，无法当机立断，或者不愿下属指责自己无能，想保全权威，那么单向沟通对他有利。

# 第三节　沟通障碍与克服

## 一、沟通障碍

所谓沟通障碍，是指信息在传递和交换的过程中，由于信息意图受到干扰或误解，而导致沟通失真的现象。在人们沟通信息的过程中，常常会受到各种因素的影响和干扰，使沟通受到阻碍。

在管理实践中，沟通障碍是普遍存在的。这些障碍有来自信息沟通过程中内部方面的因素，也有外部的因素。

### （一）发送者的障碍

发送者的障碍主要体现为信息发送者对信息表达的障碍。在任何沟通系统中都存在沟通的障碍。其中，认知因素偏差、个人经验的影响、信息的过滤、态度与个性因素是沟通过程中的主要障碍。

1. 认知因素偏差

人的认知因素直接影响沟通的效果，在沟通过程中，需要对信息进行“译码”。这时，发送者对于接收者或“听众”的敏感性，对沟通效果有显著影响。人们的背景、经历、价值取向等也会影响对信息的解释。

(1) 语言的表达和理解的障碍。语言是人们交流思想最重要的工具。但语言不是思想，而是表达思想的符号系统。人的语言修养不同，同一思想有的人能表达清楚，有的人则表达不清楚。一方面，如果一个领导者不能清楚地传达上级决策的内容和要求，下属听了以后模糊不清，自然会影响沟通效率。另一方面，听众不能正确地理解上级的意图和精神，也会造成沟通上的障碍。误解和曲解上级领导者的意图常常是造成这种沟通障碍的原因。

(2) 人们的判断和思维能力差别。由于同样词语对于不同人员可能具有不同的“语义”，因而对“同样的语言”容易给予不同的信息加工或在编码与解码之间不兼容，从而造成沟通偏差。

(3) 知觉的选择性障碍。人们在沟通中倾向于表现出某种“选择性倾听”，以至于阻碍新的似乎有冲突性的信息加工，并且在上行沟通中起到“过滤”的作用。例如，下属对上级保留不利信息。各级员工不同的选择性注意和知觉水平会在很大程度上制约沟通者对于信息的选择、筛选、搜寻、加工和反馈，也会由于经验不同，对于相同沟通信息作出不同的解释。

2. 个人经验的影响

作为组织内部成员，有些人常常会把过去的经验在心理上产生依赖感，而不是根据具体情况、根据事物的发展和变化来进行沟通，从而造成沟通的障碍。

3. 信息的过滤

过滤是指在信息的传递过程中，由于人为故意的操纵，而造成信息的接收者解码的信息与发送者所编码的信息不一致。产生信息过滤的原因是多方面的。就信息上行而言，员工在向上传递信息时会自觉过滤信息，一方面是由于主观原因，员工不愿意让主管了解真实的情况，而人为地隐瞒重要的信息，只报告自己想要传达的信息；另一方面是员工在向上级报告的过程中会根据自己对于情况的理解进行加工，把个人感兴趣的和自己认为重要的信息向上传递。

4. 态度与个性因素

人们的态度、观点、信念等也会造成沟通过程中的障碍。例如，上行沟通中，发送者往往会有“打埋伏”的现象，报喜不报忧，夸大成绩，缩小缺点等。下行沟通传达指示时，接收者对于这些指示会作出各自的加工，符合心愿的就传达、贯彻、执行，不符合心愿的就封锁、扣压，后患无穷。这说明人们在沟通信息时，往往会把自己的主观态度掺杂进来，影响沟通的质量。人们的个性因素也会极大地影响信息沟通的模式。各人有各人的人格特征，人格差异常常也是影响沟通的障碍。

### （二）组织方面的障碍

1. 组织结构方面的障碍

在管理中，合理的组织结构有利于信息的沟通。但是组织结构过于庞大，中间层次太多，那么信息从最高决策层传递到下属单位不仅容易出现信息的失真，而且还会浪费大量的时间，影响信息传递的及时性。

2. 组织文化方面的障碍

由于组织文化是组织中员工价值观的根本体现，在很大程度上影响着员工的行为，因此，它对组织中的信息沟通有着深刻的影响。

3. 社会环境方面的障碍

不同的社会环境有不同的文化价值观，各种不同的文化价值观影响下的沟通行为有很大的不同。组织中，人们的沟通行为多受社会关系的影响。组织中非正式沟通渠道的沟通作用更加重要，人际关系的作用在组织沟通中至关重要。特别是在跨文化的组织中，不同价值观影响下的跨文化沟通障碍显得更加明显和复杂。

## 二、如何克服沟通的障碍

要实现有效沟通，必须克服上述沟通障碍。在实际工作中，可以通过以下几个方面来努力。

### （一）选择合适的沟通方式

根据沟通的内容和特点，选择不同的沟通方式。如果所要沟通的内容是上级的命令、决策或者是规章制度，则适宜选择正式沟通和书面沟通。若沟通内容属于规章制度以外的问题，或属于组织成员的琐碎小事，则选择非正式沟通或口头沟通效果可能更好。有些人看重制度和程序，与这些人进行沟通，最好选择正式的和书面的沟通方式。而有的人比较注重目的和结果，如能达到目的，可以不顾制度和程序的约束，这些人在进行沟通时，倾向于采取非正式沟通或口头沟通。

### （二）提高表达能力

管理者应该选择合适的措辞并组织信息，以使信息清楚明确，易于接收者理解。具体为不仅需要简化语言，还要考虑信息所指向的听众，使所用的语言适合于接收者。通过简化语言并注意使用与听众一致的言语方式可以提高理解效果。

### （三）学会积极倾听

在沟通过程中，积极主动的倾听可以帮助管理者获取重要的信息；可以掩盖自身的弱点；善听才能善言；可以获得友谊和信任。所以在倾听时，尽量做到：①鼓励对方先开口；②使用并观察肢体语言；③非必要时，避免打断他人的谈话；④反应式倾听；⑤弄清楚各种暗示；⑥暗中回顾，整理出重点，并提出自己的结论；⑦接受说话者的观点。

## 三、有效沟通的技巧

在管理实际中，要实现有效的信息沟通，管理者必须掌握以下几个方面的技巧。

### （一）下行沟通的技巧

这里的下行沟通主要针对管理者下达指令而言。下达指令的技巧很重要，关系到下属是否能有效地接收组织信息，主要考虑以下几个方面。

1. 一般指令与具体指令

一项指令应该是一般的还是具体的，这是根据管理者对周围环境的预见能力及下属相应的能力而定的。在集权程度较高的组织中，通常需要较为具体的指令去严格地指导下属；反之，在较为分权的组织中，或远离上级的分支机构，主管对下属所处环境不能充分了解和具体监督时，就应采用一般性指令指导下属。

下属的个人性格对指令的要求也有很大的影响，有些人宁愿接受严格的监督，在具体的指示下会工作得更好。有些人则宁愿发挥自己的主动性，要求不要管得太具体。

2. 书面指令与口头指令

如果上下级关系比较稳定，则采用口头下达的方式；如果人员流动多、职务变动频繁，为保证组织指令的效力，就应当用书面形式下达，尤其是对那些需要有相当的时间实施的指令更应如此。

上下级之间相互信任的程度也是一个重要的因素。如果上级说话算数，经常能为下级承担风险，下级往往就更希望指令书面化并以此作为依据。此外，书面指令在防止命令的充分和司法上的争执等方面有较大的用处。在需要所有有关人员配合时，书面指令具有明确统一作用。

3. 正式指令与非正式指令

在绝大多数组织中，管理者习惯与用非正式指令来指导下属。但有些时候也需要军队式的严厉措辞的正式指令，以表明紧迫性和坚决性。但是下属对此种指令的接受程度不一，有的觉得很正常，有的则觉得很伤自尊。所以对待每个下属准确地选择恰当的指令是一门艺术。

### （二）上行沟通的技巧

对组织的中下层管理者来说，除了要注意信息下达的技巧外，还要注意纵向的向上沟通技巧。向上沟通一方面要正确接受有效的指令，这需要领会上级的真正意图，主要应依据长远的目标和组织的根本利益，这样就不会被上级因各种原因而失误的指令左右。另外，作为下属，要及时地反映情况，发挥反馈的作用，为上级作出正确的决策提供有关信息，反馈情况要选择合理的时机。构成这样时机的要素主要有上级的情绪和态度如何，地点是否合适，参与人员是否有关联，时间是否充分，事情的轻重缓急程度，等等。

### （三）非正式沟通的技巧

非正式沟通在信息沟通方面具有特殊的功效。由于正式沟通往往不及时、不全面，且带有一定的保密性，因而，对信息的需要是非正式沟通存在的一个重要原因。

小道消息是非正式沟通的一个最具体的形态，尤其在正式沟通不畅或组织面临重大变革时，小道消息尤为盛行。管理者要学会巧妙利用小道消息，合理使用非正式渠道，采用双规制形式发布信息。

### （四）排除信息噪声干扰的技巧

在管理实践中，一些信息不是根据实际需要而产生与流动的，这些信息构成了信息噪声，会妨碍组织中正常的信息沟通。因此，必须尽量清除这种信息污染。排除信息噪声干扰，主要考虑作为组织管理基本资源的信息符合以下几个条件：这些信息对组织的存在非常必要，使用这种资源要有成本概念，必须适当地送到特定地点，必须能有效地用来为组织谋取与其费用相称的最优收益。

# 本章小结

(1) 沟通是信息、思想与情感凭借一定符号载体，在个人或群体间从发送者到接收者进行传递，并获取理解达成协议的过程。一般而言，沟通有两种类型：人际沟通和管理沟通。人际沟通是人与人之间的沟通。管理沟通是指一定组织中的人为达成组织目标而进行的管理信息交流的行为和过程。

(2) 组织内部沟通的渠道多种多样，按照划分标准的不同，可以分为语言沟通和非语言沟通、正式沟通和非正式沟通、双向沟通和单向沟通等。

(3) 正式沟通网络的主要类型有五种：链式、轮式、Y 式、环式和全通道式。

(4) 非正式沟通的主要类型有四种：单线式、流言式、偶然式、集束式。

(5) 信息沟通的障碍主要有发送者的障碍和组织方面的障碍两种。

(6) 克服信息沟通障碍的方法主要有：选择合适的沟通方式；提高表达能力；学会积极倾听。

# 实务训练

### 拓展沟通游戏数字传递

(1) 将学员分成若干组，每组 5～8 名学员，每组选派一名组员出来担任监督员。

(2) 所有参赛的组员纵队排好，队列的最后一人到教师处，教师向全体参赛学员和监督员宣布游戏规则。

(3) 游戏规则如下。

① 各队代表到主席台来，培训师："我将给你们看一个数字，你们必须把这个数字通过肢体语言让你全部的队员都知道，并且让小组的第一个队员将这个数字写到讲台前的白纸上(写上组名)，看哪个队伍速度最快，最准确。"

② 全过程不允许说话，后面一个队员只能够通过肢体语言向前一个队员进行表达，通过这样的传递方式层层传递，直到第一个队员将这个数字写在白纸上。

③ 比赛进行三局(数字分别是 0、900、0.01)，每局休息 1 分 15 秒。第一局胜利积 5 分，第二局胜利积 8 分，第三局胜利积 10 分。

小组讨论：

(1) 在这个游戏中 P(计划)D(实施)C(检查)A(改善行动)循环如何得到体现？

(2) 四个循环中，哪个步骤更为重要？

# 思考与练习题

## 一、单项选择题

1. 管理需要信息沟通，而信息沟通必须具备的三个关键要素是(　　)。
   A. 传递者、接收者、信息渠道　　B. 发送者、传递者、信息内容
   C. 发送者、接收者、信息内容　　D. 发送者、传递者、接收者
2. 组织中，上级向下级发布各种指令、指示、命令、文件或者规定，被称为(　　)。
   A. 下行沟通　　B. 上行沟通　　C. 横向沟通　　D. 斜向沟通
3. 使信息持久、可以核实、查询的沟通方式是(　　)。
   A. 口头沟通　　B. 书面沟通　　C. 非语言沟通　　D. 情感沟通
4. 如果一个组织中小道消息很多，而正式渠道的消息较少，这意味着该组织(　　)。
   A. 非正式沟通渠道中信息传递很通畅，运作良好
   B. 正式沟通渠道中信息传递存在问题，需要调整
   C. 其中有部分人特别喜欢在背后乱发议论，传递小道消息
   D. 充分运用了非正式沟通渠道的作用，促进了信息的传递
5. 资料表明，语言表达作为管理沟通的有效手段，可分为三种类型：体态语言、口头语言、书面语言。它们所占的比例分别为50%、43%、7%。根据这一资料，你认为下述观点正确的是(　　)。
   A. 这份资料有谬误，因为文件存档时最常用的是书面语言
   B. 体态语言太原始，大可不必重视它
   C. 人与人之间的沟通还是口头语言好，体态语言太费解
   D. 在管理沟通中，体态语言起着十分重要的作用

## 二、多项选择题

1. 信息沟通的基本要素为(　　)。
   A. 信息发送者　　B. 信息接收者　　C. 信息传递者
   D. 传递的信息　　E. 噪声
2. 在正式组织环境中，信息沟通网络的形态可以有(　　)。
   A. 链式　　B. 环式　　C. 轮式
   D. 全通道式　　E. Y式
3. 以下选项中，体现沟通作用的有(　　)。
   A. 知己知彼，百战不殆
   B. 做正确的事，正确地做事
   C. 良好的人际关系
   D. 组织成员统一思想和行动的工具
4. 下面属于非正式沟通特点的有(　　)。
   A. 信息传递速度快　　B. 比较规范、约束力强

C. 信息量大、覆盖面广　　D. 易于保密
E. 具有强制性

## 三、判断题

1. 书面沟通相较于口头沟通更易于保存。（　）
2. 沟通双方文化的差异也会成为有效沟通的障碍。（　）
3. 面部表情和体态属于沟通的方式。（　）
4. 沟通是达到某种效果的过程,不是单方面的行为。（　）
5. 有效的沟通一般是指互相理解和接受的沟通。（　）

## 四、简答题

1. 简述沟通在管理中的运用。
2. 沟通的形式主要有哪些？它们的优缺点分别是什么？
3. 如何实现有效的沟通？

## 五、案例分析题

### 韩鹏的竞聘

韩鹏,2001 年 7 月毕业于辽宁工业大学电子工程专业,应聘到了大连 MV 商业集团公司工作。在三个月的试用期内,由于韩鹏工作有激情,并且具有较强的交际能力,很快便得到集团领导的赏识。2001 年 10 月,在新入职员工的岗位分配时,按照韩鹏的第一志愿,他竞聘到了集团营销部工作,负责集团内部报刊和广告方面的工作。

进入营销部后,韩鹏一如既往地努力工作,善于钻研,经常向部门内部的前辈和其他科室的领导请教工作方法及业务方面的问题,从而使其业务能力不断提升,工作开展得有声有色,业绩也很突出,受到了营销部主管领导的好评。随着工作时间的延续,韩鹏觉得目前的机关工作不利于自己以后的职业发展,于是他协调各方面关系,终于得到了集团下属公司领导的认可,也得到了一次工作调动的机会。

2005 年 2 月,韩鹏调至集团下属最大的分公司营业部大连 A 区营业部担任服务经理助理职务。韩鹏在这个职务上如鱼得水,很快便成为营业部的骨干。2005 年 10 月,韩鹏被任命为营业部服务经理,全面负责营业部的顾客服务工作。一直积极要求上进的他工作更加努力,希望自己能够得到更大的提升。

正在韩鹏希望自己能够有更大的发展空间时,2007 年 3 月,MV 商业集团公司决定拓宽业务领域,成立国际名品经营公司,面向集团内部招聘一名总经理和两名业务经理。韩鹏认为自己的工作能力和经验能够达到国际名品公司业务经理的要求,决定再一次挑战自己,便报名参加竞聘业务经理。2007 年 3 月 20 日,国际名品公司岗位竞聘大会在集团总部大楼会议室举行,集团总裁、总部机关各部门的领导和集团各分公司总经理出席了会议。参加业务经理竞聘的除了韩鹏外,还有 MV 商业集团公司大连 B 区营业部的业务经理徐志强和 2004 年刚刚加入 MV 商业集团公司的国内某名牌大学毕业生王嘉实。由于认真准备了讲稿,加之对自己的沟通能力、应变能力及工作经验充满自信,韩鹏认为此次竞聘成功的概率很大,至少自己比入职不满三年的王嘉实的工作经验丰富很多,胜

算也大得多。

由于竞聘的顺序是按照姓名的拼音排序，所以韩鹏第一个走上了讲台。整个演讲过程都很顺利，下一个环节是答辩。为了给自己原来的部下鼓劲，营销部的孟总第一个提问："韩鹏，你在刚才的演讲中提到自己工作能力很强，能讲一讲你是如何提升自己的工作能力的吗?"

"作为入职集团近五年的员工，我对领导安排的每一项工作都仔细思考，认真执行，同时经常到图书馆借阅各种与工作相关的业务书籍，时常向老领导和经验丰富的员工请教工作方法，从理论和实践两个方面不断提升自己的业务能力，所以即使我不是业务能力最强的一个，但我一定是进步最快的一个!"韩鹏满怀信心地答道。

"你刚才提到零售企业的顾客服务工作十分重要，甚至对公司的经营业绩起到举足轻重的作用，能深入地说一说服务的主要作用吗?"为进一步考察韩鹏的工作能力，集团总裁继续提问。

"我从 2005 年 2 月到现在一直从事服务工作，处理的棘手问题很多，我认为服务工作开展的好坏将直接影响公司的经营效益，同时对公司的持续发展起着很重要的作用。就拿我工作的大连 A 区营业部来说吧，两年内我处理的顾客投诉问题我自己都不知道有多少起了，客服部的工作很重要，工作开展也很难，有些顾客如不给予经济补偿就百般纠缠。我们营业部 2006 年因顾客投诉而给予经济补偿的有 28 起之多，全年因为顾客投诉造成的经济损失达 238230 元!"为了增强说服力，韩鹏在回答过程中还举出了自己工作中的实例，并采用了精确的数据，希望展现出自己对工作的认真和对业绩情况的准确把握能力，能得到集团总裁及评委的认可。

"真的有这么多顾客投诉需要经济补偿吗？每年的损失有这么多?"集团总裁似乎半信半疑，在问韩鹏的同时转过脸看了一眼大连 A 区营业部的总经理。"这些数据是我去年工作中总结出的，这些数据足以说明顾客服务工作的重要性。"韩鹏并没有意识到集团总裁所持疑问的真实意图，依然按照自己的思路回答问题。其实，集团总裁掌握的顾客服务方面的损失数据与他讲的"精确"数据差距很大。最终，出乎韩鹏意外的是他竞聘失败。

**思考题：**

1. 韩鹏竞聘失败意味着这次沟通没有达成其目标，那么韩鹏竞聘失败的原因是什么?
2. 从竞聘的角度分析，韩鹏要想获得成功应从哪些方面进行调整和改进?
3. 韩鹏应如何提高自我沟通能力?

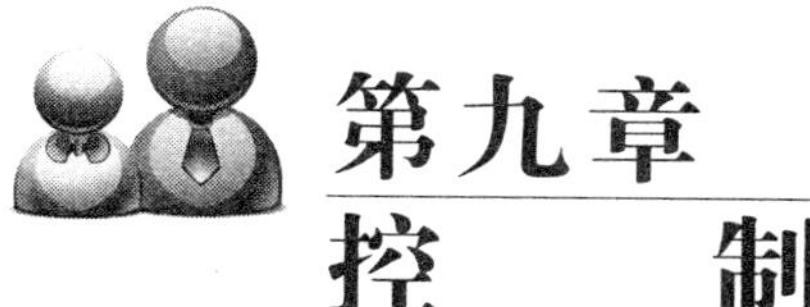

# 第九章 控　　制

把一件简单的事做好就是不简单，把每一件平凡的事做好就是不平凡。

日事日毕、日清日高。

——张瑞敏

## 教学目标

学完本章后，你应该能够：

(1) 了解控制的含义及其与计划的关系。

(2) 掌握控制的基本过程。

(3) 理解控制的类型、原则和要求。

(4) 熟悉控制的一般方法。

## 技能目标

(1) 具备构建控制系统的基本能力。

(2) 具有分析管理控制系统的能力。

(3) 能够应用 OEC 控制方法管理自己的日常学习和工作。

## 素质目标

计划固然重要，计划的执行更重要。养成目标坚定，日事日毕、日清日高的良好习惯。

## 案例导入

### 5S 现场管理在海底捞的应用启示

5S 即整理、整顿、清扫、清洁、素养。这是一种现场管理方法，起源于日本，是指对生产现场的各种要素进行有效的管理。海底捞巧妙地将生产中的人、机、料、法、环进行管控，实现了有效的现场控制。

比如，海底捞对物料的管控采取分类安放、责任到人的管理制度。原料、半成品、成品等产品用料可以统称为料。作为一个大型的餐饮企业，物料的种类及数量都是个大数字，同时由于餐饮业的特殊性，其对待物料的处理要比其他类型的企业更为严格，不仅要保证产品的数量、种类上的齐全，同时要关注质量，确保产品的"可食性"。海底捞对物料的管理主要体现在生产车间和仓库存放两个方面，并且制定了专门的规章制度，如仓库存放对物料进行 ABC 分类：A 是经常出库的物料，B 是出库频率比较低或者取放不便的物料，C 是基本不用、偶尔出库的物料。ABC 有固定的划分区域，并且有显著的标识，方便区分，提高工作效率。对物料进行定期清理，避免损失。

为了保证员工执行规章制度，海底捞对员工进行三级培训，并且建立绩效奖励制度。

（资料来源：庞晶. 5S 现场管理在海底捞的应用启示[D]. 南阳：南阳师范学院，2014.）

**思考题**：海底捞如何从制度上保证降低物料过期造成的浪费？

## 第一节　控制概述

控制是实现战略计划的手段。在管理工作中，控制是重要的管理职能之一，也是保持组织稳定、维持组织正常运作的手段。有控则强，失控则弱，控制力失灵，企业难以基业长青。

### 一、控制的含义

控制就是按照既定的目标和标准，监督衡量各项活动，并且发现和纠正偏差，以保证组织活动符合既定要求的过程。由此可见，控制职能实际上包括了管理人员为保证实际工作与计划一致而采取的全部活动。

这一概念包含了如下几点要素。

（1）控制有很强的目的性，也就是说控制是为了保证组织的活动按计划进行。

（2）控制是通过监督和纠偏来实现的。

（3）控制是一个过程。

控制，有时被认为是最后的管理职能，总是在完成了其他职能之后再执行。它与计划的关系最为密切，因为计划用于确定目标及其实现方法，而控制则关系到计划能否获得成功。

控制和计划密不可分，它们的关系表现如下。

（1）计划为控制提供衡量的标准，控制又是实现计划的保证。

（2）计划和控制的效果互相依赖。计划越明确具体，控制工作就越好进行，工作结果就越好。而控制越深入、越准确，就越能保证计划的顺利进行。

（3）一切有效的控制方法，首先是计划方法，如选择什么样的控制方法、设计什么样的控制系统都必须考虑计划本身的特点。

（4）计划本身也需要一定的控制，控制工作本身也需要一定的计划。

## 二、控制工作的必要性

控制对一个组织来说之所以重要，主要在于以下几点。

### （一）组织计划目标实现的需要

没有控制就很难保证组织计划的顺利执行。而计划不能执行，组织目标便无法实现。只有通过管理控制，才能够为主管人员提供必要的信息，了解计划执行中的问题，从而采取措施，保证计划顺利进行，最终达成组织目标。

### （二）管理职能有效运行的需要

控制通过发现和纠正偏差的行动与计划、组织、领导三大职能紧密联系在一起，使管理过程形成一个相对封闭的系统。在这个系统中，计划确定了组织的目标、战略、政策及实现程序等，然后通过组织工作和领导工作等职能实现这些计划。控制就是对实施过程加以监督，保证现实工作与既定目标一致，使计划顺利完成。同时，有效的控制也离不开计划、组织和领导。因此，控制存在于管理活动的全过程，它不仅可以维持其他职能的正常运作，还可以通过采取纠偏行动改变其他管理职能的活动。

在现代高速发展的社会中，组织的生存和发展受到多方面因素的影响。这些因素的产生导致组织内部控制的地位更加重要。这些影响因素如下。

(1) 组织面临的环境日益复杂。社会环境的多变性、不稳定性、复杂性导致了组织在实现其目标的过程中所涉及的各种环境，如政治环境、文化环境、市场环境都有可能发生变化，这些变化的发生对组织目标的实现有相当大的影响。如伊拉克战争、企业国际化进程中的东西方文化融合、世界金融危机等，都使控制面临的形式日益复杂，需要我们积极应对。而这种应对无疑是建立在有效的控制系统基础之上的。

(2) 组织本身的复杂性。社会的复杂化必然导致组织内部的复杂化。组织内部的复杂化体现在以下几个方面：一是组织人员思想的复杂化，社会和科技的发展缩短了时空差距，教育背景、社会经历、信息渠道、社会地位、经济收入的不同进一步导致了人们思想、需要、观念的不同，这是组织复杂化的一个重要方面；二是组织本身的规模、目标导致了组织的复杂化，如企业并购和扩张、产品的多样化、企业的国际化等都对组织的发展提出了新的要求。

(3) 管理者本身的失误。各级管理人员在完成本职工作的过程中由于个人能力、掌握信息等方面的原因，不可避免地会犯各种各样的错误。因此，我们有必要及时发现这些错误，并且及时纠正这些错误，使它对组织的损害降低到最低限度。

(4) 分权导致的责任分散化。随着组织结构的日益复杂，组织中必须设置各级管理人员，这导致了上级对下级的授权、下级对上级权利的分享，从而导致责任的分散化。上级管理者的责任并不会因为对下级的授权而减轻，他需要对下级的工作情况进行监督和控制，进行及时的检查，以便及时发现和解决问题，防患于未然。

## 三、控制的内容

对企业组织来说，管理控制的主要内容包括五个方面。

### （一）对人员的控制

组织的目标是由人来完成的，为了保证员工都能够按照计划来工作，就必须对人员加以控制。最常见的方法就是现场巡视，发现问题立即纠正；另一种方法就是对员工进行系统化的工作评估，即绩效考核。对绩效好的予以奖励，以维持其良好表现，对绩效差的采取措施，纠正其偏差行为。

### （二）对财务的控制

为使企业获得利润，保证企业正常运作，必须进行财务控制。这主要包括财务报表审核、现金流保证、合适的负债及各项资产的有效利用等。

### （三）对作业的控制

作业是指从劳动力、原材料等资源到最终产品的转换过程。作业控制就是通过对作业过程的控制来评价提高作业的效率和效果，从而提高组织提供的产品和服务的质量。作业控制一般又分为生产控制、质量控制、库存控制等。

### （四）对信息的控制

现代企业中，信息在组织中的地位越来越重要，不精确的、不完整的、不及时的信息会大大降低组织效率。信息控制的关键就是要建立一套管理信息系统，使管理者及时获取精确、完整的数据。

### （五）对组织绩效的控制

管理者的主要职责就是达成组织目标，而组织绩效充分反映了目标的达成程度。有效实施对组织绩效的控制，关键在于科学地评价和衡量组织绩效。然而组织绩效很难用一个指标或者几个指标加以衡量，这取决于企业的价值观。一般按照组织目标所设定的标准来衡量组织绩效，并根据组织完成目标的实际情况及时作出考核。

## 四、控制的目的

在现代管理工作中，控制的目的主要有两个方面：一是维持现状；二是改变现状。

维持现状是控制工作的基本目的。在变化着的组织内外部环境中，通过控制工作，随时将计划的执行情况与预先设定的标准进行比较，若发现有超计划允许范围的偏差时，能够及时采取措施纠正，以便使组织的管理活动满足计划要求。

控制工作要达到的第二个目的是改变现状。随着工作的不断深入，根据控制活动发现的问题，需要对现状进行改变，即对组织目前工作的现状进行改变，如对计划进行调整、对流程进行改造、对标准进行修改，使之更适应组织面临的新形势，解决存在的问题。

对于组织内部长期存在的、影响组织发展的“慢性问题”，比如人员整体素质问题，应当采取从长远考虑、逐步解决问题的办法，以确保组织的正常发展。这也是组织控制工作的第二个目的。

从以上的讨论可以看出，控制的目的是与问题紧密相连的，即发现问题和解决问题。从更积极的意义来说，如果通过管理人员的积极努力，能够做到提前防止问题的发生，显然是最好的控制方式。要做到这一点，必须在管理的各个环节上都尽可能地完善，在问题出现之前就能够进行预测，并且采取有效的方法加以预防。

## 第二节　控制的类型

根据控制的时点不同，可以将控制分为前馈控制、同步控制和反馈控制；根据控制的来源不同，可以将控制分为外部控制与内部控制；根据控制的主体不同，可以将控制分为组织控制与非组织控制；根据控制活动的性质不同，可以将控制分为预防性控制与更正性控制。

### 一、前馈控制、同步控制和反馈控制

#### （一）前馈控制

前馈控制也称为事前控制或者预防控制，它是在系统运行的输入阶段就进行控制，是发生在行为之前的控制行为，以防止问题的发生。前馈控制强调建立一个控制系统，在问题发生之前就能够采取措施避免问题的发生，而不是当问题出现时再补救。这种控制利用的是系统的输入信息。一般来说，这种方法是最经济的。制造商在购买部件之前，就先制定一个质量标准，这就是一种前馈控制。在购买高质量部件的同时，制造商也就避免了其产品出现故障的很多情形。招聘中录用员工的标准也是前馈控制，如招聘中不用责任心不强的人，那么我们在招聘中就会刻意考核其过去工作经历中的行为，以预测其是否有责任心。

#### （二）同步控制

同步控制又称为同期控制或者事中控制，它是在系统运行中同步进行控制，是监控正在发生的行为，是一种现场控制。它能及时发现偏差，及时采取纠正措施，使损失控制在最低限度。但是对控制人员的素质要求较高，管理者要现场完成比较、分析、纠错等控制工作。最典型的同步控制是当管理人员发现错误时，立即提出建设性的建议。例如，销售经理无意中听到一名销售员没有获取客户订单，他就应该指导销售员获得订单。

#### （三）反馈控制

反馈控制又称为事后控制，它是在系统运行之后进行的一种控制，是在行为执行之后的评价行为，注意力集中在行动的结果上，并以此作为改进下次工作的依据。它最大的缺点是滞后性，从衡量结果、比较分析，到制定纠偏措施，最后实施，需要一定的时间，而且损失已经发生。财务报表就是一种反馈控制。如果财务报表显示公司发生亏损，那么管理层就会研究如何改善现状，但是亏损已经发生。反馈控制是通过信息反馈及行动调节来保证系统的目标实现，它要求反馈的速度必须大于控制对象的速度。否则，错误会不断发展。

反馈控制虽然有些不足，但仍然是一种常用的控制类型，因为很多事情只有在发生后才能看清结果。再者，事物往往是循环发展的，反馈控制能够给后面的工作提供信息和借鉴。

大多数公司兼用前馈控制、同步控制和反馈控制。管理者的一项重要工作就是选择最适合具体情况的控制方法。图 9.1 总结了上述三种按照时间分类的控制方法。

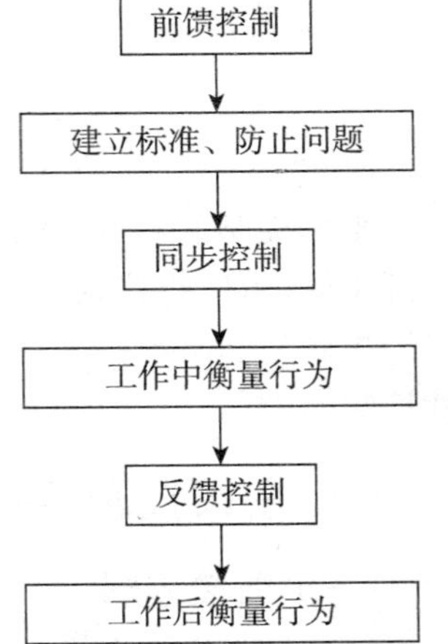


**图 9.1 三种建立在时间基础上的控制类型**

控制可以发生在一个事件或者过程中的前期、中期和后期。前馈控制通常为组织提供了最大的利益。

## 二、外部控制与内部控制

### （一）外部控制

外部控制策略的前提假设是：员工主要受外部奖励激励，并且需要管理者的控制。

建立有效的外部控制系统有三个步骤。

(1) 为了激发团队成员的最佳状态，要设定相对比较困难的目标并且在业绩指标中保留余地。

(2) 目标与评价标准应该不易被人伪造和歪曲。如高层管理者需要亲自调查顾客的满意度，而不是听取员工的报告。

(3) 奖励必须透明，并且直接与绩效挂钩。外部控制策略会产生很多积极的影响，员工知道好的绩效会带来奖励，他们就会做得更好。

然而外部控制也会产生一些问题，员工努力可能不是为了对企业的忠诚，而是为了追求奖励；他们也许达到了绩效标准，但或许没有产生真正的生产效率，造成一种“华而不实”的现象。如某公司把接听顾客电话数量作为客服人员的绩效标准，结果客服人员尽可能多地接听电话，而缩短每个电话的接听时间，造成顾客意见大、服务质量下降的状况出现。

### （二）内部控制

内部控制策略的前提假设是：员工能够被他们对实现组织目标的承诺所激励。自我管理的工作团队及其他各种形式的授权就是基于内部控制策略。管理可以实施控制，但是员工不会因此效忠。丰田汽车公司提供了一个使员工忠于职守的好范例，特别是在高度的质量标准和清洁标准方面。追求高质量是丰田文化的一部分，所以大部分的丰田生产工人乐于达到管理层设定的质量标准。

建立有效的内部控制系统有三个步骤。

(1) 团队成员必须参与目标的设定。这些目标会在以后的目标控制中成为绩效评价的标准。

(2) 绩效标准(控制尺度)只能用来解决问题，而不能用来处罚与责备。当发现与绩效标准有明显偏差时，监督者与员工要共同解决实质的问题。

(3) 虽然奖励要与绩效挂钩，但不应该仅以一两个尺度作为标准。内部控制策略需要评价员工的整体贡献，而不是一两个方面的绩效。

内部控制系统不一定好，外部控制系统不一定差。内部控制适合于技术水平高、容易被激励的员工，外部控制则适合于缺乏自控能力也并不忠实于组织目标的员工。如果能够有好的判断力和敏感性，外部控制也能起到很好的作用。控制的有效使用需要有一定的前提条件,也就是“如果……那么……”的管理方法。

## 三、组织控制与非组织控制

### (一)组织控制

组织控制是由组织的管理人员设计并负责实施的控制行为。组织控制的典型例子是组织的计划、财务、人事、生产、销售等部门进行的控制,对员工进行的纪律处分等。组织控制的特点是这些控制行为是在组织的领导下实施的,具有明显的强制性。

### (二)非组织控制

非组织控制是指除组织控制以外的控制行为。非组织控制又可以分为群体控制和自我控制。

1. 群体控制

群体控制是由组织内部的非正式群体基于群体成员的价值观念与行为准则进行的控制。由于非正式群体的目标与组织的目标不尽相同,因此群体控制有可能对组织目标的实现有利,也可能对组织目标的实现不利。因此,应当正确对待群体控制,使之朝着有利于组织目标的方向发展。

2. 自我控制

自我控制是指组织成员个人基于自己的价值观与行为理念而进行的控制。自我控制与个人素质有很大关系,也与个人的目标有关。作为组织而言,应该加强对员工的教育和引导,如通过组织文化、企业价值观、企业使命的建设与宣传来影响员工的价值观和行为理念,使员工的自我控制有利于组织目标的实现。

## 四、预防性控制与更正性控制

### (一)预防性控制

预防性控制是指为了预防组织和员工的活动偏离组织的目标而采取的控制措施,其目的是避免产生错误。一般而言,像规章制度、工作流程等都属于预防性控制的范围。当然,预防性控制必须与一定的监督体系相结合,才能充分发挥作用。

### (二)更正性控制

更正性控制是指为了发现工作中存在的问题以便进行更正而进行的控制。更正性控制的目的是发现行为的偏差,并使行为或者实施进程回到预先确定的或者管理者所希望的水平。如企业管理中的质量检查、各种审计制度等都属于这一类型。

# 第三节 控制的过程

控制过程分为四个阶段:确定控制标准—衡量实际成效—分析偏差—采取管理行动,如图 9.2 所示。

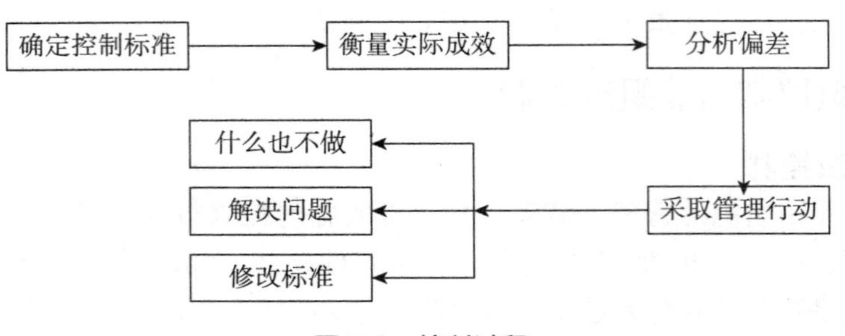


图 9.2　控制过程

## 一、确定控制标准

控制过程最初所要确定的是一系列切实可行并且被员工接受的绩效标准。标准是衡量结果的单位。标准可以是数量上的，如销售额、利润、完成任务的时间等，也可以是质量上的，如顾客满意度、广告效果等。

### （一）控制标准的内容和形式

控制标准是控制目标的表现形式，是对企业人力、物力、财力及各种生产经营活动方式和内容等所规定的量值界限，是控制工作的依据和基础。

由于控制的目的是保证计划和组织目标的实现，所以控制标准的确定必须以计划和组织目标为依据。控制工作的范围很广泛，所以为进行控制而制定的标准也有多种，常用的主要有 6 种：实物量标准、价值标准、时间标准、质量标准、行为标准和无形标准。

### （二）控制标准的要求

（1）简明。即对标准的量值、单位、可允许的偏差范围要有明确说明；对标准的表述要通俗易懂，便于理解和接受。

（2）适用。即标准要有利于组织目标的实现，要能够反映组织的活动状态。

（3）稳定。即标准要能适用一段较长的时间，即使有弹性，也是在一定的原则范围内变化。

（4）可行。即标准不能过高，也不能过低，要使绝大多数员工经过努力都可以达到。

（5）可操作。即标准要便于比较、衡量、考核。

### （三）制定控制标准的方法

控制的目的是保证计划和组织目标的实现，但是，不能完全用计划代替标准来进行控制，而是应该制定专门的控制标准。控制标准的制定应该以计划和组织目标为依据。

常用的制定控制标准的方法如下。

（1）分解法。即把企业经营目标、经营计划按生产单位、管理部门，或者按产品零部件，或者按工艺、工序等分解为具体的计划指标，作为控制的依据。

（2）预算法。即将企业生产经营活动中需要开支的各种费用，按其明细项目确定出预算额，作为各使用部门的费用支出标准。

（3）定额法。即根据技术测定、统计分析、经验估计、比例计算等方法，制定出各种实物量标准、时间标准等，作为对各生产环节和人员的控制标准。

(4) 标准化法。即根据国际标准、国家标准、行业标准和企业标准，确定有关生产经营的各种技术标准和管理标准。

比如，统计资料显示一个单位的废品率是万分之三，则对新产品的控制标准也很可能不会超过万分之三。一般来说，盈亏状况常用来作为控制标准。如企业把销售额作为控制标准，如果盈亏平衡分析得出的结论是销售额必须达到100万元，那么这家企业就会把销售额控制标准底线定为100万元。

## 二、衡量实际成效

衡量实际成效就是根据控制标准衡量、检查工作情况，并对计划执行的现状和阶段性成果进行如实反映和客观评价。

有了完备的控制标准体系，第二步工作就是要采集实际工作的数据，了解和掌握实际工作的情况。管理者经常直接观察工作现状来控制系统。

在衡量实际成效工作中，衡量什么和如何衡量是这一阶段的核心问题。

### （一）衡量什么

衡量什么，这个问题在衡量工作开始之前就应该得到确认。一般来说，管理者在确立标准时，就已经确定下来了。管理者并不是观测所有的活动，而是选择一些关键的控制点，通过这些关键的控制点对全部活动进行控制。关键控制点一般是计划实施过程中起决定作用的点，或者是内容出偏差的点。

### （二）如何衡量

(1) 个人观察。直接取得第一手资料，是一种非常有效的衡量方法，但受到一定的局限。

(2) 统计报告。按统计方法对实际工作的数据进行加工处理后形成的报告，它的价值取决于数据的真实性和全面性。

(3) 口头报告和书面报告。口头报告的优点是快捷方便、能够得到及时反馈，缺点是不易保存和调查。书面报告要比口头报告更加准确全面，如财务报告、工作总结等，但是在时间上会滞后一些。

(4) 抽样调查。在工作量比较大而工作质量又比较平均的情况下，管理者可以通过抽样检查来衡量工作。

在衡量工作中，除了要注意衡量方法外，还要特别注意所获取信息的质量，如信息的准确性、及时性、可靠性和实用性等。

衡量实际工作的成效是整个控制过程的基础性工作，而获得符合要求的信息又是整个衡量工作的关键。

### （三）衡量实际成效的要求

(1) 要以系统检查为主，综合运用各种衡量方法，全面、准确地了解和反映实际的工作业绩。

(2) 要定期进行，使之成为经常性的工作。

(3) 要有制度保证,建立统计制度、报表制度、报告制度和总结制度等相关制度。

(4) 要抓住重点,对控制的关键点必须重点检查。

对现实工作进行评价比看上去要复杂得多。销售部门指标通常是客户量、销售额、客户开发等,而财务部门指标主要是成本、利润和现金流。

进行有效的工作成效评价必须具备三个重要条件:①在衡量绩效的具体指标上管理者要达成一致,如最佳指标是销售额,还是客户服务质量。②在衡量所需达成的精确度上管理者要达成一致,有时评价是可以相当精确的,像销售额,不过有时评价就无法精确,像顾客投诉、服务品质等,但它对于绩效的质量评价可能至关重要。③由谁来衡量管理者也要达成一致,在很多企业中,实行了180°、360°考核法,谁说了算、权重是多少,事先一定要明确。

## 三、分析偏差

在取得实际工作成效的信息后,就要将标准与实际成效进行对比,发现偏差,并且进行分析,为采取管理行动做好准备。这一步的主要工作包括衡量偏差和信息沟通。

偏差就是控制标准与实际工作的差距。分析比较的结果有两种:一是存在偏差;二是不存在偏差。实际的工作中,我们会为偏差制定一个允许范围,只要不超出这个范围,就算正常。当使用数量衡量时,统计分析能决定偏差多少算严重。基于预期理论,只有当出现较大偏差时才采取相应的改进。

有时,即使只有1%的偏差,也会对企业产生相当大的影响,如产品的工艺质量差1%就是废品,或者成为低档货。而在有些情况下,高达10%的偏差也不算严重。如客服部门可能有10%的问题解决落后于客户的需求,但管理者明白,所有的问题最终都能解决。

当无法采用统计方法时,就要凭经验对随机误差作出判断。如员工当月绩效下降,可能与家庭产生某种状况有关。在这种意外情形下,管理者可以忽略偏差的存在。

偏差也有两种情况:正偏差和负偏差。正偏差是指工作的结果好于标准,负偏差是指工作的结果不如标准。如果工作结果出现了偏差,特别是存在负偏差,就必须作进一步分析。

一般来说,造成偏差的原因有三大类。

(1) 工作操作原因。这是由于执行者自身的原因造成的偏差,如工作不认真、能力不够或者不熟练等。

(2) 外部环境因素。当外部环境发生重大变化时,也会导致计划不能实现。如国家政策变化、国际局势变化、原材料市场的变化、供应商的变化等,这些原因通常是不可控的。

(3) 计划不合理。由于计划制订不合实际,或者形势判断失误,也是造成偏差的原因。如销售指标定得太高、经济环境预测走好但实际发生疲软等。

分析偏差是控制过程中最需要理性和智慧的环节,是否要进一步采取管理行动就取决于分析的结果。如果分析结果表明没有偏差,或者偏差在允许范围内,那么这一阶段的控制工作就此结束。

为了保证控制系统正常工作,在分析偏差以后,管理者必须与有关人员充分沟通比较的结果，这些人员包括员工、员工的直接上级，有时事情严重或者牵涉面较广还要与高层管理者和相关部门沟通。

## 四、采取管理行动

控制过程的最后一项工作就是采取管理行动——纠正偏差。由于偏差是控制标准与实际成效的差距，因此纠正偏差的方法也有两种：一种是改进工作绩效；另一种是修改控制标准。

（1）改进工作绩效。如果分析表明计划是可行的，控制标准也是切合实际的，问题出在工作者本身，那么就要采取改进工作的行动；如果问题出在外部环境上，那么就要采取其他的补救措施，尽量消除不良影响，随后修改战略、修正目标、另辟蹊径。

（2）改进工作绩效的行动可以分为立即纠正行动和彻底纠正行动。立即纠正行动是指发现问题后马上采取行动，用最快的速度纠正偏差，以避免造成更大的损失。彻底纠正行动是指发现问题后，通过对问题本质的分析，挖掘问题产生的根源，并且采取切实的措施，力求永久性地消除偏差。在实际工作中，通常结合使用。一般来说，管理者会与团队成员讨论问题的性质，其他优秀团队也会参与到解决问题的过程中。

（3）修订标准。如果偏差来自不合实际的标准，那么就要修订标准。用考试做一个类比，如果 90％的学生在考试中不及格，那么真正的问题可能是考试内容太难。

由于环境在不断变化，标准也应该适时修改。建立新的工作计划也产生修改标准的需要。控制标准常常建立在估计的基础上，所以难免过高或者过低。如果没有员工能够达到控制标准，控制标准可能就定得过高了；如果员工都能超过控制标准，标准则可能定得过低了。当然，管理者应该从控制的目的出发，仔细分析，在确认标准的确不符合现实的要求时，方可修订标准。标准过高会影响士气，标准过低会产生懈怠。修订标准意味着重复控制周期。

（4）如果评估显示，事情正在按照计划执行，就不需要采取管理行动。但是这并不意味着管理者无所作为，管理者可以表扬达标的员工，这可以激励员工继续努力工作。

# 第四节　有效控制

## 一、预算控制

在管理控制中使用最广泛的控制方法就是预算控制，它清楚表明计划与控制的关系。预算是计划的数量表现，是组织未来某一个时期具体的、数字化的计划，也就是用财务数字和非财务数字来表明工作的结果。预算是一种计划，也是一种预测，更是一种重要的控制方法。

### （一）预算的种类

1. 收支预算

收支预算即收入和支出预算。收入预算是某一时期有关收益及其来源的预算，如销

售收入；支出预算是在一定时期内支出的预算，如各种费用。它描述了为收入和支出所做的资金计划。它使用最广并且最容易理解。很多公司每个月都有一份收支预算，后来逐渐演变出季度预算、半年预算和年度预算。大多数的收支预算把经营支出进行了分类，其主要经营支出包括工资、福利、租金、公用设施、差旅费、设备维修费等。收支预算很难与现金流预算分开。

2. 现金预算

现金预算是指一定时期内现金的收支情况，它用来与真实的开支进行比较。现金预算反映了企业的现金偿付能力，所以在控制衡量中扮演着重要的角色。一个企业即使有很强的运营能力，但如果费用太高，入不敷出，仍然可能破产。

现金预算也明确了能够用于投资的可用资金。短期来说，现金盈余一般投资于股票、债券和基金中。长期来说，现金一般用于购买固定资产或者收购其他公司。还有一种选择是使用现金盈余来扩大经营规模。管理者可以用现金盈余来偿还债务，或者赎回其他股东的股份来巩固所有权。

现金流预算是现金预算的一个变形，它是对一个商业企业在一定时期内现金流入和流出的预测，通常是一个月。现金流预算的主要目的是预知企业有没有能力获得比支出费用更多的现金流入。一项现金流预算包括四个步骤：销售预测、现金流入预测（销售回款、投资回报等）、现金流出预测（物料采购、中间环节支出、管理费用支出等）、计划整合预测现金流底线。

3. 生产预算

生产预算是对产品和服务的详细计划，它必须与销售预算和存货需求相匹配。一项生产预算可以认为是一张生产进度表。

4. 物料购买和使用预算

在预测生产需求之后，有必要对满足需求所需花费的成本作出估计。物料购买和使用预算是确保所购买的原材料与零件必须满足产品需求的一个计划。在零售业企业中，此类预算明确指出所购买的货物必须符合预期的销售需求。

5. 人力资源预算

为了满足销售和生产要求，必须有具备一定素质的员工。人力资源预算是对在未来一个时期内的人力资源的需求，以及为了满足这种需求所要付出的成本作出预测。员工规模的扩大或缩小是否能与销售和生产预期的增加或减少相一致，是管理者关注的热点之一。

6. 投资预算

企业在维持现状的同时，还必须对未来进行投资，如设备、厂房、技术改造等。

7. 综合预算

综合预算即综合考虑各种因素，采用多种预算方法所进行的预算。它合并了不同部门的预算，目的是对这个企业的财务状况进行控制和预测。

以上称为固定预算。固定预算是一次性的资源分配，企业必须留有固定数额的资金，以维持整个预算周期的正常运作。

### （二）固定预算控制可能产生的危害

虽然预算能明确管理控制目标，但也会在一定程度上带来危害，如以预算目标取代组织目标，预算过于详细缺乏灵活性。

### （三）弹性预算

弹性预算也称可变预算，其基本思想是按照固定费用和变动费用分别编制预算，以确保预算的灵活性。弹性预算要考虑由于活动的进行而产生的可用资源的变化。在编制弹性预算时，应该根据具体情况研究各种费用的变动程度，以便预算的合理性和准确性，减少预算变动的频度。

### （四）零基预算

零基预算的基本思想是在编制预算时，必须对每项费用都予以重新核查，并且要以目前的需求作为核查的基准。要求每个项目的费用要以零为基数，通过仔细分析各项开支的合理性，在成本效益的基础上确定预算。由于它迫使管理者重新确定费用支出，促使其精打细算，量力而行。但是这种方法的工作量很大，费用估计也有一定的主观性。

预算总是与严格限制资金的使用相联系。人们认为，预算意味着保守的支出。在管理方面，预算确实限制资金的使用。预算是一种量化的计划，其目的是分配资源。预算数字代表资金，也可以表示其他事物，如用电量、打印纸的消耗量、工时进度等。预算通常包括资金的流入和流出。

事实上，每位管理者都承担着一些预算职责。如果没有预算，我们不知道将要使用哪些资源、这些资源从何而来、已经使用了多少、还有多少可以使用。

### （五）预算的作用

预算的作用主要体现在以下四个方面。

1. 帮助管理者掌握全局，控制组织的整体活动

资金财务状况对任何组织而言都具有十分重要的意义。通过预算，组织管理者可以清楚地看到资金由谁使用、在什么项目上使用、使用的额度是多少，以及资金的来源情况，从而可以通过资金状况来了解和控制组织的整体活动。

2. 帮助管理者合理配置资源

组织中各项活动的开展都离不开资金的支持，资金作为一种重要的杠杆调节着组织各项活动的轻重缓急及规模的大小。因此，组织管理者可以通过预算合理配置资源，以确保组织重点活动的开展，对非重点活动进行有效的控制。

3. 有助于管理者对各部门的工作进行评价

根据各部门执行预算的情况，可以看出各部门资金使用的效率及工作任务的完成情况，从而对各部门的工作进行评价。由于预算规定了各项资金的运用范围和资金使用负责人，所以通过预算还可以控制各级管理人员的职权，明确各级管理人员的职责。

4. 有利于提高资金的使用效率

预算具有严肃性，并且组织管理者常常把预算的执行情况作为考核下级管理人员的依据，所以各部门管理者在收支方面会尽可能精打细算，避免浪费，提高资金的使用

效率。

### （六）预算的编制

在预算的编制中应该注意的问题有以下几个方面。

1. 正确处理组织总预算与部门预算之间的关系

在编制预算时，应当正确处理组织总预算与部门预算之间的关系。在企业管理与控制的过程中，不仅需要各部门、各项活动的预算，而且需要组织的总预算。各部门、各项活动的预算是按照部门和项目来编制的，它主要说明各部门和各项活动的收入与支出标准。组织总预算是在对所有部门及活动的预算进行平衡的基础上编制完成的，它概括了组织一定时期内的总体目标。只有编制了总预算才能进一步明确组织内部各部门的任务和目标，以及互相制约的条件，为正确、客观地评价部门工作提供依据。

2. 用统一的数字形式来表述组织内的各项预算

任何预算都需要用统一的数字形式来表达，组织内的总预算更应该如此。在组织的各种预算中，应该用统一的货币单位来表述，而部门、项目这样的分预算则不一定使用统一的货币单位。对一些具体的项目而言，用时间、长度、重量等单位来表示能提供更多的信息。如在负责原材料采购的部门预算中，用货币来表示原材料的预算，我们就只能知道原材料采购的总费用标准，而不能知道使用的原材料的种类与数量。

3. 避免预算过于烦琐

如果预算详细地列出各种细枝末节的费用，那么有可能影响管理人员在工作中的主动性与创造性。

4. 避免预算目标取代组织目标

编制与执行预算过程中的一个危险倾向是，把预算目标置于企业目标之上。如为了实现预算规定的支出标准，而在某些涉及组织发展的活动中节省经费，严重影响组织目标的实现。在预算执行过程中，一定要把组织目标放在第一位，正确处理局部利益与整体利益的矛盾、短期发展与长期发展的矛盾。

**【预算控制实例】** 表 9.1 给出了一家企业 2018 年前 3 个月的预计销售额和费用。在实际工作过程中，需要在空格处填写实际发生额，以便将两者进行比较，并进行相应的控制，如表 9.1 所示。

**表 9.1　某企业预计销售额和费用**　　单位：元

| 项　目 | 1 月 | | 2 月 | | 3 月 | |
|---|---|---|---|---|---|---|
| | 预计 | 实际 | 预计 | 实际 | 预计 | 实际 |
| 销售总额 | 1200000 | | 1350000 | | 1400000 | |
| 销售费用 | 242000 | | 275000 | | 288000 | |
| 管理费用 | 310000 | | 310000 | | 310000 | |
| 产生费用 | 327000 | | 430500 | | 456800 | |
| 研究费用 | 118400 | | 118400 | | 115000 | |

## 二、非预算控制

非预算控制的方法主要有质量控制技术和数量控制技术。

### (一) 质量控制技术

质量控制技术是基于人的判断对绩效作出的评价，它常常是一种语言的而非数字的评价。例如，对客户服务的评价是“非常优秀”，而不是在1～5尺度上的某一点，它是基于评价者的综合判断。

1. 视察

视察就是到现场进行督导。其优点是：能够掌握第一手资料，使管理者不断保持和更新对组织的感觉，敏感体会组织系统的运作是否正常；可以了解员工真实的工作状态，有利于对员工的正确评价；能够及时发现问题，解决问题。其缺点是：可能引起员工的误解，以为管理者不信任自己。视察是成功企业常用的管理方法。

2. 报告

报告是用来向负责实施计划的主管人员汇报全面的、系统的计划执行情况与存在问题及原因，已经采取的措施，已经获得的效果，预测可能出现的状况等一系列事情的一种方式。报告应该及时、简明、突出重点。这样才能有助于管理者了解计划的进度，并且及时进行指导和改进。报告可以根据需要分为专项性报告和综合性报告。

3. 外部审计

外部审计是由外部机构(如会计师事务所)选派的审计人员对企业财务报表及其反映的财务状况进行独立的评估。为了检查财务报表及其反映的资产与负债的账面情况与企业真实情况是否相符，外部审计人员需要抽查企业的基本财务记录，验证其真实性和准确性，并分析这些记录是否符合公认的会计准则和记账程序。外部审计的优点是可以保证审计的独立性和公正性。但是，由于外来的审计人员不了解内部的组织结构、生产流程和经营特点，在对具体业务的审计过程中可能产生困难。

出于战略的考虑，企业可以利用公开信息对竞争对手或者其他公司进行外部审计。这类审计包括：调查目标公司，寻找并购机会；对供应商的信誉进行评估；发现竞争对手的优势和劣势。

外部审计常常作为发现和调查借贷欺诈行为的反馈控制手段。

4. 内部审计

内部审计是对公司本身的计划、组织、领导和控制过程进行的阶段性评估。它评估的是：公司为自己做了什么、公司为员工做了什么、公司为客户做了什么、公司为社会做了什么等。公司可以对很多因素作出评价：财务的盈利状况、生产效率、经营成本、人力资源开发、公共关系和社会责任。审计涉及公司的过去、现在和未来。

内部审计可以由财务部门的指定人员作为一项独立任务来完成。在规模较大的组织里，也可以由一个专职的内部审计小组来进行。审计的范围和深度根据公司的规模与政策灵活掌握，既可以进行相对狭窄的财务审计，也可以对整个控制系统进行调查和评价，如公司政策、产品定位、工作流程和管理责任分配等广泛的、综合的分析。通过对现有的控制系统有效性的检查，内部审计人员可以提供有关改进建议，促使公司政策符合实际环境，工作流程更加合理，作业方法更加科学，实现组织的自我完善。

5. 管理审计

管理审计是一种对企业所有管理工作及其绩效进行全面系统的评价和鉴定的方法。管理审计既可以由内部的有关部门进行，也可以聘请外部的专家来进行。管理审计的方法是利用公开记录的信息，从反映企业管理绩效及其影响因素的若干方面将企业与同行业相关企业或者其他行业相关企业进行比较，以判断企业经营与管理的健康程度。

管理审计可以发现的问题有：库存控制不良、机器设备使用不经济、资源浪费、工作流程不科学等。管理审计可以对整个组织的管理绩效进行评价，为指导企业在未来改进管理系统的结构、工作程序和工作业绩提供有用的参考。管理审计可能存在的问题是重复工作，浪费人力。

6. 绩效评估

通过一系列测量、评价和回顾员工工作业绩的方法，指出工作中的不足，并且进行改进。这一项工作应该由管理者和团队成员共同完成。

质量控制技术需要由人来完成质量控制信息的收集，所以，人们的工作能力和道德规范会影响这些控制信息的有效性。

### （二）数量控制技术

数量控制技术是基于用数字衡量绩效的方法，如每分钟打字 80 个、每天拜访客户 5 个。

1. 甘特图

甘特图是一种用图表描述一项工作计划的与实际的进展情况，其目的是说明项目进展情况。

2. PERT

PERT(program evaluation and review technique，计划评审技术)是利用时间预测安排活动时间的一种方法，其目的是衡量项目与时间表的吻合度。

3. 盈亏平衡分析

盈亏平衡分析是研究固定成本与价格减去可变成本的比率，其目的是衡量组织绩效及作为纠正组织行为的基础。

4. 偏差分析

偏差分析是生产中最主要的策略，其目的是设定原材料、劳动力、管理费用的标准成本，并衡量其偏差。

5. 比率分析

比率分析又可以分为财务比率分析和经营比率分析。

(1) 财务比率分析就是通过计算实际的财务比率，并将其与目标值相比较，作出判断，进行管理控制的方法。常用的财务比率有销售利润率、负债率、资金周转率等。

(2) 经营比率分析就是通过计算实际的经营比率，并将其与目标值相比较，作出判断，进行管理控制的方法。常用的经营比率有市场占有率、投入产出率、客户满意率等。

数量控制技术被广泛使用，因为它们看起来准确而客观。

## 三、作业控制

作业控制是为了保证各项作业计划的全面完成而进行的一系列管理工作，即衡量作业计划的实际执行情况，将其与控制标准进行比较，发现偏差并分析原因，采取措施纠正偏差保证作业计划顺利实施。一般来说，作业控制主要包括成本控制、质量控制、采购库存控制。

### （一）成本控制

成本控制是在对系统作出全面详细的分析以后，层层分解成本指标，以其作为衡量控制的标准。也就是说，通过监控成本形成的过程来控制成本，从而提高企业的竞争优势，确保企业在预定成本下获得预期的目标利润。

### （二）质量控制

质量控制是指管理者通过监控质量的全过程，以确保产品的质量符合既定的标准。全面质量管理（TQC）是目前提高质量较流行的方法之一，它是指为保证产品质量符合规定标准和满足用户使用要求，企业在产品设计、试制、生产制造直至使用的全过程中，进行全员参与的、预先控制与事后检验相结合的，控制影响质量的每一个环节的全方位的质量管理。全面质量管理的思想如表 9.2 所示。

**表 9.2 全面质量管理的主要思想**

| |
|---|
| 1. 永远进取：TQC 认为没有最好，只有更好。 |
| 2. 提高质量：TQC 采用最广泛的质量定义，它不仅指最终的产品，而且覆盖与最终产品有关的一切。 |
| 3. 精确质量：TQC 运用数理统计方法衡量业绩，比较标准。 |
| 4. 放权雇员：TQC 授权与生产线上的工人和技术管理人员，动员和鼓励他们参与质量管理工作。 |

### （三）采购库存控制

一般来说，库存是为了满足未来需要而暂时闲置的资源，人、财、物、信息等各方面的资源都有库存问题。企业的生产要正常连续地进行，供应链不能断，需要有一定的库存。库存控制主要解决的问题是：哪些物质需要有库存、合理的库存量是多少、多长时间检查一次库存量、什么时候提出采购申请、每次采购多少等。库存控制的目标不是增加库存，而是在保证正常生产的情况下，不断降低库存。

## 四、信息系统和控制

信息系统（IS）或者管理信息系统（MIS）是一个为管理提供有用的或者必要的信息，以帮助管理者作出正确决策的系统。基于有效的信息而进行的管理控制使信息系统成为任何控制系统中不可或缺的一部分。

### （一）信息系统提供控制信息

信息系统涉及的范围在不断扩大。这种扩大一部分归因于对有用的控制信息的需要不断增长，信息系统产生的控制信息是无限的。

信息系统可以：报告不同地区、不同销售商的产品销售情况和顾客清单；提供不同地区、不同仓库、不同产品的库存信息；提供产品使用人的年龄、收入和职业情况；报告来自不同地区、不同部门的预算偏差情况；自动计算财务比率，并与相关行业指标进行比较；自动计算生产和经营指数，并与标准作比较；对资金运行作出判断，估计投资收益；利用因特网，比较产品的服务和价格。

举一个具体的案例，7-Eleven 连锁便利店的计算机信息系统能够追踪库存情况并且预测销售。该系统可以准确跟踪记录 2300 个项目，帮助每个便利店详细列出库存商品的准确数目，再根据时间、天气和地区统计数据分析预测销售趋势，这样就可以使管理者对积压的易腐商品和脱销的热销商品保持高度的敏感。

### （二）计算机辅助工作监控

越来越多的公司利用信息系统进行计算机辅助工作监控。在这种监控形式下，信息系统收集员工的工作习惯和生产效率等方面的数据；或者通过计算机终端网络，监控在工作中使用计算机及相关设备的员工。一旦安装了监控软件，中心计算机就会处理和记录各终端计算机的信息。电子监控的主要贡献是增加了远离管理人员的视线而工作的员工的人数。办公室职员是最容易被监控的。JetBlue 航线公司的预约中心有 700 个预约代理。他们都在家中用公司提供的计算机和电话系统工作。公司在跟踪员工的电话软件的帮助下，能够保证员工达到理想的工作状态。当一个代理接到一个电话时，电话系统就会记录下电话是否被迅速接听、电话持续时间、谁先挂电话等一系列数据信息。管理者还可以亲自监听任何员工的电话，以便保证服务的质量满足服务标准。

电子监控系统的主要优点是可以让管理者进行严密的监督，因为它使管理者更全面、更真实地掌握员工的工作情况。其不足之处是有人认为它侵犯了员工的隐私和人格尊严，甚至会降低员工对工作的满意度。电子监控对工作内容需要创新思维的员工的监控也会产生一些困难。

## 五、有效控制系统的设计

对一个以营利为目的的企业，建立有效的控制系统具有重要的意义。有效的控制系统应该考虑将潜在的利益最大化，将可能的损失最小化。为了达到这一目的，管理者在设计控制系统时应注意的事项有以下几点。

### （一）建立有效的控制标准

有效的控制系统必须建立在有效的绩效标准上，一般来说，最有效的标准是量化的标准，它具有客观性。除此之外，控制系统还应该包括衡量企业绩效的所有重要的方面。如考核在控制中很重要，但要适度，过度的考核会引起员工的反感，导致对考核的抵制。

### （二）提供充足的信息

管理者必须将控制系统的重要性传达给全体员工，使员工认识到控制的重要性，自觉地接受控制管理。在控制过程中，管理者应当及时将员工的工作绩效反馈给员工本人，激励员工的工作热情。同时，员工也可以根据自己的绩效对自己的行为进行调整，使之适应企业的工作要求。

### （三）保证员工能够接受

任何的管理措施都要得到员工的支持，才能使管理活动顺利进行，控制活动也不例外，至少是员工能够接受。一般而言，员工能够接受的是有用、适度的控制。如果一位正常的员工怎么努力都不能达到工作标准，那么这一标准就不能被员工接受。

在控制的过程中，还要注意以强化正面行为为主，引导和鼓励员工积极工作的情绪。让员工更多地参与控制决策，也有利于员工接受管理控制。

### （四）使用多种方法进行控制

多种控制方法可以互相弥补各自的不足，形成有效的控制；多种控制方法也有利于调动员工参与控制的积极性。

## 本章小结

（1）控制就是监督组织的各项活动，以保证工作按计划进行的过程。控制与计划密不可分，控制的内容涉及管理的各个环节，归纳起来主要是对人员、财务、作业、信息和绩效五个方面的控制。

（2）完整的控制过程可分四个步骤：确定控制标准，衡量实际成效，分析偏差，采取管理行动。

（3）任何系统的运行过程都表现为输入—转换—输出，根据控制时间的不同，控制可分为前馈控制、同期控制和反馈控制。

（4）构建一个有效的控制系统，应该遵循一定的原则、符合一定的要求。

（5）预算控制是管理控制中一种常用的方法，视察、报告、比率分析等非预算控制，作业控制，审计控制的方法，在实践中也被广泛采用。

## 实务训练

### 一、示范案例

**海尔 OEC 管理法的日清控制体系系统**

（1）日事日毕：当天发生的问题，当天解决。

（2）日清日高：要求职工坚持每天提高 1%，70 天工作水平可提高一倍。

（3）日清方法：自清，职能管理部门现场复审，自检、互检、专检。

（4）复审中发现的问题，随时纠偏，连续发现不了问题，必须提高目标值。

### 二、习作案例

把 OEC 管理法的日清控制体系系统应用到自己的学习工作计划中，做到“日事日毕、日清日高”。

# 思考与练习题

## 一、单项选择题

1. 控制的最基本的目的在于（　　）。

A. 寻找错误　　B. 衡量下属绩效

C. 确保行为按照计划发展　　D. 使人们失去自由

2. 事后控制的致命弱点是（　　）。

A. 垂直性　　B. 强制性　　C. 滞后性　　D. 超前性

3. 控制过程的第一步是（　　）。

A. 协调关系　　B. 人员配备　　C. 制订计划　　D. 预测结果

4. 进行控制的根据是（　　）。

A. 计划工作　　B. 组织工作　　C. 指挥工作　　D. 协调工作

5. 最理想的控制标准是（　　）。

A. 实物标准　　B. 定性标准　　C. 资金标准　　D. 定量标准

## 二、多项选择题

1. 控制的基本步骤是（　　）。

A. 拟定标准　　B. 衡量成效　　C. 比较优劣

D. 纠正偏差　　E. 标准实施

2. 控制工作的类型按纠正措施的环节分类主要有（　　）。

A. 现场控制　　B. 反馈控制　　C. 前馈控制

D. 组织控制　　E. 系统控制

3. 下列属于运用前馈控制的是（　　）。

A. 企业根据现有产品销售不好的情况，决定改变产品结构

B. 猎人把瞄准点定在飞奔的野兔的前方

C. 根据虫情预报，农业公司做好农药储备

D. 汽车驾驶员在上坡时，为了保持一定的车速，提前踩加速器

E. 瞄准靶心射击

4. 实行前馈控制的优越性在于（　　）。

A. 使主管人员及时得到信息以便采取措施

B. 使主管人员知道如果不及时采取措施就会出现问题

C. 克服了反馈控制中因时间滞后带来的缺陷

D. 使下属更加明确工作的奋斗方向

E. 有利于监督下属的工作

5. 按控制的方式和程度分类，控制可分为（　　）。

A. 间接控制　　B. 直接控制　　C. 现场控制

D. 前馈控制　　E. 反馈控制

## 三、判断题

1. 衡量绩效是控制活动的最终目的。 ( )
2. 所谓“亡羊补牢”,说的就是现场管理。 ( )
3. 所谓“走动管理”,说的就是前馈控制。 ( )
4. 利用财务分析报告进行控制属于反馈控制。 ( )
5. 数量控制比质量控制更加重要。 ( )

## 四、简答题

1. 什么是控制?有人说“计划是事前的事,控制是事后的事”,这种说法对不对?为什么?
2. 说明控制的过程与类型。试比较不同控制类型的差异。
3. 举例说明前馈控制、同步控制和反馈控制。
4. 结合实践讨论控制的作用。
5. 控制系统的注意事项有哪些?你能找出一个学校中容易失控的关键点吗?

## 五、案例分析题

### 信用卡部客户服务质量控制计划

美国某信用卡公司的卡片分部认识到高质量客户服务是多么重要。客户服务不仅影响公司信誉,也和公司利润息息相关。比如,一张信用卡每早到客户手中一天,公司可获得33美分的额外销售收入,这样一年下来,公司将有140万美元的净利润,及时地将新办理的和更换的信用卡送到客户手中是客户服务质量的一个重要方面,但这远远不够。

公司决定对客户服务质量进行控制来反映其重要性的想法,最初是由卡片分部的一个地区副总裁凯西·帕克提出来的。她说:“一段时间以来,我们对传统的评价客户服务的方法不大满意。向管理部门提交的报告有偏差,因为它们很少包括有问题但没有抱怨的客户,或那些只是勉强满意公司服务的客户。”她相信,真正衡量客户服务的标准必须基于和反映持卡人的见解。这就意味着要对公司控制程序进行彻底检查。第一项工作就是确定用户对公司的期望。对抱怨信件的分析指出了客户服务的三个重要特点:及时性、准确性和反应灵敏性。持卡人希望准时收到账单、快速处理地址变动、采取行动解决抱怨。

了解了客户期望,公司质量保证人员开始建立控制客户服务质量的标准。所建立的180多个标准反映了诸如申请处理、信用卡发行、账单查询及账户服务费代理等服务项目的可接受的服务质量。这些标准都基于用户所期望的服务的及时性、准确性和反应灵敏性上,同时也考虑了其他一些因素。

除了客户见解,服务质量标准还反映了公司竞争性、能力和一些经济因素,如一些标准因竞争引入,一些标准受组织现行处理能力影响,另一些标准反映了经济上的能力。考虑了每一个因素后,适当的标准就成型了,于是开始实施控制服务质量的计划。

计划实施效果很好,比如,处理信用卡申请的时间由35天降到15天,更换信用卡从

15 天降到 2 天，回答用户查询时间从 16 天降到 10 天。这些改进给公司带来的潜在利润是巨大的。例如，办理新卡和更换旧卡节省的时间会给公司带来 1750 万美元的额外收入。另外，如果用户能及时收到信用卡，他们就不会使用竞争者的卡片了。

该质量控制计划潜在的收入和利润对公司还有其他的益处，该计划使整个公司都注重客户期望。各部门都以自己的客户服务记录为骄傲，而且每个雇员都对改进客户服务作出了贡献，使员工士气大增。每个雇员在为客户服务时，都认为自己是公司的一部分，是公司的代表。

信用卡部客户服务质量控制计划的成功，使公司其他部门纷纷效仿。无疑，它对该公司的贡献将是非常巨大的。

（资料来源：世界经理人网，管理案例.）

**思考题：**

1. 该公司控制客户服务质量的计划是前馈控制、反馈控制还是现场控制？
2. 找出该公司对计划进行有效控制的三个因素。

**推荐阅读、观看：**

颜建军、胡泳编著的《海尔中国造》。

吴天明导演的影片《首席执行官》。

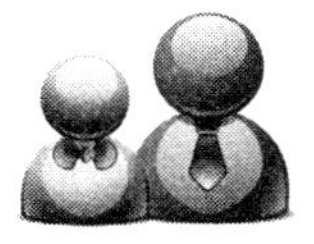

# 第十章 管理创新

企业家精神的真谛就是创新，创新是一种管理职能。

——约瑟夫·熊彼特

## 教学目标

学完本章后，你应该能够：

(1) 理解创新的概念、特点和作用。

(2) 掌握创新的基本内容及实施过程。

(3) 掌握创新的模式及方法。

(4) 掌握创新的策略与风险防范。

## 技能目标

用创新的方法解决一个学习或者工作的难题。

## 素质目标

培养尝试用新方法解决问题的能力。

## 案例导入

### 腾讯给中国商业带来了什么变化

如果说，腾讯及其他的互联网企业为中国商业世界带来了什么变化，除了我们所看到的“互联网＋一切”这种硬件上的互联网基础设施化之外，还有在经营哲学意义上的变化。

传统的大规模制造型企业，采用的都是标准化模型，从福特的流水线，到日本的精益制造，再到德国制造的管理，包括中国的制造业企业，无一例外。互联网企业，对于商业世界的最大贡献，就是提供了一种反大规模、反标准化的商品生产模式。

这与企业对商业环境的认知有关，在互联网企业的眼中，世界是充满不确定和未知的。2012年，马化腾在一次对话中问凯文·凯利，腾讯未来的敌人是谁？凯文·凯利说，这个人没有出现在你现在的名单里面。这就是一个非常互联网式的回答。因为竞争是跨界的，颠覆金融业公司的不是另外一家银行、券商和保险公司，可能是微信和支付宝；颠覆出租车公司的也不是另外一家出租车公司，是滴滴；同样的，可能颠覆腾讯的，也一定不是下一个腾讯。

互联网可能是中国最早认识到这一点的行业，过去二十年，它们完成了对其他产业的四次“入侵”，从信息、商品、服务到金融，全方位冲击了中国的传统产业，进而将中国改造为互联网化最为彻底的国家。

腾讯的这种互联网经营哲学至少包括了七条：①产品极简主义；②用户驱动战略；③内部赛马机制；④试错迭代策略；⑤生态养成模式；⑥资本整合能力；⑦专注创业初心。

在一个用户驱动的市场上，企业面对的是用户不断地变化，永远不可能关起门生产出一个完善的商品，然后交给消费者。相反，企业需要和用户形成一种良好的互动关系，发现甚至呼唤他的需求，并且敢于犯错、善于犯错，在迭代的过程中逐步但快速地改善产品，归结起来是八个字：小步迭代，试错快跑。

腾讯以产品线超长著称，有超过 3000 个产品，有人曾请教马化腾：那么多的产品，你是如何管理，又是如何做到了如指掌的？

他的回答好像并没有什么特殊，关于如何了解和改善某一种产品，方法有两条。

其一，像普通用户一样，每天轮着使用每一个产品。“我相信如果产品上线的时候你坚持使用三个月，问题是有限的，一天发现一个，解决掉，你就会慢慢逼近那个‘很有口碑’的点。”

其二，经常到各个产品论坛去“潜水”，听到不同的声音和反馈。“从哪个地方找问题呢？论坛、博客、RSS 订阅啊。高端用户不屑于去论坛提出问题，我们做产品的就要主动追出来，去查、去搜，然后主动和用户接触，解决，有些确实是用户搞错了，有些是我们自己的问题。我们的心态要很好，希望用户能找出问题，我们再解决掉。哪怕再小的问题，解决了也是完成一件大事。有些事情做了，见效很快。要关注多个方面，经常去看看运营，比如说你的产品慢，用户不会管你的 IDC(互联网数据中心)差或者其他原因，只知道你的速度慢。”虽然公司没有明文要求，但是腾讯的工程师都形成了一个习惯，每两个小时轮流监测、回复网上出现的用户意见。

在马化腾的推动下，腾讯形成了一个“10/100/1000 法则”：产品经理每个月必须做 10 个用户调查，关注 100 个用户博客，收集反馈 1000 个用户体验。用马化腾自己的话说，“这个方法看起来有些笨，但很管用。”

而在众多产品中，确保长期奔袭的同时保持战略方向的准确，依靠的是赛马机制和生态养成。

《腾讯传》最惊奇之处，在于腾讯历史上决定命运的几个战略性产品 QQ 秀、QQ 空间、腾讯游戏、微信，无一是决策层开会的战略决策，反而都是边缘部队打出来的。这种适者生存的赛马机制，让这家越来越庞大的巨型公司每每面临关键时刻，都会出现一款关键产品，并改变整个公司的路径。

生态养成，实际上已涉及公司边界的定义。随着 2013 年、2014 年微信的不断壮大，以及中国移动互联网的不断成熟，腾讯是把这个问题想清楚了。马化腾在 2013 年宣布，

“腾讯只做两件事，连接与内容，就这么简单”，而其他的事，则通过开放战略交于市场完成。什么是腾讯的“开放能力”，在决策层有着不同的理解，在一次总办会上，马化腾让十六个高管在纸上写下他认为的“腾讯核心能力”，一共收集到了21个答案。经历了多次的讨论，“能力”被聚焦在两点上，一个是流量，一个是资本。

腾讯和这一批过去20年成长起来的中国互联网企业，都是在不断的自我革命与迭代的情况下面对不确定性，加强自己的资本整合能力、将企业的组织变成柔性化、生态化的结果，今天这种经营哲学在中国已经逐渐成为共识，正或许就是他们所带来的变化。

（资料来源：新浪财经.）

**思考题**：结合案例，说明为什么要将企业的组织变成柔性化、生态化的结果。

# 第一节　管理创新概述

管理活动必须有创新相伴而随，因为管理活动每时每刻都处在变化着的内外环境中，必须以创新来适应和迎接这些变化。而且管理活动又是最富于综合性的社会活动，受到国内外政治、经济、文化、社会等各种因素的影响，而这些因素在管理活动中的交汇，需要管理者的创新举措来回应。管理历来都是管理者施展才华、发挥创造性的舞台。管理是一门艺术，在这个领域中，必须不断地进行创新，才可能获得生存的价值。

## 一、管理创新的含义

管理创新是指创造一种新型的、有更高效率的资源整合范式，它可以是指有效整合各种资源以达到组织目标的全过程管理，也可以是指某一方面的细节管理。管理创新是一种有目的的实践活动，不是一种自发性的随机事件，人们完全能够根据客观情况的变化和自身的实际，有计划、有步骤地开展管理创新活动。

无论是中高层管理者，还是基层管理者，都是管理创新的主体。管理创新贯穿于管理者的所有管理活动中。

管理创新的实质是创立一种新的更有效的资源整合和协调范式，包括创立一种新的管理理论、采用一种新的管理方法、运用一种新的管理手段等。只要这种新的资源整合和协调范式能够使管理活动更加有效，都属于管理创新。

管理创新的目的在于能动性地适应环境的变化，达到提高企业整体效率和效益的目标。环境变化是客观的，不以人们的意志为转移，企业要在动态多变的环境中发展壮大，就必须适应环境的变化，而管理创新正是企业适应环境变化的基本途径。

## 二、管理创新的模式

管理创新模式是指企业实施管理创新的方式。按照管理创新的定义，管理创新的关键是创造新的管理模式，目标是提高企业的工作效率和经济效益、增强企业的竞争力。按照管理创新形成的管理模式新颖程度的不同，可以将管理创新的模式分为三种类型。

(1) 跟踪创新。企业学习和模仿同行业中相互竞争企业已经应用甚至已经得到比较广泛应用的管理模式,改变本企业传统的管理模式,在本企业内应用新的管理模式。从新颖程度上看,这种新的管理模式只对本企业而言是新的,对本行业而言不具有新颖性。

(2) 带头创新。企业学习和模仿其他行业企业的有效管理模式,在本行业相互竞争的企业中带头学习和运用新的管理模式。从新颖程度上看,这种新的管理模式不仅对本企业而言是新的,而且对本行业而言也是新的。

(3) 原始创新。企业从自身实际管理的需要出发,在全球范围内率先创造出新的管理模式,并在本企业运用,形成不仅在本行业而且在全世界范围内独一无二的管理模式。从新颖程度上看,这种新的管理模式不仅对本企业和本行业而言是新的,而且对全世界而言也是新的。

管理创新的定义还表明,企业通过管理创新形成新的管理模式,一方面是要提升企业的工作效率和经济效益;另一方面是要增强企业的核心竞争力。显然,不同的管理创新模式可以实现的目标是明显不同的。成功的跟踪创新可以提升企业的工作效率和经济效益,但是很难帮助企业增强核心竞争力,形成竞争优势。而成功的领先创新和原始创新,不仅可以提升企业的工作效率和经济效益,而且可以支持企业增强核心竞争力和形成竞争优势。

## 三、管理创新的特点

根据管理创新的定义,深入分析可以发现,企业管理创新有多方面的特点。

### (一) 管理创新的必然性

任何企业都必须加强管理,任何企业都必须随着外部环境和内部条件及发展战略的调整进行管理创新,与技术创新是企业可以选择也可以不选择的战略不同,几乎所有企业都离不开管理创新,是企业无法回避的问题。

### (二) 管理创新的复杂性

当今企业的管理创新,既要运用先进的理论方法和技术,又要结合本企业已经积累形成的管理经验,还必须考虑本企业独特的文化,需要专业人士在广泛调查、深入分析、精心设计的基础上才可能有效推进。显然,管理创新是高度复杂的。

### (三) 管理创新需要科学性和艺术性的高超结合

管理既具有科学性,又具有艺术性,管理创新也是如此。管理创新方案的设计和实施,既要充分考虑科学性,又要有良好的艺术把握。只有这样,才能提升管理创新的成功率。

### (四) 管理创新的路径依赖性

管理创新通常是路径依赖的,具有组织性和经验性,有一定的发展轨迹。创新轨迹的体现是企业的惯例,企业选择什么样的新的管理模式,往往是遵循一定的惯例进行,这使管理创新形成一定的轨迹。

### （五）管理创新能力的累积性

企业的管理创新能力是在一定的规范下沿着一定的路径经过一段时间的创新过程学习形成的，管理创新能力具有累积性，也就是说，管理创新能力是通过一系列的创新实践逐步积累形成的。企业不通过开展一系列的管理创新活动，是很难形成比较强的管理创新能力的。

### （六）管理创新的高风险性

管理创新形成新的管理模式，往往意味着对相关人员的工作分工、职责、权力等进行调整，这就意味着是利益的再调整，管理创新往往会面临比较大的阻力。管理创新的阻力太多，或者会导致新的管理模式很难有效推进实施，或者会使新的管理模式在实施过程中变样，不能按预先的设计推进。这都可能导致管理创新的失败，因此管理创新具有比较大的风险。变革的程度越大，实施过程的不确定性就越大，同时组织内部解决问题和有效应用变革的能力也会削弱，这种高度的不确定性就带来了风险。

## 四、管理创新的作用

作为管理的基本内容，管理创新对组织的存在和发展都是十分重要的。

### （一）提高资源利用的效率和效益

管理创新能使企业资源的效率和效益得到明显的改善与提高。效率的提高可以在众多指标上得到反映，如劳动生产率的提高、资金消耗系数减少、人力资源的投资回报率增加等。但效率并不等于效益，效率仅仅是实现效益的条件和手段，效益才是管理创新要达到的最终结果。管理创新在提高企业经济效益上，不仅要注重提高眼前效益，如组织结构优化和管理方法创新等，而且要注重利用管理创新实现未来效益，如战略创新等。但不论是提高当前效益还是长远效益，其目的都在于增强企业生命力，以促进企业不断发展壮大。

### （二）推动企业稳定健康地发展

企业生产经营活动的协调性、有序性是推动企业稳定健康发展的重要力量。管理创新通过创立新的更有效的资源整合的方式与方法，不仅能为企业的健康发展奠定坚实的基础，而且能为企业产生更强大的合力，从而为促进企业的快速成长创立条件。

### （三）增强企业的核心竞争力

随着科学技术的进步和信息技术的发展，企业之间的技术差异越来越小。在这种情况下，企业增强核心竞争力的关键不再像过去那样仅仅依赖于技术，而是越来越依赖于管理。谁能够在管理上做到别人做不到的，能够创新管理方式和方法，谁就拥有了别人不具备的竞争优势。如麦当劳的生产技术并不复杂，生产过程也很简单，但麦当劳之所以能够把简单的快餐生产变成一种工业化的生产方式，依靠的就是其标准化的管理流程，这也正是麦当劳管理创新的结果。

### （四）形成企业家阶层

职业经理人及企业家阶层的形成是现代企业管理创新的直接成果之一。这一阶层的产生，一方面是企业的管理实现了由技术专家向管理专家的转变，从而提高了企业资源的配置效率；另一方面使企业的所有权与经营管理权发生分离，推动企业更健康地发展。职业经理层的形成对企业的发展具有很大的作用，因为对职业企业家而言，企业的存续对其职业有至关重要的作用，他们"宁愿选择能促使公司长期稳定和成长的政策，而不贪图眼前的最大利润"。从这一角度出发，职业企业家必然更进一步关心创新，关心管理创新，因为他们知道管理创新的功效。

## 第二节　管理创新的基本内容

管理创新可以在多个维度、多种管理要素和领域上进行，也可以通过多种途径和方法实现，具体的管理创新可划分为以下几个方面。

### 一、管理创新的方式

系统在运行中的创新要涉及许多方面。在此，我们主要以社会经济生活中大量存在的企业系统来介绍创新的内容。

#### （一）观念创新

管理观念又称为管理理念。它是指管理者或管理组织在一定的哲学思想支配下，由现时条件决定的经营管理的感性知识和理性知识构成的综合体。一定的管理理念必定受到一定的社会政治、经济、文化的影响，是企业战略目标的导向、价值原则，同时管理的理念又必定折射在管理的各项活动中。20 世纪 80 年代以来，经济发达国家的优秀企业家提出了许多新的管理理念，如知识增值观念、知识管理观念、全球经济一体化观念、战略管理观念、持续学习观念等。在我国，企业的经营观念存在着经营不明确、理念不当、缺乏时代创新等问题，因此，应该尽快适应现代社会的需要，结合自身条件，构建自己独特的经营管理理念。

#### （二）目标创新

知识经济时代的到来导致了企业经营目标的重要定位。为什么？原因很简单：一是企业经营观念的革命，要求企业经营目标的重新定位；二是企业内部结构的变化，促使企业必须重视非股东主体的利益；三是企业与社会的联系日益密切、深入，社会的网络化程度大大提高，企业正成为这个网络中重要的联结点。因此，企业经营的社会性越来越突出，从而要求企业高度重视自己的社会责任，全面修正自己的经营目标。众所周知，美国曾经最为推崇利润最大化，盈利能力曾经是评价美国企业好坏成败的唯一标准，可是就在那里，今天评价企业的标准已经发生了巨大的变化。适应知识经济时代的多元目标、相互协调的企业经营目标观念被广为接受。例如，在全世界享有盛誉的美国《财富》杂志最近评选最优秀企业时，采用了创新精神、总体管理质量、财务的合理性程度、巧妙地适应公司财产的效率及公司做全球业务的效率等多项指标。从这些带有导向性的指标中我们看到，企业对员工、对社会、对用户的责任等指标在整个指标体系中占了相当的分量。所以，在新的经济背景下，我国企业要生存，目标就必须调整为“通过满足社会需要来获得利润”。

### （三）技术创新

技术创新是企业创新的主要内容，企业中出现的大量创新活动是有关技术方面的。技术水平的高低是反映企业经营实力的重要标志，企业要在激烈的市场竞争中处于主动地位，就必须不断进行技术创新。由于一定的技术都是通过一定的物质载体和利用这些载体的方法来实现的，因此企业的技术创新主要表现在产品创新、工艺创新、材料创新和手段创新四个方面。

## 二、管理创新的主体

创新不仅是管理者的工作，管理者应该对自己的工作进行创新，以提高组织工作的整体效率，但更重要的工作是充分调动全体员工参与创新的工作热情，为组织内部的创新活动提供条件。

### （一）全体员工是创新活动的源泉

管理创新活动的源泉在于全体员工的积极性、智慧和创造力的发挥，因此，管理者要创造出鼓励创新的氛围，依靠全体员工开展管理创新活动。这样才能不断涌现新的创意，管理创新活动的推行更容易得到支持。当然，作为个人的员工很难成为管理创新的主体，因为其受到上司多方面的控制，虽有创意也很难在工作中进行实践。但作为群体的员工却往往能成为管理创新的主体，这是因为群体中可以包容大量的创意，当这些创意得到管理者认可并付诸实施时，这些员工们就成了真正的管理创新主体，他们在每天的工作过程中可以进行亲身实践。比如，日本企业通过成立各种小组，全员参与管理创新，如合理化建议制定、零缺点运动、质量管理小组、创意发明委员会等，创造出许多广为流传的管理创新成果，像著名的全面质量管理、即时生成体制等，为企业创造了大量的财富。

### （二）管理者是管理创新的中坚力量

许多管理者是在专业分工的条件下对自己职责范围内的事务、人员、资源进行管理的。这些管理领域如人事、财务、生产、营销等都存在着大量的创新空间，因此，这些管理者如果提出创意并有效实施，就能成为管理创新的主体。例如，在福特“让工薪阶层都有一部福特车”的创新思维指导下，生产部门的管理人员会同技术人员经过艰苦努力，不断修改创意，设计实施方案，最后终于提出了“生产流水线”这一生产流程方面的重大创新，极大地扩张了生产规模，降低了产品成本，成为工业革命以来足以同其他重大科技发明创造相提并论的一项管理创新。

### （三）管理专家和研究机构是管理创新的辅助力量

在复杂、多变和激烈的竞争环境中求生存，单凭企业家和几个管理人员的知识、智慧、经验是不够的，还需要借助一些专门的管理专家、参谋机构的理论和智慧，依靠他们来分析收集信息，制订创新方案，并帮助企业家付诸实施。这种利用“外脑”的方式对管理创新是非常重要的。据资料表明，国外一些企业的重大创新成果很多是由专家组成的“智囊团”和研究机构创造出来的。因此，管理创新也要充分发挥这部分力量的作用。

### （四）创新型企业家是管理创新的关键

由于企业家在整个企业发展中所处的特殊地位和管理支配力，他们或亲自提出创意并付诸实施，或对管理创新活动产生重大影响。因此，企业家是管理创新成败的关键人物。企业要想不断创新，首先必须有锐意进取的创新型企业家。

企业家应始终寻求变化，对变化作出及时反应，并把变化作为创新机会予以利用。企业家的创新精神要求他们必须具备一定的心智特征和能力结构。

1. 创新型企业家的心智特征

心智特征是指由于过去的经历、素养、价值观等形成的基本固定的思维方式和行为习惯。作为管理创新主体的企业家应具备下面一些心智特征。

（1）善于学习，具有广博的知识。这是产生对某一问题有超越常人看法或认识的基础。因为新的知识和信息是对过去知识体系的一种冲击与发展，可以使人们从过去无法解决的问题中得到新的启迪，也是保证管理创新的主体具备较高的思维起点的关键。

（2）善于思考，具有系统的思维方式。这是一种发散式的思维，同平常人的线性思维方式不同。创新型企业家通常采取一种系统性全方位思维方式，即从具体到综合，从局部到全局，从现象到原因的思考方式，考虑问题的各相关方面。许多管理上的创意都是这样产生的。

（3）勇于进取的价值取向。只有具备强烈的事业心、高度的责任感、永不满足的价值观，他们才能对创新的追求永无止境，不断攀登管理的高峰。

（4）健全的心理素质。这是确保企业家创新活动成果的重要心理特征。它包括自知与自信、理智的情绪、坚强的意志、雄伟的胆略、宽容的心态、对挫折的忍耐、敢于冒险等多项素质。

(5)优秀的品质。使命感、信赖感、责任感、诚实、公平、勇气、热情等，都是创新型企业家应具备的优良品质。

2. 创新型企业家的能力结构

作为管理创新主体的企业家必须具备一定的能力才可能完成管理创新的过程。这些能力可以分为三个层次：核心能力、必要能力和增效能力。核心能力突出地表现为创新能力；必要能力包括转化能力、管理能力和应变能力；增效能力则表现为协调组织以加快进展的能力。

（1）创新能力。创新能力表现为企业家善于敏锐地观察事物的缺陷，准确地捕捉新生事物的萌芽，提出大胆新颖的推测和创意，继而进行周密的论证，拿出可行方案并付诸实施。它基于个人的创新意识，是管理创新主体最重要的能力。不具备这种能力，管理创新就无从谈起。

（2）转化能力。转化能力是指管理创新主体将创意转化为可操作的具体方案的能力。转化能力表现为企业家要善于在转化过程中运用综合、移植、改造、重组、创新等技法，保证好的创意能够转化为可实施的方案。

（3）应变能力。管理创新本身就是应变的事物，应变是主观思维的一种“快速反应能力”，是创新能力的基础。应变能力表现为能审时度势，能在复杂的变化中辨明方向，产生应对的创意和策略。

（4）组织协调能力。管理创新需要投入相当多的资源，需要一定的周期，而且可能面临来自各方面的阻力。只有管理创新主体具备较强的组织协调能力，才能够有效地安排所投入的资源，在改变原来的管理模式、推行新的管理模式时，使企业依然有效运转；才能使创新行为得到各方的合作与支持，从而提高管理创新成功的可能性。

## 第三节　管理创新的过程

一般而言，管理创新过程主要包含五个阶段：一是分析企业管理创新需求；二是确定管理创新的目标和任务；三是设计新的管理模式；四是实施新的管理模式；五是对新的管理模式的实施效果进行评价。需要强调的是，由于管理创新是一项非常复杂的任务，往往很难一次完成任务和实现预定的目标，需要进行多次的反馈和优化调整，不断修改完善管理创新的目标、模式和实施，直到满足管理创新的需求为止。

### 一、分析企业管理创新的需求

任何企业的任何管理创新，都不会是无缘无故产生的，都有一定的原因。厘清企业管理创新的动因，确定企业管理创新的需求，是推进企业管理创新的基础和前提。一般而言，企业管理创新需求的产生可能来自三个方面：一是企业面临的发展环境，如市场环境、法律和政策环境等发生了显著的变化，迫使企业进行技术创新；二是企业的发展战略需要进行调整，引发企业的管理创新；三是企业现有的管理模式不能满足要求，带动企业的管理创新。

### 二、确定企业管理创新的目标和任务

一般情况下，企业管理创新的需求是非常旺盛和多样的。在一定的时期内，并不是企业的任何一项管理创新需求都能得到满足，企业的管理创新需要循序渐进和稳步推进。为此，企业需要综合考虑多方面的因素，确定未来一段时间内管理创新的目标和任务。

企业确定未来一段时间内管理创新的目标和任务，首先，需要充分考虑企业管理创新的动因和需求，明确各项管理创新需求的轻重缓急，从需求出发确定管理创新的重点。其次，由于管理创新具有很强的路径依赖性，必须充分考虑企业管理的现状及管理创新的条件、已积累的经验和承受能力。管理创新上的故步自封可能会延误企业的发展，管理创新的操之过急也可能直接葬送企业的良好发展前景。最后，企业确定管理创新的目标和任务时，还要考虑能够运用的科学管理理论、方法和技术，如果管理创新完全没有先进的理论、方法和技术的支撑，其创新的目标很可能难以实现，管理创新的任务可能难以完成。企业确定管理创新的目标和任务，一方面需要明确其管理创新的对象和主要内容；另一方面需要确定管理创新过程中需要创新性地运用的方法和技术。

### 三、设计新的管理模式

明确了企业管理创新的目标和任务后，需要设计企业新的管理模式。所谓设计企业新的管理模式，就是根据管理创新的目标和任务，研究新的管理职责分工、岗位设置和管理流程，构建与新的管理模式相对应的管理组织结构，设计相应的运行机制，确保管理目标的实现和管理任务的完成。

针对不同的管理创新任务，新的管理模式的设计可以采用不同的思路和做法。一般而言，新的管理模式的设计思路主要有两种：一种是系统化的改造法，即在辨析理解现有的管理模式的基础上，根据管理目标和管理任务，通过在现有管理模式基础上的系统化改进形成新的管理模式；另一种是全新的设计法，从根本上重新考虑实现管理目标和完成管理任务对管理模式的要求，零起点设计新的管理模式。

### 四、实施新的管理模式

设计产生新的管理模式后，接着实施新的管理模式。具体而言，就是要进行相应人员的调配，围绕新的岗位职责、管理流程和新的组织管理架构，保障职能的履行和管理任务的完成。实施新的管理模式和推进管理创新往往会直接影响一部分人的权力和责任，或是一部分人员的切身利益，会直接给新的管理模式的实施和管理创新带来阻力。这样，即使企业设计出了很好的新的管理模式，如果不精心和有效组织新的管理模式的实施，也会使新的管理模式不能得到有效实施，或者使新的管理模式在实施中变样，不能产生预期的效果。

为保障新的管理模式的有效实施，在推动新的管理模式实施之前，一定要对管理创新的重大意义进行广泛的宣传，对实施新的管理模式的必要性和紧迫性进行深入的分析和说明，尽可能争取新的管理模式实施的各利益相关方的大力支持。同时，对新的管理模式实施可能受到负面影响的相关人员，必须注意作出合理的安排和进行必要的利益补偿，尽可能减少新的管理模式的实施面临的阻力。

### 五、评估新的管理模式的实施效果

企业新的管理模式实施后，还需要对其实施效果及时进行评价，分析实施新的管理模式后实现管理创新目标和完成管理创新任务的程度，特别重要的是要评估新的管理模式的实施对企业的工作效率、经济效益和核心竞争力产生的影响。在此基础上，根据评估结果，调整和优化管理创新的目标、新的管理模式及实施方式，不断提升新的管理模式的运用成效，更好地发挥新的管理模式的作用，最终形成适应企业实际特点、较好地满足企业管理创新需求的新的管理模式。

## 第四节　战略管理创新

战略管理通常被理解为企业确定其目标客户，并通过针对性的产品和服务，为消费者提供价值和满意度的动态管理过程，其目的是用恰当的战略资源、策略和方法，抓住外部市场所存在的机会。战略管理创新就是对战略资源、策略、方法及与之对应的机会等，进行系统性、创造性的管理。

## 一、战略管理创新的基础

战略管理学鼻祖伊戈尔·安索夫界定了战略管理的基本要素，如图 10.1 所示，这些要素同时也是管理者着手战略管理创新时的基础。

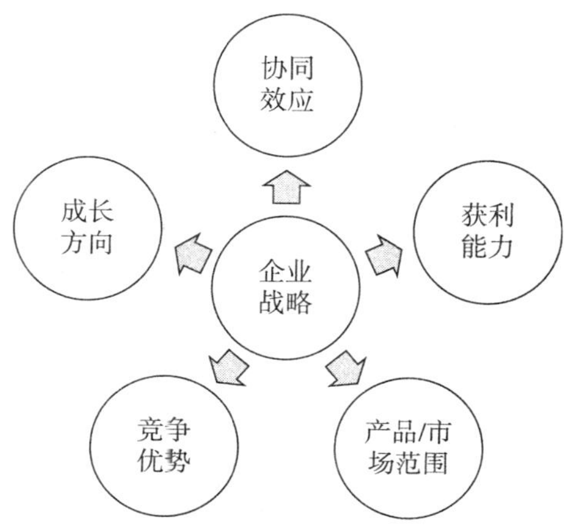

图 10.1　战略管理要素

### （一）获利能力

获利能力是指企业资源投入能够产生经济利益回报的能力。战略管理创新以提升获利能力为根本性要求，这与前面所说的战略管理创新指向管理效果的观点是一致的。

### （二）产品/市场范围

这里所说的产品也包括服务，市场范围则是指产品销售划定和覆盖的区域或消费者群体。区域和消费者群体的划定是空间维度中“定位”的内容。产品/市场范围是两个空间维度的组合，是对企业获利范围的限定。

较理想的以产品/市场范围组合为中心的战略管理创新策略，强调的基本规则包含两项：①产品可为客户提供恰当的需求满足度；②在这一市场空间中竞争者相对较少，竞争强度较低。

### （三）竞争优势

企业必然会参与到市场竞争中，企业的获利能力既受产品质量、市场范围的影响，也受竞争的左右。因此，所有企业在考虑战略问题时，都要涉及竞争优势和竞争策略的创新。

竞争优势可以是多种多样的，如技术竞争、渠道优势、成本优势等。然而，正因为竞争优势的多样性，使识别核心竞争优势成了一个难点，毕竟建立全面的竞争优势是很难的。当然，环境的非确定性、竞争对手的努力等，也给“从哪些角度发展和维系竞争优势”造成了很大的困难。

### （四）成长方向

如果企业保持现状——产品不变、消费对象不变，这显然是行不通的。企业的发展是“非进即退”的趋势，因而，企业必须要有一套方法保障自身成长和发展，这通常被称为战略发展策略。IBM 之所以能够转型成为咨询服务公司，是因为 IBM 具有很强的市场拓展能力。

管理实践和理论研究认为，企业存在生命周期，任何一个企业都会经历从创业到成长、发展，再到衰退的自然过程，而环境的变化、科技的发展往往会加速这一进程。因而，企业必须注意培育自己的成长空间,在传统业务和市场走向衰退时,能够以较低的成本实现战略管理变革,将企业带到另一个发展轨道上。

#### (五)协同效应

协同效应简单来说就是"1+1>2"的效应。协同可分为外部协同和内部协同。外部协同是指一个集群中的企业由于相互协作,共享业务行为和特定资源,将比一个单独运作的企业取得更高的获利能力;内部协同则是指企业生产、营销、管理的不同环节、不同阶段、不同方面共同利用同一资源而产生的整体效应。

### 二、战略管理创新的工具

#### (一)安索夫矩阵

安索夫矩阵由伊戈尔·安索夫于 1975 年提出,它有时候也被称作产品/市场方格、产品市场扩张方格、成长矢量矩阵,如图 10.2 所示。

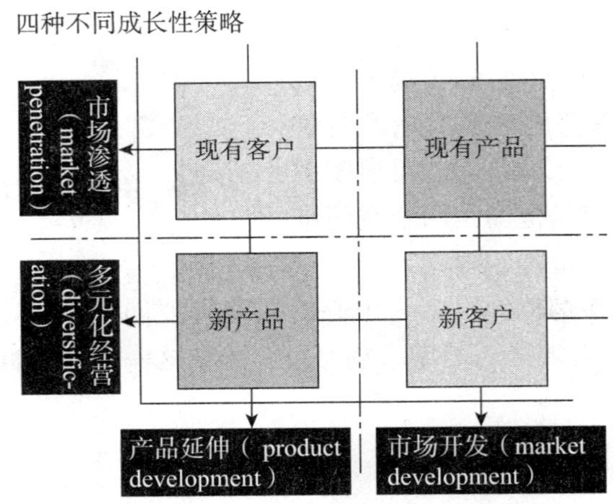


图 10.2 安索夫矩阵

1. 市场渗透

市场渗透(market penetration)是以现有的产品面对现有的顾客,以产品市场组合为发展焦点,力求提高产品的市场占有率。采取市场渗透的策略,借由促销或是提升服务品质等方式说服消费者改用不同品牌的产品,或是说服消费者改变使用习惯、增加购买量等。

2. 市场开发

市场开发(market development)是提供现有产品开拓新市场,企业必须在不同的市场上找到具有相同产品需求的使用者,其中往往产品定位和销售方法会有所调整,但产品本身的核心技术则不必改变。

3. 产品延伸

产品延伸(product development)是推出新产品给现有顾客,采取产品延伸的策略,利用现有的顾客关系来借力使力。通常是以扩大现有产品的深度和广度,推出新一代或是相关的产品给现有的顾客,提高该厂商在消费者市场中的占有率。

4. 多元化经营

多元化经营(diversification)是提供新产品给新市场,此处由于企业的既有专业知识能力可能派不上用场,因此是最冒险的多角化策略。其中,成功的企业多半能在销售、通路或产品技术等核心知识(know-how)上取得某种综效(synergy),否则多元化经营的失败概率很高。

安索夫认为,战略管理与以往经营管理的不同之处在于:战略管理是面向未来动态地、连续地完成从决策到实现的过程。安索夫把经营战略定义为:企业为了适应外部环境,对从事的和将来要从事的经营活动进行的战略决策。因此,安索夫认为企业战略的核心应该是:弄清你所处的位置,界定你的目标,明确为实现这些目标而必须采取的行动。他把企业战略限定在产品和市场的范畴内,认为经营战略由四个要素构成:产品市场范围、成长方向、竞争优势和协同作用。他把企业的决策划分为战略的(关于产品和市场)、行政的(关于结构和资源调配)和日常运作的(关于预算、监督和控制)三类。安索夫认为,企业生存由环境、战略和组织三者构成,只有当这三者协调一致、相互适应时,才能有效地提高企业的效益。在这些理论的基础上,他设计了安索夫模型,这个模型的核心是通过企业和市场的分析确定有效的企业战略。

## (二) 波特五力模型

波特五力模型是迈克尔·波特(Michael Porter)于 20 世纪 70 年代初提出的。他认为,行业中存在着决定竞争规模和程度的五种力量,这五种力量综合起来影响着产业的吸引力及现有企业的竞争战略决策,分别为同行业内现有竞争者的竞争能力、潜在竞争者进入的能力、替代品的替代能力、供应商的讨价还价能力、购买者的讨价还价能力,如图 10.3 所示。

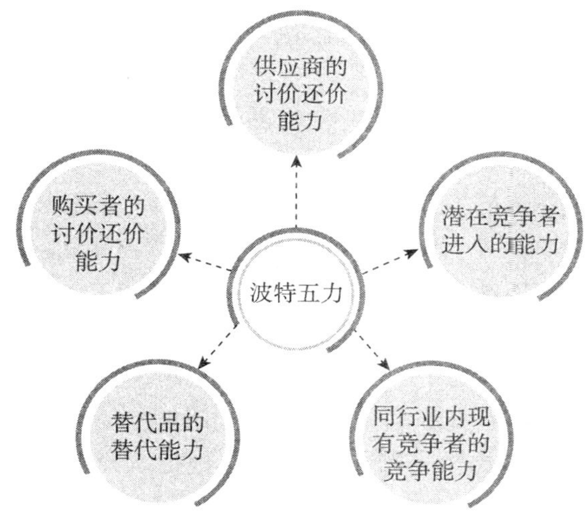


**图 10.3 波特五力模型**

1. 供应商的讨价还价能力

供应商主要通过提高投入要素价格与降低单位价值质量的能力,影响行业中现有企业的盈利能力与产品竞争力。供应商力量的强弱主要取决于他们所提供给买主的是什么投入要素，当供方所提供的投入要素的价值构成买主产品总成本的较大比例、对买主产品生产过程非常重要或者严重影响买主产品的质量时，供应商对于买主的潜在讨价还价能力就大大增强。一般来说，满足如下条件的供应商会具有比较强大的讨价还价能力。

(1) 供应商行业为一些具有比较稳固市场地位而不受市场激烈竞争困扰的企业所控制，其产品的买主很多，以至于每一单个买主都不可能成为供应商的重要客户。

(2) 供应商各企业的产品各具有一定特色，以至于买主难以转换或转换成本太高，或者很难找到可与供应商企业产品相竞争的替代品。

(3) 供应商能够方便地实行前向联合或一体化，而买主难以进行后向联合或一体化。

2. 购买者的讨价还价能力

购买者主要通过压价与要求提供较高的产品或服务质量的能力，影响行业中现有企业的盈利能力。购买者的讨价还价能力的影响表述如下。

(1) 购买者的总数较少，而每个购买者的购买量较大，占了卖方销售量的很大比例。

(2) 卖方行业由大量相对来说规模较小的企业组成。

(3) 购买者所购买的基本上是一种标准化产品，同时向多个卖主购买产品在经济上也完全可行。

(4) 购买者有能力实现后向一体化，而卖主不可能前向一体化。

3. 潜在竞争者进入的能力

新进入者在给行业带来新生产能力、新资源的同时，将希望在已被现有企业瓜分完毕的市场中赢得一席之地，这就有可能会与现有企业发生原材料与市场份额的竞争，最终导致行业中现有企业的盈利水平降低，严重的还有可能危及这些企业的生存。竞争性进入威胁的严重程度取决于两方面的因素：进入新领域的障碍大小与预期现有企业对于进入者的反应情况。

进入新领域的障碍主要包括规模经济、产品差异、资本需要、转换成本、销售渠道开拓、政府行为与政策、不受规模支配的成本劣势、自然资源、地理环境等方面，这其中有些障碍是很难借助复制或仿造的方式来突破的。预期现有企业对进入者的反应情况，主要是采取报复行动的可能性大小，这取决于有关厂商的财力情况、报复记录、固定资产规模、行业增长速度等。总之，新企业进入一个行业的可能性大小，取决于进入者主观估计进入所能带来的潜在利益、所需花费的代价与所要承担的风险这三者的相对大小情况。

4. 替代品的替代能力

两个处于同行业或不同行业中的企业，可能会由于所生产的产品是互为替代品而产生相互竞争行为，这种源自替代品的竞争会以各种形式影响行业中现有企业的竞争战略。

(1) 现有企业产品售价及获利潜力的提高，将由于存在着能被用户方便接受的替代品而受到限制。

(2) 由于替代品生产者的侵入，使现有企业必须提高产品质量，或者通过降低成本来降低售价，或者使其产品具有特色，否则其销量与利润增长的目标就有可能受挫。

(3) 源自替代品生产者的竞争强度,受产品买主转换成本高低的影响。

总之,替代品价格越低、质量越好、用户转换成本越低,其所能产生的竞争压力就越强;而这种来自替代品生产者的竞争压力的强度,可以具体通过考察替代品的销售增长率、替代品的厂家生产能力与盈利扩张情况加以描述。

5. 同行业内现有竞争者的竞争能力

大部分行业中的企业,相互之间的利益都是紧密联系在一起的,作为企业整体战略一部分的各企业竞争战略,其目标都在于使自己的企业获得相对于竞争对手的优势,所以,在实施中就必然会产生冲突与对抗现象,这些冲突与对抗就构成了现有企业之间的竞争。现有企业之间的竞争常常表现在价格、广告、产品介绍、售后服务等方面,其竞争强度与许多因素有关。

一般来说,出现下述情况将意味着行业中现有企业之间竞争的加剧:行业进入障碍较低,势均力敌竞争对手较多,竞争参与者范围广泛;市场趋于成熟,产品需求增长缓慢;竞争者企图采用降价等手段促销;竞争者提供几乎相同的产品或服务,用户转换成本很低;一个战略行动如果取得成功,其收入相当可观;行业外部实力强大的公司在接收了行业中实力薄弱的企业后,发起进攻性行动,结果使刚被接收的企业成为市场的主要竞争者;退出障碍较高,即退出竞争要比继续参与竞争的代价更高。在这里,退出障碍主要受经济、战略、感情及社会政治关系等方面因素的影响,具体包括资产的专用性、退出的固定费用、战略上的相互牵制、情绪上的难以接受、政府和社会的各种限制等。

### (三) SWOT 分析法

所谓 SWOT 分析,即基于内外部竞争环境和竞争条件下的态势分析,就是将与研究对象密切相关的各种主要内部优势、劣势、外部的机会和威胁等,通过调查列举出来,并依照矩阵形式排列,然后用系统分析的思想,把各种因素相互匹配起来加以分析,从中得出一系列相应的结论,而结论通常带有一定的决策性。

运用这种方法,可以对研究对象所处的情景进行全面、系统、准确的研究,从而根据研究结果制定相应的发展战略、计划及对策等。

S(strengths)是优势,W(weaknesses)是劣势,O(opportunities)是机会,T(threats)是威胁。按照企业竞争战略的完整概念,战略应是一个企业"能够做的"(即组织的强项和弱项)和"可能做的"(即环境的机会和威胁)之间的有机组合,如表 10.1 所示。

**表 10.1 SWOT 分析法**

| 内部因素 / 外部因素 | 优势(S) | 劣势(W) |
|---|---|---|
| 机会(O) | S—O<br>发挥优势<br>利用机会 | W—O<br>利用机会<br>克服劣势 |
| 威胁(T) | S—T<br>发挥优势<br>回避威胁 | W—T<br>克服劣势<br>回避威胁 |

进行 SWOT 分析时,主要有以下几个方面的内容。

1. 分析环境因素

运用各种调查研究方法，分析出公司所处的各种环境因素，即外部环境因素和内部能力因素。外部环境因素包括机会因素和威胁因素，它们是外部环境对公司的发展直接有影响的有利和不利因素，属于客观因素。内部能力因素包括优势因素和弱势因素，它们是公司在其发展中自身存在的积极和消极因素，属于主观因素。在调查分析这些因素时，不仅要考虑到历史与现状，更要考虑未来的发展问题。

(1) 优势是组织机构的内部因素，具体包括有利的竞争态势；充足的财政来源；良好的企业形象；技术力量；规模经济；产品质量；市场份额；成本优势；广告攻势等。

(2) 劣势是组织机构的内部因素，具体包括设备老化；管理混乱；缺少关键技术；研究开发落后；资金短缺；经营不善；产品积压；竞争力差等。

(3) 机会是组织机构的外部因素，具体包括新产品；新市场；新需求；外国市场壁垒解除；竞争对手失误等。

(4) 威胁是组织机构的外部因素，具体包括新的竞争对手；替代产品增多；市场紧缩；行业政策变化；经济衰退；客户偏好改变；突发事件等。

SWOT 方法的优点在于考虑问题全面，是一种系统思维，而且可以把对问题的“诊断”和“开处方”紧密结合在一起，条理清楚，便于检验。

2. 构造 SWOT 矩阵

将调查得出的各种因素根据轻重缓急或影响程度等排序，构造 SWOT 矩阵。在此过程中，将那些对公司发展有直接的、重要的、大量的、迫切的、久远的影响因素优先排列出来，而将那些间接的、次要的、少许的、不急的、短暂的影响因素排列在后面。

3. 制订行动计划

在完成环境因素分析和 SWOT 矩阵的构造后，便可以制订出相应的行动计划。制订计划的基本思路是：发挥优势因素，克服弱势因素，利用机会因素，化解威胁因素；考虑过去，立足当前，着眼未来。运用系统分析的综合分析方法，将排列与考虑的各种环境因素相互匹配起来加以组合，得出一系列公司未来发展的可选择对策。

## 第五节　组织管理创新

组织管理的概念存在多种解释，这里特指将企业内部管理视为一个有机系统，其管理上的创新即是对这一系统中存在的各项管理要素及相应管理活动的创新。

由于战略管理与组织管理的内外联系性，战略管理创新通常会引发组织管理创新。不过，组织管理创新也可能单纯地因为管理者的绩效抱负或管理的程序缺陷而触发。

### 一、组织管理创新的动因

企业管理者可能因为生产效率不高、组织无法适应多变环境、组织功能老化导致持续发展力不足，这三个原因分别对应组织管理创新的效率动因、柔性动因和成长性动因。

### （一）效率动因

效率动因与管理者的绩效抱负相关。管理者的绩效抱负可以表述为：我们能够做得更快、更好，产生更高的经营绩效。很多著名企业的管理变革，都是由于机构臃肿、结构复杂导致效率低下而进行的。

效率是企业内部管理的核心追求。对效率理解最透彻的职业管理者可能是思科的执行总裁约翰·钱伯斯。"快鱼吃慢鱼"是他的著名论断。他认为："在互联网经济下，大公司不一定打败小公司，但是快的一定会打败慢的。互联网与工业革命的不同点之一是，你不必占有大量资金，哪里有机会，资本就很快会在哪里重新组合。速度会转换为市场份额、利润率和经验。"

约翰·钱伯斯的"快鱼吃慢鱼"论断，强调了对市场机会和客户需求的快速反应。它最终导向了组织内部的管理效率：以更快的速度生产客户需要的产品，同时快速变革，推出新产品或者满足新需求，这也要求管理活动必须矢志不渝地追求效率的提升。显然，效率是组织内部管理的追求，也是内部绩效要求和外部需求共同造就的管理创新动因。

### （二）柔性动因

柔性是指企业在动态竞争条件下进行自主调节和适应的能力。组织不是僵化的，是能够适应外部环境变化的。研究者认为，一个组织必须能够承受不同程度的变化，不出现严重的混乱现象，甚至能进一步充分利用变化带来的机会。企业拥有较强的组织柔性，意味着企业能够依据不同的、快速变化的环境连续性地作出临时性调整，不同程度上体现出"随需而变"的性质。

并非只有大型组织需要组织柔性，人数不多的团队也需要考虑柔性，典型的例子是生产线上对"多能工"（多能型员工）的需求。"多能工"是指能够同时操作多道工序或多项任务的员工。他们在人员充足时承担专项工作，但可随着特定工种人员的短缺而快速转换身份成为其他工序的执行者。"多能工"事实上就是强化组织柔性的一种创新体现。

组织柔性是管理者适应多变环境的有意设计的结果，表现出两个看起来相互矛盾的特征：集成与离散。这就像可快速拆卸和重新组装的计算机，就其零部件而言是高度集成的，而就其整体而言，则是可以随客户需求而变化的。基于集成和离散的双向要求，针对组织柔性的创新可能发生在多个领域。反过来，多个领域都可能存在阻碍组织柔性的问题，并成为创新管理的对象。譬如，过长的决策层级会使组织缺乏效率，导致管理层不能对变化快速作出反应；过于细致的分工可能会提升效率，但当既定业务模式无法适应战略需求时，要将这些细致的、固化的分工整合成新模式，这也将非常困难。这些看似矛盾的问题成为人们在实践领域不断发展新的管理模式、组织模式的动力之源。

### （三）成长性动因

企业必须培育内部优势，以恰当的方式服务于战略成长，否则，即使有非常优秀的战略思路和策略，也是无法实现的。所谓成长性动因，是指为了促进成长或保持成长而对组织管理模式进行的创新。

从成长性动因的角度来看，组织管理创新与组织战略的成长方向设定有着紧密联系。基于持续发展需要的管理创新，是一个相当广泛的创新领地。对某企业来说，人才是第一位的，所以必须创造性地吸纳人才，培育人才；有时候科技创新能力是第一位的，所以必须投入科研活动；但更多的时候，也许科技转化力是第一位的，所以必须发展一套系统的科技转化模式。

## 二、组织管理创新的过程

针对组织管理的创新是没有标准答案的，创新本身就体现为寻找答案的过程。但是，组织管理创新并非没有模式可循，即使在非常具体的管理活动中，其创新也会呈现出以下的行为过程。

### （一）对现状的不满/程序缺陷

前面说过，效率、柔性和成长性是组织管理创新的三大动因，其背后反映了主客观两方面的需求。主观方面的需求是管理者对组织现状的不满，客观方面的需求在于程序缺陷和不足。对现状的不满会引发管理者寻找弥合差距的管理方法，而程序缺陷则与管理流程创新紧密相关。

### （二）理想状态与问题回归分析

当管理者意识到差距和问题后，第二步工作就是描述理想状态并进行问题回归分析。对理想状态的描述可以从效率、柔性和成长性中的任何一个维度开始，也可以是三者的综合。管理者需要准确分析差距和问题，进而清晰地描述出理想状态。

问题回归分析是在描述完理想状态后进行的，这可能产生两种情况：因为理想状态的清晰化进一步明确了问题；因初始设定的理想状态不合理而导致问题和差距被重新定义。

### （三）作出改变

描述问题、差距及理想状态，是组织管理创新的第一阶段，真正的挑战在于作出改变，它包含了实现管理创新的各个行动要领。首当其冲的是范式转变，这是对现行思维模式的挑战，需要摆脱现行思维模式的定式影响而面向新领域搜寻创新资源。管理创新需要创新资源的支持。创新资源可以是新的管理观念和创意，也可以是观念、知识、技术在新领域的移植和应用，当然更可以是技术和知识的自主创新。

但是，光有创新资源是不够的，管理者还必须充分研究管理创新策略。管理创新策略研究包括两个方面：一是创新资源如何整合成为一套有效的新管理模式；二是新管理模式如何最大限度地降低在组织中加以应用的阻力，并扭转人员群体的行为惯性和认知局限。关于第一个问题的研究，旨在形成新管理模式的理论构思。在这个过程中，管理者必须有意识地、自觉地运用各种思考工具和方法来实现创新性的思维突破。第二个问题则是实践层面的，管理创新策略必须考虑人们的行为惯性和认知局限。

### （四）获取结果与创新策略回归

管理创新有可能失败吗？当然有可能。在管理实践领域，创新失败的例子比比皆是。衡量一项管理创新活动是失败还是成功，取决于它是否缩小了最初的差距及让程序更协调。当一项管理创新活动失败时，它将引发管理创新的策略回归分析。换言之，管理者必须回过头来重新审视整个观念范式、创新资源或管理策略。如果由此发现最初的问题和差距描述都存在可能的错误，那还必须回到问题回归分析的环节。

### （五）维持管理与创新再发展

当一项组织管理创新最终被验证为正确、有效时，将进入巩固和维持阶段。巩固和维持不是静态的，而是对新管理模式的加强，它仍需要对管理制度进行局部优化，从人事管理制度、考核制度方面进行匹配性处理——这有时候也需要局部创新。

显然，一项组织管理创新总是会经历一段巩固和维持期，而这项管理创新也必将经历从发展、成熟到衰变的过程。发展和成熟阶段是与巩同和维持阶段对应的，这一时期是获取组织管理创新成果的时期，也是创新过程的平静期。大部分管理者会努力使这一时期尽可能变得更长，以便创造更稳定的管理环境和经济成果。

## 第六节　展望互联网时代的管理创新

世界银行《2016 年世界发展报告》指出，随着互联网的广泛应用，我们正身处人类有史以来最伟大的信息技术革命进程中，以互联网为代表的信息革命正席卷全球，加速向经济社会各领域渗透融合，不断催生新产品、新业务、新模式、新业态，深刻改变着个人生活、企业生产、经济运行、社会管理和公共服务，形成对现有管理理念和方法的冲击，急迫地呼唤管理学的创新与发展。

从互联网的特征可以清楚地看到，在互联网时代，人与人的关系发生了深刻的变化。这对起源于工业革命时代的管理学必将是巨大的挑战。面对挑战，只有积极主动地适应新时代的变化，创造新的理论与方法，来协调人与人的关系，实现管理学的迭代进化。

### 一、"标准化、大批量生产"受到"定制化生产"的挑战

在工业革命时代，生产的基本特点就是标准化、大批量，因为那个时代的人们追求的是高效率、高质量和低成本。泰勒科学管理的核心内容是动作研究和时间研究，其目标是制定出高效率的、标准的操作方法和标准的工艺流程，保证按时完成工作任务。以后的福特流水生产线、丰田精益生产方式、全面质量管理及 MRP-2、ERP、全球制造链等，也都是以标准化大批量生产为基础。虽然过去也讲"用户是上帝""以客户为中心""客户导向""柔性生产"等，但在当时的科学技术条件下很难真正做到，大多停留在口号上、服务态度上、理想中。只有到了互联网时代，情况才发生了根本性变化。

在互联网时代，商品的每一笔交易、用户是谁、使用情况、设备运行情况、维修情况、用户意见……产品生命周期中的所有相关信息都被大数据记录在案。并且由于设计者、制造者与用户可以实现"全连接和零距离"，制造商可以准确地了解用户的真实需求，用户是谁、用户在何地、用户要什么，一切都非常清楚。如果制造商拥有了 3D 打印或智能化柔性生产技术和完善的管理，就可以真正做到大范围内个别或大规模定制生产。真正做到"以客户为中心"，个性化的"客户导向"，即所谓的 C2B 或 B2B。例如，青岛红鸟服装公司已可在互联网上接受客户的量身定制，一周内即可交货。

由此可见，互联网时代是以客户为导向的定制化生产，并没有在本质上颠覆标准化和大批量的管理理论。相反，这对管理工作提出了更高的要求，用互联网平台营销，用智能化设备生产，用模块化管理生产，就可在更高层次上实现标准化、大批量、高效率，充分满足客户要求的 B2C 生产。

## 二、"科层理论"受到"全连接和零距离"的挑战

科层理论是管理学最重要的理论之一，它既论证了一种组织结构，又阐述了一种管理方式。20 世纪初，第一次工业革命促使社会生产率迅速提高，也导致社会生活的急剧变化，使社会各阶层之间充满尖锐的矛盾，罢工浪潮此起彼伏。社会亟须解决人与人、人与组织、组织与组织之间的冲突。就是在这样的历史背景下，马克斯·韦伯在其专著《社会组织和经济组织的理论》中，为社会发展提供了一种高效率、合乎理性的管理体制。他认为理想的组织应符合以下四项原则。

(1) 以合理合法的权力为基础，否则，任何组织都不能达到自己的目标。

(2) 组织的基本功能是提高效率，必须按分工、分层的原则圈定每个岗位的职责与权力。

(3) 在科层组织中，官员不能滥用个人职权，组织成员应严格按法律和规章制度的规定进行工作和业务交往，必须公私分明。

(4) 组织成员应凭自己的专长、技术能力获得工作机会，享受工作报酬。

按照科层理论组成的金字塔形的组织结构，在业务工作中，下级必须服从上级。科层组织高层领导自上而下地发布命令、指示，基层自下而上地反馈执行。

科层理论在实践中虽然表现为各种各样的形式，经过这样或那样的修正，但终究经受住了时间的检验。到目前为止，几乎所有社会组织和经济组织的组织管理结构中都可找到科层组织形态的影子。

在互联网时代，人与人、人与组织、组织与组织，从技术上看，各节点之间可以互相连接，实现"全连接和零距离"。因此，有人认为，原先按科层理论组成的金字塔组织结构似乎已完全不适用了，科层组织结构应当被网状结构所取代。但显示情况并非如此。且不论社会组织(如政府、军队、政党、医院、大学等)完全取消科层组织是不可想象的，即使是经济组织(如国有企业、大公司，甚至规模较大的大中型企业)，都不可能完全用网状结构来取代科层组织。

我们认为，在互联网时代，传统的科层组织将严重影响工作效率和基层创造力的发挥。科层组织需要与时俱进，按实际需要不断改革进化。总的改革方向是：减少层级，下放权力，尽可能使组织结构更加扁平化、更加灵活。正如华为 CEO 任正非所指出的，"要让在第一线听到炮声的人有更多的指挥权"。也许某种扁平化的层级结构与网状结构的混合体，可能更适合互联网企业向多元化发展的传统企业向"互联网+"转型的需要。

## 三、"企业边界"受到"交易费用趋零"的挑战

"企业边界"一般是根据美国经济学家科斯所称交易费用确定的。科斯及其追随者认为，企业规模的大小要受到交易费用和资产的专用性的影响。科斯发现，在产品的整

个生产链中，每个生产阶段之间的协作都会发生交易费用，企业把“外部活动内部化”就是为了节约交易费用，即以费用较低的企业内部交易代替费用较高的市场交易。在实践中，产品的哪些工艺过程及零部件生产在企业内部交易费用较低，就放在企业内部生产；反之，就通过市场交易，采用与专业生产企业签订长期采购合同的方式通过市场解决。因此，这一理论在工业革命时代不仅解释了企业边界确定，也解释了大企业不断纵向“一体化”的原因。

在互联网时代，企业与企业之间、企业与用户之间可以借助互联网轻松地实现全球“全连接和零距离”的信息沟通，因而大大降低了市场交易费用，甚至使之趋近于零。当然，即使交易费用趋近于零，大公司也依然有存在的必要。互联网时代是各类企业组织创新百花齐放的春天。它既给形形色色各种对创新创业充满激情的中小企业的茁壮成长以肥沃的土壤，又给现有大公司提供了千载难逢的更大的发展空间和机遇。在互联网时代，大公司既可以充分发挥已有品牌和资产的强大威力，也可以整合企业内外的各种创新资源和创新力量实现超速度的发展。

中小企业在社会经济发展中具有重要的战略意义。据统计，2016 年全国中小企业贡献了 50%以上的税收、创造了 60%以上的 GDP、完成了 70%以上的发明专利、提供了80%以上的城镇就业岗位，成为推动经济社会发展的重要力量。实际上，中小企业是一个不断变化的动态概念，在科学技术迅猛发展的互联网时代，每年都有许多中小企业在竞争的浪潮中消失，同时也有不少中小型企业在竞争中以惊人的速度崛起，成为世界知名的大公司，如谷歌、阿里巴巴、百度、腾讯、苏宁、京东、华为等。实践已经证明，互联网时代不必然是小企业时代。但是互联网确实大大降低了交易费用，为无数有意创业、创新者提供了便利。中小企业甚至一个人的小微企业，都将在互联网平台的支持下，如雨后春笋般蓬勃发展起来。中小企业在发展中也存在许多困扰：吸引、培养、保留人才困难；创新能力不足、竞争能力较弱；资源有限，抗风险能力不强；各级征服政策支持力度尚未完全到位。由此可见，影响企业经营发展的因素很多，企业规模也绝非越小越好。

## 四、传统的模式与业态受到了极大的挑战

在互联网发展的基础上，产生了许多新的商业模式，出现了许多新业态，使许多传统行业受到极大挑战。

### （一）商业使零售业受到网购电商的挑战

近几年来，阿里巴巴公司的崛起最为耀眼。该公司于 1999 年在杭州成立，2014 年在纽约上市。2017 年 9 月 22 日，阿里巴巴的市值已达 4507 亿美元，与亚马逊公司只差1.3%，短短几年就称为中国最大、世界第二大的网络公司。紧接着京东商城、苏宁易购等许多网购电商迅速扩展。据统计，2017 年 1—9 月，全国实物商品网上零售额 3.68 万亿元，同比增长 29.1%，占全国社会消费品零售总额的 14.0%。

### （二）金融业受到商家自办在线支付系统的挑战

支付宝的发展尤其迅猛，现在支付宝不仅通行全国，并且已走出国门，得到一些其他国家、企业的认可。现在，人们出门可以不带钱包，但不能不带手机。支付宝掌握的货币

流动量相当巨大。其他电商看到有利可图，都纷纷创造起了网上银行，作为吸引流动资金和存款的手段。这一方面方便了群众和商家，但另一方面也对国家的金融秩序发起了严重挑战，应当引起有关当局的重视。

### （三）制造业受到共享经济的挑战

共享单车已在全国许多大中城市普及，既大大方便了群众，又促进了自行车制造业的发展。中国少数城市正在推出共享汽车，这非常有利于提高汽车的利用率，减少资源的浪费。如果未来共享汽车得到普及，人们就不需要自己购买汽车，对汽车制造业将是极大的挑战，也许汽车制造业将兼营汽车服务业也未可知。其他制造业和房地产业也可能面临类似的挑战。因为未来在共享经济的环境中，人们通过互联网、物联网可方便地获得所需物品的使用权，就可能不再迷恋于追求对物品的所有权了。如何管好共享经济将是管理学面临的新课题。

## 本章小结

组织、领导与控制是保证计划目标实现所不可缺少的。从某种意义上来说，它们同属于管理的“维持职能”。其任务是保证系统按预定的方向和目标运行。但是，管理是在一个不断发展变化的动态环境中的，仅有维持职能还远远不够，还必须不断调整内容和目标以求适应环境的发展，这就迫切需要管理的创新职能保驾护航。

(1) 管理活动必须有创新相伴而随，因为管理活动每时每刻都处在变化着的内外环境中，必须以创新来适应和迎接这些变化。管理创新是指创造一种新型的、有更高效率的资源整合范式，它可以是指有效整合各种资源以达到组织目标的全过程管理，也可以是指某一方面的细节管理。管理创新是一种有目的的实践活动，而不是一种自发性的随机事件，人们完全能够根据客观情况的变化和自身的实际，有计划、有步骤地开展管理创新活动。

(2) 作为管理的基本内容，管理创新对组织的存在和发展都是十分重要的。管理创新有利于提高资源使用的效率和效益、推动企业稳定健康地发展、增强企业核心竞争力、形成企业家阶层。

(3) 系统在运行中的创新要涉及许多方面。管理创新包括观念创新、目标创新、技术创新、制度创新、结构创新、环境创新、文化创新。

(4) 管理创新的主体有创新型企业家、有创新精神的管理者、有创新精神的员工。此外，管理专家和研究机构也是管理创新的辅助力量。

(5) 创新作为一个过程要经历以下几个阶段：一是分析企业管理创新需求；二是确定管理创新的目标和任务；三是设计新的管理模式；四是实施新的管理模式；五是对新的管理模式的实施效果进行评价。

(6) 战略创新的工具有安索夫矩阵、波特五力模型和 SWOT 分析法。

(7) 互联网时代的管理创新，“标准化、大批量生产”受到“定制化生产”的挑战、“科层理论”受到“全连接和零距离”的挑战、“企业边界”受到“交易费用趋零”的挑战、传统的模式与业态受到了极大挑战。

## 实务训练

**【实训项目】**

茶馆经营创新。

**【实训目标】**

增强学生对企业改革创新的感性认识，培养和提高学生对管理创新内容的分析能力，培养学生按创新程序办事的能力。

**【实训内容】**

有一家面积500多平方米的茶馆，位于一条僻静的小巷内。自开业以来，上座率一直不高，虽然也开展了一些如派发宣传卡等促销活动，但收效不大，茶馆经营一直处于亏损状态。经分析发现，造成上座率不高的客观原因有两个：一是茶馆的地理位置偏僻；二是该茶馆周围半径1000米范围内，有四家规模相当的茶馆，同行业竞争激烈。如果继续经营，前景不明；如果撤出，上百万的投资会付诸东流，茶馆老板进退维谷。

茶馆属于传统的服务行业，产品方面的创新余地不大，内部环境也大同小异，经营较好的茶馆大多依赖良好的地理优势，要么开在繁华的市口，要么开在目标消费群体较为集中的区域内。经营方式基本是守株待兔式的，坐等顾客上门，促销手段也就是在周围发传单，在经营模式上缺乏创新。那么，用什么方法能让茶馆摆脱经营困境并实现盈利呢？该茶馆要想赢得消费者的青睐，必须跳出传统的条条框框，注入一些新的理念，运用新的经营模式来突破。

**【实训要求】**

(1) 全班分为若干小组，每个小组3～5人，1人为组长，其余为组员，大家共同来进行该茶馆运营模式的创新，并提交创新方案。

(2) 组长来介绍其创新方案，其他的组员扮演消费者和该茶馆管理层的管理者。组长介绍完该组的方案后，负责回答消费者和管理者的有关提问。

(3) 每个组在进行介绍时，其他小组负责评价打分，最后由指导老师进行点评和总结。

## 思考与练习题

**一、简答题**

1. 什么是管理创新？创新对企业的生存与发展起什么作用？

2. 为什么说“管理的本质内容是维持和创新，有效的管理在于适度的维持与适度创新的组合”？

3. 管理创新的主体有哪些？

4. 管理创新要经历哪些过程?

5. 企业家如何有效地面对互联网时代对管理提出的新挑战?

6. 生活中,你是一个具有管理创新意识的人吗? 你有哪些好的创新方法可以给大家分享?

## 二、案例分析题

### 不断创新的佳能

从 1937 年到 2017 年,佳能已走过了 80 个春秋。现在的佳能,已成为在《幸福》杂志所排列的全球 5 家最大公司中增长最快的公司。

佳能研发实行的是产品部管理体制。项目梯队不仅在新产品开发中使用,而且该方法用于解决整个佳能公司许多管理领域的问题。由项目梯队的经营活动和管理活动组成紧密的结合,实现企业的经营效率和创新的有效性并举,职能部门和各分部密切合作,对提高佳能的创新能力起着重要的作用。

公司创立以来,一直强调尊重个人的传统,尽各种努力承认和奖励个人的功绩。为了培养个人的热情、凝聚力和创造力,在企业的每一个层次,公司都尽力创造一种激励的工作环境。佳能对研究人员的政策可归纳为以下三点:自我激励、自我意识、自我信赖。强调研究人员要意识到对企业基本目标的责任。佳能人坚定的自我意识、富于热情的心态、负责的行为是取得良好效果的关键。在佳能研究中心的主要入口都悬挂着六个醒目的汉字"自强、自信、自立"。

在佳能公司的目标中有这样一段话:"我们将以领先的技术创造出最优秀的产品,我们有这种责任和义务。为了达到这个目标,我们将在产品研发、产品计划和市场营销领域以一种进取的态度团结努力。"这种思想渗透至公司各部门,产品研发贯穿于佳能的总体战略思想中,并成为佳能行为和管理模式的中心。其每个产品分部的中期管理计划,都由公司产品部的开发中心制订,然后这个为期三年的产品开发计划提交到每年秋季举办的产品战略国际研讨会。佳能研发人员相信他们的工作对佳能的发展是至关重要的。

**思考题**:佳能管理创新体现在哪些方面? 这种管理创新成功的关键在哪里?

**推荐阅读**:

彼得·德鲁克编著的《创新与企业家精神》。

# 参 考 文 献


[1] 法约尔. 工业管理和一般管理[M]. 曹永先,译. 北京:团结出版社,1999.

[2] 哈罗德·孔茨,海因茨·韦里克. 管理学[M]. 北京:经济科学出版社,2001.

[3] 雷金荣. 管理学原理[M]. 北京:北京大学出版社,2012.

[4] 单凤儒,金彦龙. 管理学——互联网思维与价值链视角[M]. 北京:高等教育出版社,2015.

[5] 周三多,等. 管理学——原理与方法[M]. 6版. 上海:复旦大学出版社,2014.

[6] 谭立文. 管理学[M]. 北京:高等教育出版社,2010.

[7] 罗宾斯. 管理学[M]. 9版. 孙建敏,等译. 北京:中国人民大学出版社,2008.

[8] 唐华山. 一口气读懂管理学[M]. 北京:人民邮电出版社,2010.

[9] 朱镕基. 管理现代化[M]. 北京:企业管理出版社,1985.

[10] 陈传明. 管理发展新趋势[J]. 南京大学学报,1995(2):24-30.

[11] 彼得·圣吉. 第五项修炼[M]. 上海:三联书店,1998.

[12] P. F. 德鲁克. 公司的概念[M]. 上海:上海人民出版社,2002.

[13] P. F. 德鲁克. 工业人的未来[M]. 上海:上海人民出版社,2002.

[14] P. F. 德鲁克. 有效的管理者[M]. 北京:工人出版社,1989.

[15] H. 法约尔. 工业管理与一般管理[M]. 北京:中国社会科学出版社,1998.

[16] 徐光华,暴丽艳. 管理学:原理与应用[M]. 北京:清华大学出版社,北京交通大学出版社,2004.

[17] 安德鲁·J. 杜伯林. 管理学精要[M]. 北京:电子工业出版社,2007.

[18] 詹姆斯·马奇,赫伯特·西蒙. 组织[M]. 邵冲,译. 北京:机械工业出版社,2008.

[19] 理查德·L. 达夫特. 组织理论与设计精要[M]. 北京:机械工业出版社,2008.

[20] 刘治江. 管理学:知识、技能与应用[M]. 北京:经济管理出版社,2008.